郭玉英 张宪魁◎丛书主编

物理练习复习
方法与案例

张玉峰◎主　编　李凯波◎副主编

WULI LIANXI

FUXI

FANGFA YU ANLI

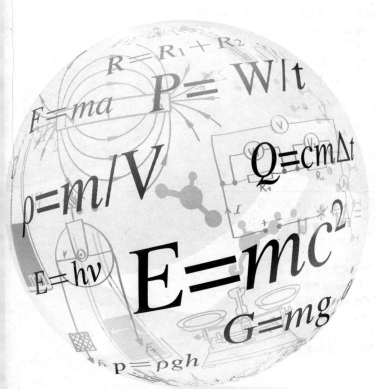

北京师范大学出版集团
BEIJING NORMAL UNIVERSITY PUBLISHING GROUP
北京师范大学出版社

图书在版编目(CIP)数据

物理练习复习方法与案例/张玉峰主编. —北京：北京师范大学出版社，2021.1

（物理教师教学能力丛书）

ISBN 978-7-303-25933-5

Ⅰ.①物… Ⅱ.①张… Ⅲ.①中学物理课－教案（教育）Ⅳ.①G633.72

中国版本图书馆 CIP 数据核字（2020）第 105117 号

营 销 中 心 电 话 010-58802181 58805532
北师大出版社教师教育分社微信公众号 京师教师教育

WULI LIANXI FUXI FANGFA YU ANLI

出版发行：北京师范大学出版社 www.bnupg.com
　　　　　北京市西城区新街口外大街 12-3 号
　　　　　邮政编码：100088
印　　刷：天津旭非印刷有限公司
经　　销：全国新华书店
开　　本：730 mm×980 mm 1/16
印　　张：19.75
字　　数：360 千字
版　　次：2021 年 1 月第 1 版
印　　次：2021 年 1 月第 1 次印刷
定　　价：70.00 元

策划编辑：伊师孟　　　　　责任编辑：欧阳美玲
美术编辑：焦　丽　　　　　装帧设计：焦　丽
责任校对：康　悦　　　　　责任印制：马　洁

前　言

学生物理学科核心素养的形成、关键能力的培养都离不开对物理概念、规律的学习与理解。教师在培养学生基础知识和基本技能的过程中，应强化学生关键能力的培养。教师在教学中，通过引导学生对物理概念和规律的逐步学习、系统反思和迁移应用，不仅可促进学生物理观念的形成与发展，还可发展学生的科学思维与科学探究能力。

物理练习与复习教学是帮助学生学习理解物理概念、规律的重要途径与方法。我国的物理教学一直有落实概念、规律教学的优良传统。在发展学生核心素养课程改革的大背景下，应该如何通过物理练习与复习教学促进学生在概念、规律的学习理解中发展核心素养呢？很多人会把练习与复习当作应试的过程，在本书中我们力求从核心素养角度认识练习与复习教学的价值和功能，因为我们坚信：发展学生核心素养与提高学生学习成绩是不矛盾的，发展学生核心素养不仅是为学生的终身学习奠基，也是时代发展的要求，更是从长远看真正提升学生学业水平的根本之道。因此，本书的整体设计以《普通高中物理课程标准(2017年版)》提出的物理学科核心素养中"物理观念""科学思维""科学探究"三个要素为线索，讨论如何在练习与复习教学中落实物理学科核心素养，力求将"科学态度与责任"要素融入物理学科核心素养的其他三个要素之中，力求在理论上有高度、实践上能落地。需要说明的是，物理学是众多科学门类中的基础性学科，物理思维也是科学思维的基础要素与主要组成部分。本书的主要目的是探索如何在练习与复习教学中落实物理学科核心素养理念，重在实践层面，而不局限于理论探讨，所以本书对物理思维和科学思维不做深入的理论探讨与严格的概念区分。

本书是北京高中物理研究团队集体智慧的结晶。全书包括绪论在内共六个部分，各部分的内容简介与作者如下。

绪论主要讨论当前课程改革的核心素养背景，以及基于此背景对练习与复习教学的反思，总结梳理教学实践中存在的主要问题，并进一步基于存在的问题讨论应该如何改进物理教学。这部分内容由张玉峰完成。

第一章主要对练习与复习教学进行概述，介绍了练习与复习教学在功能、分类、设计思路、方法与策略等方面的内容。目的是希望读者对练习与复习教学能有概括性认识，为后续理解如何在练习与复习教学中培养学生的物理观念、科学思维、科学探究、科学态度与责任做好铺垫。这部分内容由刘文慧、吕默涵完成。

第二章对促进概念学习的物理练习与复习教学进行概述，涉及物理概念的界定与分类、学习过程与内容、学习困难与障碍等方面的内容，主要通过题目与题组设计案例讨论练习与复习教学中如何促进学生对概念的理解与应用，同时发展学生的科学思维能力。这部分内容由李凯波、孔祥艳、薛丽完成。

第三章对促进科学思维能力发展的物理练习与复习教学进行概述，涉及科学思维的界定与特点、发展阶段与分类、影响因素与思维障碍分类等方面内容，然后分别针对《普通高中物理课程标准（2017年）》提出的模型建构、科学推理、科学论证、质疑创新四个方面的科学思维要素，以题目和题组设计案例讨论如何在练习与复习教学中发展学生科学思维。这部分内容由马朝华、范佳午、陈昱英、付鹂娟、杨双伟完成。

第四章对促进科学探究能力发展的物理练习与复习教学进行概述，涉及科学探究的概念界定、影响科学探究能力的因素、科学探究的障碍分析及其策略等方面内容，然后从问题提出与猜想假设、实验设计、实验结果的解释与基于实验结果的推理论证等方面讨论如何在练习与复习教学中进行题目和题组的设计并进行有效教学。这部分内容由王军、郑蔚青、宋金萍、王丽军完成。

第五章主要呈现了四个教学设计案例，试图从整体上以完整的教学设计案例来说明如何在练习与复习教学中促进学生物理学科核心素养的充分发展。这部分内容由陈昱英、刘松、朱亚平、刘芳完成。

感谢北京师范大学郭玉英教授自始至终对本书写作的指导与帮助。在本书写作过程中，张玉峰完成整体架构与章节具体设计，李凯波审读全部书稿并提出修改建议，最后由张玉峰、李凯波统一修改定稿。

除此之外，还有北京市东城区教育研修学院王晓京老师、北京市第五十五中学李梦莉老师、北京市通州区教师研修学院马晓堂老师等多次参与研讨。他们为本书的出版做出了贡献。北京师范大学出版社的伊师孟编辑也为此书的出版做了大量工作。在写作过程中，编写组还得到了各方人士的无私帮助，在此不一一列举，只能一并致谢！

我们曾遇到各种各样的困难，一直以"唯有作茧自缚，方可化蛹成蝶"来相互激励，以求共同完成本书的写作。但由于水平有限，书中难免有不足之处，诚望读者不吝赐教，给我们提出宝贵的意见和建议。

张玉峰

2020 年 3 月　北京

目　录

绪　论 /1

第一章　物理练习与复习教学概述 /12
　　第一节　物理练习教学概述 …………… 12
　　第二节　物理复习教学概述 …………… 35

第二章　促进概念学习的物理练习与复习教学 /59
　　第一节　物理概念学习概述 …………… 59
　　第二节　促进概念理解的物理练习与复习
　　　　　　教学 ………………………… 69
　　第三节　促进概念应用的物理练习与复习
　　　　　　教学 ………………………… 85

**第三章　促进科学思维能力发展的物理练习与复习
　　　　　教学 /106**
　　第一节　科学思维能力发展概述 ……… 106
　　第二节　促进建模能力发展的练习与复习
　　　　　　教学 ………………………… 113
　　第三节　促进推理能力发展的练习与复习
　　　　　　教学 ………………………… 132
　　第四节　促进论证能力发展的练习与复习
　　　　　　教学 ………………………… 144

第五节　促进质疑创新能力发展的练习与复习教学 …… 160

第四章　促进科学探究能力发展的物理练习与复习教学 /177
第一节　科学探究能力概述 ……………………………… 177
第二节　促进问题提出与猜想能力发展的练习与复习教学
……………………………………………………………… 188
第三节　促进实验设计能力发展的练习与复习教学 …… 211
第四节　促进数据处理能力发展的练习与复习教学 …… 234

第五章　物理练习与复习教学案例 /259
第一节　联系实际问题的复习教学 ……………………… 259
第二节　典型模型之子弹打木块练习课 ………………… 281
第三节　"电源　电动势"复习教学 …………………… 288
第四节　"电场"练习课 ………………………………… 296

绪　论

处于新时代的中国比任何时候都需要高素质人才。高素质人才的表现之一就是具有较高的科学素养。物理学作为科学领域的基础性学科培养具有较高科学素养的人才责无旁贷。教育的功能促使我们反思教育的过程与结构。在物理教学体系内练习与复习教学是重要的教学形式，是培养学生科学素养的重要途径和渠道。反思以核心素养为纲的课程改革背景下练习与复习教学实践中存在的具体问题，并基于存在的问题提出指向核心素养发展的解决方案，是本书的出发点。也正是由于本书从核心素养角度立意，并充分考虑练习与复习教学实践的可操作性，本书不管在整体架构与内容选择上，还是呈现方式上，都具有鲜明特点。

一、课程改革视角下练习与复习教学存在的问题

毋庸置疑，不管是物理知识、技能、方法的学习，还是物理能力的培养，都离不开练习与复习。可以说，物理练习与复习是物理教学的重要形式。物理练习与复习不仅对巩固、活化知识和技能起着重要作用，而且有利于促进学生对所学知识的整合，帮助学生建构良好的概念体系。物理练习与复习不仅可以提升学生的理解、抽象概括等基础能力，还有利于提升学生的模型建构、科学论证、创新等高级思维能力。

随着时代对人才要求的发展和科学教育研究成果在教育实践中的应用，物理教育不断对课程目标提出新的要求。

20 世纪末，我国进入新中国成立后的第八次课程改革，在 2001 年和 2003 年先后颁布了义务教育阶段和高中阶段各学科的课程标准，课程目标实现了从强调"双基"（基础知识和基本技能）到三维目标（知识与技能、过程与方法、情感态度与价值观）的转变。2016 年 9 月，国家又发布了《中国学生发展核心素养》框架。在《中国学生发展核心素养》框架中，明确提出教育要在"文化基础""自主发展"和"社会参与"三个方面培养全面发展的人。随后，《普通高中物理课程标准（2017 年版）》对物理课程的目标进一步提出明确要求，物理课程要从物理观念、科学思维、科学探究和科学态度与责任四个方面发展学生的核心素养。

2017 年 9 月由中共中央办公厅和国务院办公厅印发的《关于深化教育体制机制改革的意见》明确指出，要注重培养支撑终身发展、适应时代要求的关键能力。在培养学生基础知识和基本技能的过程中，强化学生关键能力培养。培养认知能力，引导学生具备独立思考、逻辑推理、信息加工、学会学习、语言表达和文字写作的素养，养成终身学习的意识和能力。培养合作能力，引导学生学会自我管理，学会与他人合作，学会过集体生活，学会处理好个人与社会的关系，遵守、履行道德准则和行为规范。培养创新能力，激发学生好奇心、想象力和创新思维，养成创新人格，鼓励学生勇于探索、大胆尝试、创新创造。培养职业能力，引导学生适应社会需求，树立爱岗敬业、精益求精的职业精神，践行知行合一，积极动手实践和解决实际问题。

实质上，"核心素养"与"关键能力"这两个词的内涵是一致的，对应的也是同样的英文词，即"key competencies"。不管大家提与不提、怎么提，一个现实的问题都不容回避：面对知识经济信息化、全球化的 21 世纪，为应对复杂、多变、不确定的外部世界，青少年应该具备哪几个"关键少数的看家本领"？

在当前核心素养或者关键能力要求的背景下，应该如何进行物理练习与复习教学呢？核心素养或者关键能力的背景为我们明确了课程改革的方向。要想深入探讨此问题，只知道课程改革的方向是不够的，还应该进一步思考我们现在"在哪里"的问题，也就是当前物理练习与复习教学的现状是怎样的，存在哪些需要改进的问题，特别是从发展学生核心素养的视角看在练习与复习教学的功能定位、内容选取、教学组织策略等方面存在哪些不足。这是进一步提出解决方案与突破策略的基础性工作。根据核心素养要求，结合大量课堂教学实践和过程，当前部分物理练习与复习教学主要存在以下具体问题或者认识误区。

第一，局限于机械训练，培养的是低级解题技能，并未有效提升学生的关键能力。

题海战术，大题量的机械重复训练，主要提升学生解题技能的熟练程度，并不能促进学生心智水平的发展，最终为学生巩固下来的是琐碎的、具体的解题方法，而不是具有可迁移性的一般思路或者方法。

大量的习题训练或者反复的复习强化，并未加深学生对知识的理解。具体说来，并未帮助学生建立事实经验与概念、规律之间的实质性联系，因为这个过程并未涉及抽象概括过程和推理过程，因此并未有效促进学生这些基础能力的发展，并未丰富学生头脑中知识间的联系。教师在带领学生复习的过程中往往局限于知识的记忆，在带领学生练习的过程中往往局限于习题的求解，并未有效引导学生通过反省形成解决问题的策略或者思维方式，学生的时间几乎被习题训练和知识重复而单调的呈现所占据。

我们必须承认：由于受到应试教育思想的影响，题海战术或者变形的题海战术仍然屡见不鲜、层出不穷，并且有较大的生存空间。因为这种方式尽管不能促进学生的可持续发展，但在短期内提高考试分数却往往是立竿见影的。但不管从教学内容，还是从教学方式的角度看，题海战术显然不能满足时代和社会对人才的需求，无法完成立德树人的根本任务，无法促进人的全面、可持续发展。特别需要指出的是，机械训练不仅无益于学生创新能力的发展，而且会抑制创新能力的发展。认知科学家基于实证的科学研究表明，创新能力与人的知识结构有关，创新能力强的人所具有的知识是有组织的，他们有清晰的概念和表达概念之间联系的认知模型；同时，创新能力强的人对自己的认知过程能够检测，具有反思和元认知能力。

第二，在练习与复习课的内容选择上，未能促进学生在概念深层理解中发展核心素养与关键能力。

这里的概念既包括我们通常所说的物理概念，如速度、功、电场强度等，也包括概念与概念之间的联系，即我们通常所说的物理规律，如动能定理、动量守恒定律、法拉第电磁感应定理等。

《关于深化教育体制机制改革的意见》中曾提到，在培养学生基础知识和基本技能的过程中，强化学生关键能力培养。概念深层理解的过程也是关键能力与核心素养的形成过程。

所谓概念深层理解是指个体弄清楚事实或者经验与概念，以及概念与原有知识体系间实质性联系的认知过程。这个认知过程可以分解为三个主要过程：①抽象概括过程。从事实与经验中抽象、概括，得出作为思维形式的概念的过程。②整合过程。把作为抽象思维形式的概念纳入原有知识体系，与已有知识建立具有实质性联系的过程。③反省认知过程。反省概念得出以及将其纳入原有知识体系与其他概念建立实质性联系的过程中使用了哪些思维工具的过程。

需要指出的是，首先，"理解"需要在事实与经验的基础上历经抽象概括、科学推理等思维过程；其次，"理解"意味着在不同事物或者其属性间建立实质性联系，而不是表面联系；最后，"理解"与"应用"之间有关联，"理解"有助于"应用"，"应用"能促进"理解"，但是，能"理解"并不意味着能"应用"，反之亦然。

练习与复习教学的内容往往存在以下几个方面的缺陷：①练习课的习题量过大，导致的直接结果是学生没有充足的时间思考"是什么""怎么样""为什么这样"等一系列过程性问题，无法获取充分的程序性知识；更没时间思考"是如何解决问题的""为什么这样解决问题""是否还有其他解决问题的方法"等反思性问题，不能通过解决习题的过程获取充分的认知策略性知识。也正是由于习题量过大，导致学生容易形成机械模仿、硬套公式等不正确的策略。②练习与复习教学缺乏整体设计，前后连贯性较差，层次不够清楚，前后铺垫不足，思维台阶过大或者过小。思维台阶过大，学生感觉太困难，这不仅会挫伤学生学习的积极性，而且不利于学生在解决问题后进行反思，形成认知策略。③练习与复习的目标与功能不够明确，只是在原有基础上的机械重复，无法促进学生的认知发展。总的来看，练习与复习教学在功能上不能有效促进学生核心素养与关键能力的充分发展，仍然更多集中于知识本身的理解与应用，没有体现出在知识学习上的关键能力与核心素养发展意图，主要表现在以下几个方面：不能有效促进学生知识体系的形成，知识的结构化程度低是影响核心素养发展的重要因素；知识的情境化程度低，知识未与丰富的情境建立密切联系；未能有效促进学生反思，形成反省认知性知识或者策略。另外，目标难度不合适也是普遍存在的，如不重视学生的原有认识基础，定位太高，学生无法接受。出现这种现象的根本原因是学生学习诊断不够精准，甚至是缺乏学习诊断。④复习教学的内容往往是知识本位的，概括起来有两个方面的不足：一是复习的知识内容往往缺乏情境支撑，更多是知识的简单再现或者再认，思维层次较低；二是不能深层挖掘知识背后蕴含的思维方式、程序性知识与策略性知识。

第三，练习与复习缺乏诊断功能，针对性差，核心素养发展效率低。

在教学中往往过度关注"考什么、怎么考"，表现为"以考定教"，甚至总结考试模式并提出应试模式，而不是根据学生学习情况的精准诊断进行教学。缺乏精准学习诊断的具体表现为：学生不存在困难的内容作为重点进行练习与复习，学生存在困难的内容却被教师忽视，一带而过；有些难度大的内容，超出大部分学生的认知能力，教师仍然作为教学的内容，甚至作为重点内容，反复练习与复习。缺乏诊断的练习与复习教学，只好采用"题海战术"，学习内容力争全覆盖。只有基于精准诊断的练习与复习教学，才能有针对性地解决学生的认识问题，促进学生核心素养的发展。

对学生学习情况的精准诊断是提高教学有效性的前提。从教学实际看，教师往往习惯仅凭经验进行教学设计，缺乏教学前通过测试、访谈等各种诊断手段进行基于实证的学习情况分析与诊断。客观讲，教师长期积累的教学经验具有证据的性质，可以作为教学设计的重要依据。但是，经验往往是基于对过去教授过的学生学习情况在教师头脑中形成的具有概括性的认识，而学生已经是新的一批学生，由于受各学校招生情况、初中教学内容与要求等方面变化的影响，因此，在某种程度上，教学经验又是不可靠的。

长期以来，一线教师对学习诊断的认识往往停留在比较表层的了解学生学习情况上。这种诊断存在两个问题：一是对某一学习困难只有定性了解，缺乏对学生存在困难比例的测查，更缺乏对每一个学生学习情况的具体了解；二是只有对学习情况的现象描述，使用"粗心、马虎""学习能力差""学习积极性不高"等一些浅层描绘现象的词语，缺乏对产生这些现象的因果解释，只有诊断出困难产生的原因，才能进行针对性的矫正。

第四，练习与复习教学的方式比较单一，内容比较枯燥，学生的学习往往是被动的，不利于调动学生的学习积极性。

练习与复习教学往往以掌握知识、熟练应用为主要目标。因此，必然会大量采用讲授法这种"短平快"的教学方式，提高做题和讲解题目的效率，这种效率的指标往往是单位时间内完成题目的数量。在讲授式教学中"满堂灌"或"满堂问"的现象比较普遍，学生回答问题的自觉性和主动性不高，思维的主动性和积极性不高，思维方法得不到基本的训练，思维水平得不到应有的提高。

不管练习课还是复习课都离不开习题，练习与复习教学中选择的习题往往存在以下几个方面的问题：①习题脱离具体、真实的物理情境，以模型化的应用知识解决习题为主。②习题对概念的过程性诊断功能不够，更多是知识应用类的习题。③习题的数学运算过分复杂，在物理过程方面缺乏"物理味"。具体来说，解决习题所运用的物理知识比较单一，不能反映出知识间的丰富联系，特别是不涉及物理学认识客观世界的丰富思维方式，如建模、猜想、因果解释等。④题目的选择欠缺规划，随意性太强。具体表现为：题目与关键能力的对应是随意的；题目间的关系不够清楚；题目的层次性不够清晰。⑤缺乏开放性，学生缺乏展开思维和想象的空间。另外，还存在习题表述不够严谨，经不住推敲，学生在思考过程中"误入歧途"的问题，这不仅使学生的思维得不到充分发展，还浪费了学生大量的宝贵时间。

从学习情况看，学生在学习过程中，往往有如下表现：①学习动力不足，很多学生缺乏主动性，缺乏兴趣，被动学习比较普遍，好奇心不强。②学习方法缺乏，只重视知识结论，不注意认真理解结论的得出过程。③缺乏相关体验，生活中动手机会较少，缺乏对知识的深入理解。④不能从整体上认识学科知识，知识的结构化程度较差，更多时候表现为机械模仿、套用公式等。

因此，不管是从促进学生终身发展的角度看，还是从未来社会需求的角度看，未来的物理教育应该促进学生形成对客观世界的整体理解，而不是仅仅交给学生一些碎片化的知识点；应该引导学生掌握具有普遍性的解决问题的思路和方法，因为这样的思路或者方法才具有更广泛的应用范围，具有更强的可迁移性，对学生应对未知环境中的陌生问题具有价值，而不是仅仅掌握一些具体的、琐碎的解题技巧或者方法；应该重点发展学生的认知能力、模型建构能力、科学推理与论证能力、质疑与创新能力等高级思维能力，而不是仅仅让学生通过反复练习和复习，记住一些固定的物理概念或者规律等结论性的知识。也就是说，练习与复习的主要目的并不是巩固和熟练应用知识。

二、基于问题的练习与复习教学解决方案

基于上述练习与复习教学实践中存在的问题和认识误区，结合教学实践经验，以及对教师"教"和学生"学"的观察，从促进学生核心素养发展的角度出发，提出在练习与复习教学中的策略与方法。

从整体上设计练习与复习教学的目标与功能、内容与活动、策略与方法，促进核心素养与关键能力的发展，是基于练习与复习的教学现状和课程改革方向的基本思路。

从整体上设计练习与复习教学，使其有利于帮助学生对客观物理世界形成整体性认识。正如周光召先生所说，科学教育不应该传授给孩子支离破碎、脱离生活的抽象理论和事实，而是应当慎重选择一些重要的科学观念，用恰当、生动的方法，帮助孩子们建立一个完整的对世界的理解。

从整体上设计练习与复习教学，使其形成结构良好的概念体系。结构良好的概念体系是学生发展各种能力的基础，特别是创新能力的重要影响因素。在信息化社会背景下，并不是不需要知识，恰恰应该加强碎片化知识间的联系，形成围绕核心概念的系统化知识体系。

从整体上设计练习与复习教学，使其在巩固知识、形成良好概念体系的基础上，重点发展学生的模型建构、科学推理与论证、质疑与创新、迁移与应用等方面的能力；引导学生学会获取新知识，并加强与原有知识的整合，学会学习。这些能力都是一个人终身发展与适应未来社会发展的关键能力，也只有具备这些关键能力才能满足未来社会对人才的需求。

从整体上设计练习与复习教学，发挥其诊断与反馈矫正功能，使其更有效、更精准地诊断学生的实际学习情况，而不仅仅是满足于经验层面的"感觉"，不再仅仅满足于对学生学习情况的现象描述，更应该透过现象看到问题产生的原因，对学生的学习情况做出深层次的因果解释。

从整体上设计练习与复习教学，使其激发学生学习兴趣、调动学生学习的积极性。要想使练习与复习教学实现此功能，主要有两个重要抓手：一是调整

并丰富练习与复习的内容，内容应紧密联系学生的生活实际，与学生的生活经验"接轨"，应具有较强的时代性，紧密联系现代科技；二是教学方式应该多样化，真正发挥学生的主体性地位，课堂不应再是教师的"一言堂"，而应该真正成为解决学生疑问，引发学生思考的场所。

要完成上述根本性转变，从整体上设计练习与复习教学，可以具体从以下几个方面进行。

第一，从整体上设计练习与复习教学中的习题及其呈现方式。

如上所述，习题是练习与复习教学的重要组成部分。习题的选择与呈现方式是影响教学效果的重要变量。

习题应结合真实的物理情境，引导学生在真实物理情境中展示出行为能力，行为能力可以看作行为主体所具备的核心素养与关键能力的外显。可以通过变换情境的新颖程度和复杂程度来控制习题的难度，促进不同层次学生的发展。另外，对于知识的复习也应该尽量避免简单机械地再现知识以加强记忆，而应该尽可能结合真实情境，加强知识与具体适用情境之间的联系。

习题的数量、难度、组合方式与呈现方式也是整体设计需要考虑的方面。习题数量过大或者难度过大，都不利于引导学生通过反省获取程序性知识与认知策略。一是因为时间被占满，无法进行充分反省；二是因为人的认知负荷是有限的，难以对思维难度大的习题进行有效反思。合理梯度的习题组合与富有吸引力的呈现方式，不仅有利于学生思维的展开，还可以有效激发学生的学习兴趣。

第二，从整体上整合练习与复习教学的内容，突出关键能力培养。

教师在教学中往往只关注到一个个的知识点，认为只有这些知识点才是能抓得住的"真东西"，也能与高考内容真正对得上，往往"只见树木不见森林"，忽视了把大量具体的概念围绕核心概念建构概念体系。最终导致学生头脑中有大量的一个个具体概念，缺乏大概念以及围绕大概念的概念体系。

此外，教师在教学中往往只关注解决问题的具体细节、琐碎的方法、小技巧，忽视了解决问题的一般思路，如先定性再定量、从特殊现象到一般规律、先静态分析再动态分析等。学生头脑中最终形成了大量与具体题目对应的解题技巧与方法，这些具体的解决技巧与方法往往只适用于特定的题目，不具有迁移性，学生缺乏一般性的、具有普适性的解决问题的"大思路"，而恰恰是这些"大思路"才具有较强的可迁移性。

从科学教育研究的角度看，教学内容整合也是非常有必要的。近年来，在国际科学教育研究领域，学习进阶的相关研究成为研究的热点。伴随学习进阶的研究，围绕大概念的整合学习成为科学教育研究发展的重要趋势，"整合与发展"已逐渐成为当代教育科学课程改革的核心理念。从大学教育反观基础教育，也可以发现中学教育的问题。尽管很多进入大学的高中毕业生掌握了很多解题的知识和技巧，但他们对物理概念的定性理解却是非常薄弱的。

总之，在练习与复习教学中，教师应该强化围绕核心概念建立概念体系的意识，应该帮助学生形成解决问题的一般思路，即"大思路"。

第三，改造习题，从习题训练走向设计创造，突出关键能力培养。

通过练习与复习教学，达成巩固、深化、活化知识的目标一直是传统物理教学论的重要观点。上述观点的基本立场仍然是"知识本位"，在当今信息化社会，及变幻莫测的未来社会，学生只掌握知识显然是不够的，还需掌握能灵活应对未来社会变迁的关键能力与品格。那么，如何改进传统的知识应用教学才能达到上述对学生的培养目标呢？

变习题训练教学为设计创造教学。所谓设计创造就是学生面对真实、复杂的具体任务，综合而灵活地使用所学知识、技能进行实验、工具开发、工程设计等方面的创造性活动而完成任务的过程。下面从设计创造活动的价值、认知等方面对其进行分析。设计创造活动的价值可以概括为以下几个方面：①在真实、复杂情境中发展学生核心素养，核心素养在真实、复杂情境中表现为具体的行为，也只有在情境中才能得到发展。②针对中国学生的发展现状，设计创造活动可以强化工程设计理念，培养实践能力。③设计创造活动的特点决定了其可以作为发展学生质疑创新能力、模型建构能力、科学论证能力等关键能力的天然载体。④设计创造活动基于真实的情境与问题，有利于发展学生的合作交流能力与使用复杂互动工具的能力。⑤设计创造活动有利于学生更加主动而深度地参与课堂活动，并且意识到知识是有用的，从而有利于学生形成对科学的正确态度并培养学生的学习兴趣。

可以借鉴学习进阶理论对设计创造活动进行认知分析。设计创造活动过程是学生在原有经验的基础上产生设计创意并对创意逐步评估、修改、完善，以及基于设计创造过程的反省认知过程。具体可以分为四个阶段：①根据任务要求，初步形成设计创意阶段。②对设计创意进一步评估、修正、完善，这是设计创意转变为设计创造方案的阶段。③设计创造方案的实现阶段，把方案物化为实物阶段。值得注意的是，在中学教育过程中，限于普通教育的目的和现实条件，并不是所有的设计创造活动都要经历这一过程。④设计创造的反思阶段。这是在设计创造活动的基础上进行反省，获得设计创造策略的过程。分析设计创造过程，可以发现影响设计创造的认知因素，主要包括学生的发散思维能力、迁移能力、建模能力、质疑能力及知识的结构化和情境化水平等。

第四，转变教学方式，以教学方式多样化提升练习与复习教学的质量。

教学方式是影响学生发展的重要变量。即使是同样的教学内容，采用不同的教学方式，也会有不同的教学效果。教学实践中应该综合考虑教学内容、条件、要求等方面的因素，选择对发展学生核心素养最有利的练习与复习的教学方式，而不是仅仅关注短时间内知识的掌握效果，培养具有核心竞争力、未来时代和社会发展真正需要的人才。在教学实践中，教师往往喜欢采用"短平快""看得见摸得着"的教学方式，认为讲授的方式"效率"最高，不可否认讲授仍然不失为一种有效的教学方式，但是也应该看到其局限性，例如，不利于发挥学生学习的积极主动性，不利于培养学生的合作交流能力等。再加上教学评价体系的滞后性以及教师长期以来受传统教学的影响，教学方式转变的困难是非常大的。

从教学实际情况看，在充分发挥讲授法优势的前提下，还应该注意增加学生合作学习与自主学习的机会。合作学习的交流讨论环节，不仅可以促进学生对知识的深层理解，还有利于发展学生的科学论证、质疑反思等高级思维能力；学生在交流中取长补短，学会交流技巧，发展合作能力，发挥学习主动性，提升学习物理的兴趣。另外，教师应引导学生进行自主学习，培养学生的学习能力，让学生学会学习。

综合比较各个国家的核心素养框架，可以看出，共同的核心素养包括创新能力、交流合作能力和学会学习，因此三者可以称作核心素养的核心。有关创新能力的研究还表明：自由、民主、安全的课堂教学环境是一个人发展和展示创新能力的重要保障。交流合作能力无法通过说教式的教学过程获得，需要学生在学习过程中通过积累丰富的交流合作经验逐渐发展起来。同样地，学生的学习能力也是在学生的自主学习实践中，经过不断积累学习体会，不断反思逐渐发展起来的，无法靠教师的直接讲授获得。

因此，站在发展学生核心素养高度看当前的物理教学，需要转变教学方式，增加学生自主学习的机会，增加包括学生与学生、学生与教师之间的交流讨论机会。

练习与复习教学方式的转变必然带来课堂教学结构的重构。对课堂教学结构的观察起因于对教学功能的注意，结构与功能总是紧密联系在一起的。长期以来，我们把课堂教学看作信息传递的过程，是把学生从不会教会、从不熟练训练到熟练的过程。这也可以看作能高效传递信息、快速训练学生解题能力的实用之举。但是，这样的课堂教学结构却带有天然的学生学习被动性，侧重低级的记忆、解题能力，而忽视了包含元认知在内的高级思维能力。其实，在信息化时代，信息来源趋于多样化与便捷化，课堂教学不应仅仅让学生接收信息，更应让学生学会整合信息，学会探索未知世界；课堂教学不应只是让学生学会知识，还应学会学习，学会自己解决问题，并在解决已有疑问的基础上发现新问题。

另外，我们也需要重新认识课堂容量。在传统观念中，课堂容量主要指知识点的多少与应用熟练程度等内容，在《中国学生发展核心素养》框架下，学生的概念体系、思维、参与程度、民主过程等不仅是课堂容量，还应是容量中的"优质"构成。因此，练习与复习教学应该通过教学方式的转变促进学生的价值观念、必备品格与关键能力的发展，而不再是把学生培养成储存知识的大容器或者解题高手。

三、本书的特点、价值与意义

随着世界范围内各国以核心素养为标志的课程改革的推进，从国家战略的角度，我们国家在教育领域分别在 2016 年 9 月发布《中国学生发展核心素养》框架；2017 年 9 月由中共中央办公厅和国务院办公厅联合下发《关于深化教育体制机制改革的意见》；2018 年 1 月正式颁布各学科高中学段的 2017 年版课程标准。这一系列标志性研究成果、国家教育政策文件或者教育教学指导文件密集颁布，并共同聚焦于：要注重培养支撑终身发展、适应时代要求的关键能力或者核心素养。

本书正是在此背景下，探索在课堂教学实践领域如何落实核心素养的可操作途径，为落实核心素养理念提供丰富的实践案例。本书是在练习与复习教学实践中落实核心素养理念的一次尝试，会对物理练习与复习教学实践产生深远的影响。

本书无论是在内容选取与设计上，还是呈现方式上，是在总结反思第八次课程改革后，以核心素养为纲的新一轮课程改革背景下完成的。因此，无论是在全书的整体架构上，还是一个个细节处理上，本书都打上了发展学生核心素养的烙印，试图探索发挥完成立德树人根本任务的物理学科独特价值，探索在练习与复习教学中落实发展学生物理学科核心素养的途径与策略。

本书在第二、第三、第四章各节内容的安排上，既考虑到教学理论对教学实践的引领，又考虑到教学理论如何真正落实在教学实践之中。因此，这几章的第一节都是从整体上对相关理论进行概述，后续几节分别从若干方面以实践案例的形式呈现如何在教学实践中进行有效操作。

　　本书充分考虑了所提出的策略与方法在练习与复习教学实践中的可操作性。第一，以物理学科核心素养的"物理观念""科学思维""科学探究"等要素为主线展开，便于教学操作。本书针对科学思维的模型建构、科学推理、科学论证、质疑创新等要素分别进行题目或者题组的设计，以及基于此的教学设计。采用如此细化的方式有侧重地讨论科学思维的培养，有利于提升练习与复习教学实践的针对性，提升科学思维培养的实效性。第二，以丰富的实践案例促进理论与实例的结合；力求实践案例能以最生动的方式表达理论，每一个实践案例都来自经过深思熟虑的理论指导。本书通过丰富的教学实践案例来阐释落实核心素养的可操作途径。在教学实践案例部分对题目和题组的设计及其教学设计做了区分，不仅说明了如何采用题目或者题组的方式进行练习或者复习教学，还对如何选择题目或者题组，以及为什么如此选择进行了说明，期望引导一线教师举一反三，获取反省认知策略性知识，增长教学智慧。因此，我们期待读者能读懂每一个实践案例背后的理论与意图。

　　本书把概念学习细分为概念理解和概念应用两个各有所侧重的过程，有助于引导一线教师进一步重视概念得出过程，促进教师在概念得出的教学过程中有规划地发展学生的核心素养，特别是对客观世界的认识方式。

第一章 物理练习与复习教学概述

物理练习教学和复习教学都是教学的基本形式，两者在功能、分类、设计原则等方面既有共性，也有个性。从发展学生物理学科核心素养的角度看，在内容选择与教学设计等方面应该关注通过物理练习与复习教学如何促进学生知识的结构化，如何在应用知识解决问题的过程中促进学生科学思维与科学探究能力的发展，如何选择合适的练习、复习的策略与方法，以促进学生更有效地学习。本章分别从练习教学和复习教学的功能、分类、设计原则、方法和策略等方面进行整体描述。

第一节 物理练习教学概述

根据认知学习理论，学生的学习过程是把教材中的知识结构转化为自己的认知结构的过程，完成这个过程仅仅依靠授课教学是不够的。为了让学生完整地认清概念的内涵和外延，深刻理解规律所表达的内容和适用条件，提高解决问题的能力，培养创造性思维，我们常采用物理练习教学的方法。物理练习是指学生在理解物理教学内容的基础上，以口头解答、书面解答，或实际设计和操作等形式，反复针对某一课题完成一定的作业。练习是知识运用的一种主要方式，它是检验学生对知识理解和巩固程度的一种手段，又是学生在掌握知识、发展能力过程中不可缺少的一个阶段。①

一、物理练习教学的功能

练习教学是物理教学中的重要环节。练习教学能够帮助学生深入理解物理知识，建立物理知识之间的联系，获得解决实际问题的方法，有利于提高学生的科学素养。

（一）巩固、活化、深入理解基础知识

物理学中很多基本概念和重要规律，尽管教师讲得很清楚，学生看似理解

---

① 阎金铎，田世昆. 中学物理教学概论［M］. 2版. 北京：高等教育出版社，2003：130.

了，但是学生在解决一些问题时，往往暴露出来对概念、规律理解不透彻，不能做到灵活运用。教师应该恰当地选编一些典型、新颖、有实际价值的习题，让学生通过独立思考、努力钻研求得解答，让学生在这一过程中巩固、深化知识。

比如高中物理必修二中，"势能"这一概念。大多数教材由重力做功入手，重力做功对应某种形式能量——重力势能的变化。那么重力势能究竟是什么？书中会用较大篇幅讲述重力势能，重力势能由相互作用的重力和相对位置决定，但是对于弹性势能，讲的就不是那么详尽了，如人教版和教科版教材都没有给出弹性势能的表达式。因此，教师可以通过物理练习，帮助学生加深对弹力做功、弹性势能的认识，同时让学生深入理解"势能"概念。例如下面这道习题。

如图 1-1 所示，弹簧的一端固定，另一端连接一个物块，弹簧质量不计。质量为 m 的物块（可视为质点），在水平桌面上沿 x 轴运动，与桌面间的动摩擦因数为 μ。以弹簧原长时物块的位置为坐标原点 O，当弹簧的伸长量为 x 时，弹簧劲度系数为 k。

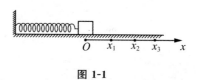

图 1-1

物块由 x_1 向右运动到 x_3，然后由 x_3 返回到 x_2，在这个过程中，求：

（1）弹簧所做的功。

（2）滑动摩擦力所做的功。

（3）比较弹力做功与滑动摩擦力做功的不同之处，说明为什么不存在与摩擦力对应的"摩擦力势能"的概念。

此题根据 2015 年北京高考理综 23 题改编。通过这一论述题，学生认识到功是能量转化的量度，弹性势能的变化和弹簧弹力做功紧密相连，初步体会保守力做功和耗散力做功的不同之处，进而深入理解弹性势能的概念。

（二）建立物理知识之间的联系

物理教材中，各知识点是分章节呈现的，知识点是相互联系的形成知识网络。通过物理练习，学生可以建立知识点间的联系，逐步建构物理观念。

例如下面练习题。

（1）下列物理量会出现正值和负值，是矢量的是（　　）。

A. 功　　　　B. 力　　　　C. 重力势能　　　　D. 电荷量

（2）请说明上述物理量正负值的意义。

矢量和标量贯穿整个物理学习，矢量的正负表示跟规定正方向相同还是相反。标量的正负，不一定都是表示大小，会有各自的含义。功的正负，表示动力做功还是阻力做功；重力势能的正负，表示大小；电荷量正负，表示的是电性。通过练习教学，教师可以有效地引导学生总结归纳，建立知识间的联系。

(三)建立解决问题的思路，获得解决问题的方法，形成解决问题的策略

学生在解答物理问题的过程中，思维活动处于十分集中和积极的状态。学生根据自己掌握的知识、凭借自己的力量克服困难，集中精力寻求解决问题的途径，对问题进行科学的猜想、分析、综合、判断、推理，并运用数学方法求得解答。所以说，物理练习过程是学生创造性劳动的过程。在这个过程中，学生不断思考总结，逐渐形成了解决问题的思路和策略。

例如下面练习题，利用楞次定律判断感应电流的方向。

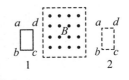

如图 1-2 所示，一个有界匀强磁场区域，磁场方向垂直纸面向外，一个矩形闭合导线框 abcd，沿纸面由位置 1(左)匀速运动到位置 2(右)，则(   )。

图 1-2

A. 导线框进入磁场时，感应电流方向为 a→b→c→d→a

B. 导线框离开磁场时，感应电流方向为 a→d→c→b→a

C. 导线框离开磁场时，受到的安培力方向水平向右

D. 导线框进入磁场时，受到的安培力方向水平向左

此题答案为 D。

通过类似练习的反复训练，学生逐渐掌握判断感应电流方向的一般步骤(图 1-3)。

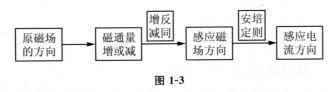

图 1-3

(四)理论与实际相结合，理解物理学与技术的关系

学生在做物理练习时，要将学过的物理概念、规律运用到实际情境中去，将理论与实际建立联系。教师选编的习题，应取材于生活实际，使学生体会物理在实际生活、社会发展、环境保护、人类文明中的重要应用和巨大作用。例如下面练习题。

利用所学物理知识，可以初步了解常用的公交一卡通(IC 卡)的工作原理

及相关问题。IC 卡内部有一个由电感线圈 L 和电容 C 构成的 LC 振荡电路。公交车上的读卡机(刷卡时"嘀"地响一声的机器)向外发射某一特定频率的电磁波。刷卡时,IC 卡内的线圈 L 中产生感应电流,给电容 C 充电,达到一定的电压后,驱动卡内芯片进行数据处理和传输。下列说法正确的是(   )。

A. IC 卡工作所需要的能量来源于卡内的电池

B. 仅当读卡机发射该特定频率的电磁波时,IC 卡才能有效工作

C. 若读卡机发射的电磁波偏离该特定频率,则线圈 L 中不会产生感应电流

D. IC 卡只能接收读卡机发射的电磁波,而不能向读卡机传输自身的数据信息

通过这道题,学生运用电磁感应、LC 振荡电路等知识,解决实际问题,了解物理知识在实际中是如何运用的,体会知识来源于生活、服务于生活的思想,提高用所学知识解决实际问题的能力。

(五)物理练习是考查学生知识、技能,检查教师教学效果的重要手段

学生的学习情况,教师除了通过课上的观察、提问等方式了解外,最主要的是通过学生完成练习题的情况来了解。一方面,教师可以通过学生做习题的情况,发现学生学习的薄弱点,发现自己教学中的缺陷与不足,以便及时调整教学计划,抓住知识的重点,分散知识的难点,从而提高课堂教学的效率;另一方面,学生也能在做题的过程中,了解自己的学习情况,找到自己知识的漏洞,以制订适合自己的学习计划。

二、物理练习的分类

物理练习的分类有多种方法。比如按题型,可以分为判断选择练习、思考问题练习、实验设计练习、推理证明练习、计算问题练习。按题型分类比较普遍,任何一个物理知识点至少能够找到一个合适的题型。当然还有其他的分类方法,比如按物理知识本身的属性,可以分为概念练习、规律练习、实验练习。再如按照习题难度分,可以分为简单题、中档题、难题。各种分类方式也是相互渗透、相互重叠的。比如,计算问题练习是按题型分类的,不同的题目也有难易程度之分。将练习题按多种方式综合分类,才能合理出题,达到预期的练习目的。

(一)判断选择练习

判断是根据概念和逻辑关系,给出肯定或者否定的结论。这类练习的特点

是概念性强、逻辑思维强。通过练习可以澄清一些似是而非的认识，有利于学生准确理解概念和规律，提高思维判断能力。判断选择练习有考查侧重之分，有考查记忆了解的、有考查逻辑推理的，还有考查简单运用的。下面针对这三种情况分别举例。

1. 侧重记忆了解

下列说法正确的是（　　）。

A. 物体温度降低，其分子热运动的平均动能增大

B. 物体温度升高，其分子热运动的平均动能增大

C. 物体温度降低，其内能一定增大

D. 物体温度不变，其内能一定不变

此题答案为 B，考查学生对知识的记忆了解。

2. 侧重逻辑推理

伽利略创造地把实验、假设和逻辑推理相结合的科学方法，有力地促进了人类科学认识的发展。利用如图 1-4 所示的装置做如下实验：小球从左侧斜面的 O 点由静止释放后沿斜面向下运动，并沿右侧斜面上升。斜面上先后铺垫三种粗糙程度逐渐降低的材料，小球沿右侧斜面上升到

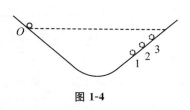

图 1-4

的最高位置依次为 1、2、3。根据三次实验结果的对比，可以得到的最直接的结论是（　　）。

A. 如果斜面光滑，小球将上升到与 O 点等高的位置

B. 如果小球不受力，它将一直保持匀速运动或静止状态

C. 如果小球受到力的作用，它的运动状态将发生改变

D. 小球受到的力一定时，质量越大，它的加速度越小

此题答案为 A。

3. 侧重简单运用

周期为 2 s 的简谐横波沿 x 轴传播，该波在某时刻的图像如图 1-5 所示，此时质点 P 沿 y 轴负方向运动。则该波（　　）。

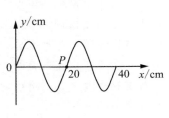

图 1-5

A. 沿 x 轴正方向传播，波速 $v = 20$ m/s

B. 沿 x 轴正方向传播，波速 $v = 10$ m/s

C. 沿 x 轴负方向传播，波速 $v = 20$ m/s

D. 沿 x 轴负方向传播，波速 $v = 10$ m/s

此题答案为 B。

判断选择练习也可以考查实验方面的内容，出题的形式可以是单选、多选、填空等。概念的定性辨析，很适合出成判断选择练习，叙述方便，出题灵活。

（二）思考问题练习

做思考问题练习时，学生通常根据题干中设定的情境或者陈述的现象，初步判断题目与哪部分知识相关，经过分析思考，用已有的相关知识解释现象或者说明道理。

例如，如图 1-6 所示，在柏油马路和湖面上常常遇到炫光，它会使人视觉疲劳。这些天然的炫光往往是光滑表面反射而来的镜式反射光和从表面反射的漫反射光重叠的结果。漫反射光是非偏振光，镜式反射光一般是部分偏振光。由于它们是从水平面上反射的，光线的入射面是垂直的，所以反射光含有大量振动在水平方向的偏振光。要想消除这种炫光，只要将光线中的水平振动成分减弱些就可以了。同理，要想消除从竖直面反射来的炫光，如玻璃窗反射来的炫光，所用偏振轴应取水平方向。根据上述材料请回答下列两个问题：

图 1-6

（1）在某些特定环境下照相时，常在照相机镜头前装一片偏振滤光片使影像更清晰，这是利用什么原理？

（2）市场上有一种太阳镜，它的镜片是偏振片，为什么不用普通的带色玻璃片而用偏振片？安装镜片时它的透振方向应该沿什么方向？

此题答案为：（1）在某些特定环境下，如拍摄水中游动的鱼时，由于水面反射光的干扰，影像会不清楚。在镜头前装一片偏振片，清除反射光（反射光为偏振光），影像就变得清晰。这是利用了光的偏振。

（2）这种太阳镜是为了消除柏油马路和湖面上反射的炫光，因此应用偏振片而不是带色的普通玻璃片。该反射光为水平方向的偏振光，故应使镜片的透振方向竖直。

思考问题练习要求学生善于分析、思考，运用已掌握的知识对题目做出准确的论证。解答问题时，学生要做到论据准确、明确、充分，语言严密。

（三）实验设计练习

实验设计练习可以分为四类：验证型实验练习、测量型实验练习、探究型实验练习、设计型实验练习。验证型实验是针对某一结论，通过实验验证其是否正确；测量型实验是为了测量某一量的数值而进行的实验；探究型实验是针对某一课题进行实验探究，得出结论；设计型实验是为了达到某一目的或实现某一功能，进行原理上的和实物的设计。下面针对这四种类型的实验练习进行举例。

1. 验证型实验练习

图 1-7(a) 为"用打点计时器验证机械能守恒定律"的实验装置。

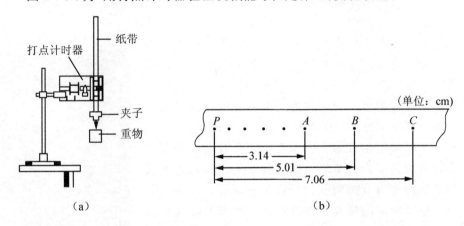

图 1-7

(1) 若已知打点计时器的电源频率为 50 Hz，当地的重力加速度取 $g = 9.80$ m/s^2，重物质量为 0.2 kg。实验中得到一条点迹清晰的纸带，如图 1-7(b) 所示。打 P 点时，重物的速度为零，A、B、C 为另外 3 个连续点。根据图中的数据可知，重物由 P 点运动到 B 点，重力势能减少量 $\Delta E_p = $ _____ J。(结果保留三位有效数字)

(2) 若 PB 的距离用 h 表示，打 B 点时重物的速度为 v_B，理论上当两者间的关系式满足 _____ 时，说明下落过程中重物的机械能守恒。(已知重力加速度为 g)

(3) 实验中发现重物增加的动能略小于减少的重力势能，其主要原因是( )。

A. 重物的质量过大　　　　　　　B. 重物的体积过小

C. 电源的电压偏低　　　　　　　D. 重物及纸带在下落时受到阻力

此题答案为：(1) 9.82×10^{-2}；(2) $v_B^2 = 2gh$；(3) D。

此题通过重物的自由落体运动，验证重物在下落过程中重力势能的减少量等于动能的增加量，进而验证在只有重力做功的条件下，物体的机械能守恒。

2. 测量型实验练习

某同学利用打点计时器测量当地的重力加速度。

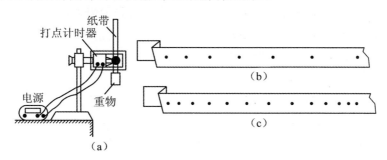

图 1-8

(1)请完成以下主要实验步骤：按图 1-8(a)安装实验器材并连接电源；竖直提起系有重物的纸带，使重物_____（填"靠近"或"偏离"）打点计时器下端；_____，_____，使重物自由下落；关闭电源，取出纸带；换新纸带重复实验。

(2)图 1-8(b)和图 1-8(c)是实验获得的两条纸带，应选取_____［填"(b)"或"(c)"]来计算重力加速度。在实验操作和数据处理都正确的情况下，得到的结果仍小于当地重力加速度，主要原因是空气阻力和_____。

此题答案为：(1)靠近、接通电源、松开纸带；(2)(b)、摩擦。

此题，重物带着纸带做自由落体运动，利用打点计时器在纸带上留下的点迹，计算重物的加速度，也就是重力加速度。由于空气阻力和摩擦力的存在，测量的加速度的值比实际值要小一些。

3. 探究型实验练习

探究"加速度与力、质量的关系"的实验中，采用图 1-9(a)所示的实验装置，小车及车中砝码的质量用 M 表示，盘及重物的质量用 m 表示，小车的加速度可由小车后拖动的纸带打上的点计算出。

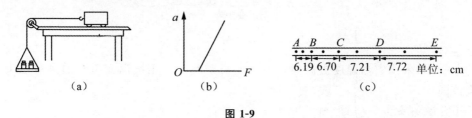

图 1-9

(1)当 M 与 m 的大小关系满足_____时，才可以认为绳对小车的拉力大小等于盘及砝码的重力。

(2)一组同学在做加速度与质量的关系实验时，保持盘及重物的质量一定，改变小车及车中砝码的质量，测出相应的加速度，采用图像法处理数据。为了比较容易地检查出加速度 a 与质量 M 的关系，应该作 a 与_____的图像。

(3)如图 1-9(b)为某同学根据测量数据作出的 a-F 图像。此图像说明实验存在的问题是_____。

(4)图 1-9(c)为某次实验得到的纸带，已知使用电源的频率为 50 Hz。根据纸带可求出小车在 C 点的速度大小为_____ m/s，加速度大小为_____ m/s²。(结果保留两位有效数字)

此题答案为：(1) $M \gg m$；(2) M^{-1}；(3)没有平衡摩擦力或平衡摩擦力不足；(4)1.7、3.2。

此题，通过实验探究，利用测量数据，画出 a-M^{-1} 图像以及 a-F 图像。根据数学知识，得出当物体质量一定时加速度与合外力成正比；当物体所受合外力一定时，加速度与质量成反比。

4. 设计型实验练习

现有半导体热敏电阻 R_1、电炉丝、电源、电磁继电器、滑动变阻器、开关和导线若干。试设计一个温控电路：要求闭合开关后，温度超过某一数值时，电炉丝自动断电；低于某一数值时，又可以自动通电加热。

(1)请在图 1-10 上连线，将热敏电阻 R_1 接入电路。

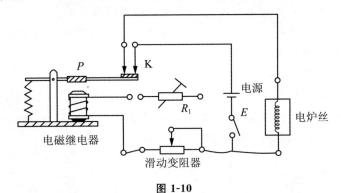

图 1-10

(2)如果要求当温度更高时，电炉丝自动断电，则滑动变阻器的滑动触头应该向_____(填"左"或"右")移动。

此题答案为：(1)如图 1-11 所示；(2)右。

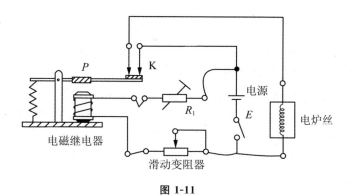

图 1-11

　　温度的变化是由电炉丝是否工作引起的，而温度的变化又决定了电炉丝是否工作，这样形成了一个相互影响的自动控制装置。理解此装置的工作过程是解此题的关键。

(四)推理证明练习

　　根据已掌握的相关理论和给定的条件，通过逻辑推理，得到要求的结论的练习，或者对各种可能的情况分析论证的练习，或者证明给定结论正确与否的练习为推理论证练习。

　　如图 1-12(a)所示，质量为 $m = 50$ g，长 $l = 10$ cm 的铜棒，用长度也为 l 的两根轻软导线水平悬吊在竖直向上的匀强磁场中，磁感应强度 $B = \dfrac{1}{3}$ T。未通电时，轻线在竖直方向，通入恒定电流后，棒向外偏转的最大角度 $\theta = 37°$。求此棒中恒定电流的大小。

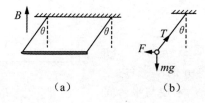

（a）　　　　　（b）

图 1-12

　　某同学求解棒中恒定电流的方法如下：对铜棒进行受力分析，通电时导线向外偏转，说明安培力方向垂直电流和磁场方向向外，受力如图 1-12(b)所示（侧视图）。当最大偏转角 $\theta = 37°$ 时，棒受力平衡，有 $\tan\theta = \dfrac{F}{mg} = \dfrac{BIl}{mg}$，得 $I =$

$\dfrac{mg\tan\theta}{Bl}=11.25$ A。

请判断，（1）该同学的解法正确吗？若不正确请指出错在哪里。（2）试给出求解棒中电流的正确解答过程及结果。

此题答案为：（1）该同学的解法错误。错误原因：认为棒到达最高点速度为零时，一定处于平衡状态；或者认为偏角最大的位置是平衡位置。

（2）正确解法如下：铜棒向外偏转的过程中，导线拉力不做功。如图1-13所示，线由竖直状态到最大偏角的过程中，对棒用动能定理有 $BIl^2\sin 37°-mgl(1-\cos 37°)=0$，解得 $I=\dfrac{mg(1-\cos 37°)}{Bl\sin 37°}=5$ A。

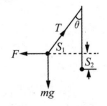

图 1-13

通常推理证明练习的难度较大，但这类题不仅能够帮助学生巩固、深化物理知识，还能很好地锻炼学生的逻辑思维能力及语言表达能力。

（五）计算问题练习

对所提问题进行定量计算并给出明确结果的练习为计算问题练习。计算问题练习从难度上大致可分为简单题、中档题、难题。下面针对三个层次的计算问题练习进行举例。

1. 简单题

将一小球以 3 m/s 的速度水平抛出，它落地时的速度大小为 5 m/s，求小球在空中运动的时间。（取 $g=10$ m/s²）

此题答案为：$t=0.4$ s。此题只涉及一个研究对象，一个物理过程，为简单题。

2. 中档题

如图1-14所示，质量 $m=2.0$ kg 的木块静止在高 $h=1.8$ m 的水平台上，木块距平台右边缘10 m，木块与平台间的动摩擦因数 $\mu=0.2$。用水平拉力 $F=20$ N 拉动木块，当木块运动到水平末端时撤去水平拉力。不计空气阻力，g 取

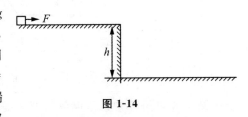

图 1-14

10 m/s²。求：（1）木块离开平台时的速度大小。（2）木块落地时距平台边缘的水平距离。

此题答案为：(1)$4\sqrt{10}$ m/s；(2)$x=\dfrac{12\sqrt{10}}{5}$ m。

这道题涉及一个研究对象和两个物理过程，为中档题。

3. 难题

如图 1-15 所示，空间存在着方向竖直向上的匀强电场和方向垂直于纸面向内、磁感应强度大小为 B 的匀强磁场。带电量为 $+q$、质量为 m 的小球 Q 静置在光滑绝缘的水平高台边缘，另一质量为 m 的不带电的绝缘小球 P 以水平初速度 v_0 向 Q 运动，$v_0=\dfrac{mg}{2qB}$。小球 P、Q 正碰过程中没有机械能损失且电荷量不发生转移。已知匀强电场的电场强度 $E=\dfrac{mg}{q}$，水平台面距离地面高度

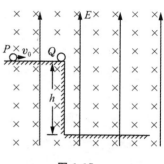

图 1-15

$h=\dfrac{2m^2g}{q^2B^2}$，重力加速度为 g，不计空气阻力。(1)求 P、Q 两球首次发生弹性碰撞后，小球 Q 的速度大小。(2)P、Q 两球首次发生弹性碰撞后，经多长时间小球 P 落地，落地点与平台边缘间的水平距离多大？(3)若撤去匀强电场，并将小球 Q 重新放在平台边缘，小球 P 仍以水平初速度 $v_0=\dfrac{mg}{2qB}$ 向 Q 运动。已知小球 Q 在最高点和最低点所受合力的大小相等，求小球 Q 在运动过程中的最大速度和第一次下降的最大距离 H。

此题答案为：(1)$v_Q=v_0=\dfrac{mg}{2qB}$；(2)$\dfrac{m^2g}{q^2B^2}$；(3)$v_\mathrm{m}=\dfrac{3mg}{2qB}$、$H=\dfrac{m^2g}{q^2B^2}$。

此题涉及多个研究对象，多个物理过程，难度较大。

简单题并不是计算量小，而是研究对象、物理过程比较单一，解题涉及的物理概念、规律较少。这类题目对于巩固基础知识的作用很大，新授课后的练习作业、随堂小测验可以多以此类题为主。对这类题教师应给予足够重视。

中档题通常涉及一个研究对象、两个或三个物理过程，或者两个或三个研究对象、一个物理过程。解决这类问题，需要用到较多的物理概念和规律。这类题有一定的难度，有助于学生建立物理情境，把各部分知识很好地联系起来，提高逻辑思维能力和对知识的综合运用能力。课后练习、阶段性测试(兼顾题目难易梯度和考查知识点等因素)可以多以这种题目为主。

难题通常涉及多个研究对象，所经历的物理过程比较复杂，需要运用较多概念和规律才能解决此类问题。有些题目，虽然涉及的研究对象单一、物理过

程不多，但是解决问题要用到很深刻的物理思想，比如微元法思想、平均的思想，这类题目也应划为难题范畴。这种练习题难度较大，在提高学生的思维品质方面有很大作用。这类问题多用在一个阶段内容完成后或期中期末考试的压轴题上，应该注意适时、适量，切莫过深、过难、过怪。

三、物理练习教学的设计原则

教师在针对某一知识点选编习题之前，首先要明确出题目标，依据目标确定题型和习题难度。同时，还要注意习题的科学性、典型性、针对性、递进性，并且适当地联系实际。

（一）物理练习教学的目标

根据新课程的理念，练习教学的主要目的是培养学生的物理学科核心素养。因此，应该把物理习题教学与现代物理知识、科技发展状况、最新科技成果联系起来，提高学生用物理知识解决实际问题的能力，特别是创新能力，培养学生的社会参与意识和对社会、环境负责的态度。物理练习教学的目标一般有以下几个。

1. 深化概念

通过概念辨析题或者论述题，深化学生对概念的理解，使学生真正认识到为什么定义物理概念，物理概念在描述什么。

例如，加速度概念：

最近几年，国内房价飙升，在国家宏观政策调控下，房价上涨出现减缓趋势。王强同学将房价的"上涨"类比成运动学中的"加速"，将房价的"下跌"类比成运动学中的"减速"。据此，你认为"房价上涨出现减缓趋势"可以类比成运动学中的（　　　）。

A. 速度增加，加速度减小　　　　B. 速度增加，加速度增大

C. 速度减小，加速度增大　　　　D. 速度减小，加速度减小

通过练习，学生意识到在描述运动时，只描述运动的快慢——速度、速度的变化，是不全面的。定义加速度来描述速度变化快慢是必要的。加速度是一个比较抽象的概念，类比社会热点问题"房价上涨出现减缓趋势"，帮助学生理解加速度的物理意义。

再如，"势"的概念：

如图 1-16 所示，电子由静止开始经加速电场加速后，沿平行于板面的方向射入偏转电场，并从另一侧射出。已知电子质量为 m，电荷量为 e，加速电场电压为 U_0。偏转电场可看作匀强电场，极板间电压为 U，极板长度为 L，

板间距为 d。

(1)忽略电子所受重力，求电子射入偏转电场时的初速度 v_0 和从电场射出时沿垂直板面方向的偏转距离 Δy；

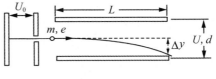

图 1-16

(2)极板间既有静电场也有重力场。电势反映了静电场各点的能的性质，请写出电势 φ 的定义式。类比电势的定义方法，在重力场中建立"重力势"φ_G 的概念，并简要说明电势和"重力势"的共同特点。

近几年的高考，越来越重视对概念的考查。在平时的教学中，教师应该注意通过练习帮助学生深入理解概念。

2. 掌握方法

通过计算题，掌握运用物理规律处理物理问题的一般方法，并在新情境下正确运用该方法，结合新情境对已有方法进行调整、创新。

例如，运用动能定理、牛顿运动定律等解决动力学问题。

小球沿光滑的斜轨道由静止开始滑下，并进入在竖直平面内的离心轨道运动，为保持小球能够通过离心轨道最高点而不落下来，小球至少应从多高处开始滑下。已知离心圆轨道半径为 R，不计各处摩擦。

此类题在高中物理阶段十分常见。通过练习，学生掌握处理动力学问题的一般方法：明确研究对象，对研究对象进行受力分析；明确运动过程，针对某过程或某状态用物理规律列方程求解，并对答案进行分析。教师还可以把这一情境与过山车游戏结合起来，引导学生分析一些实际问题。

3. 提高思维

通过推理证明题，学生掌握微元思想等在物理中的运用，并将学科思想应用到更多的领域，为解决实际问题提供思路。

例如，在学习动能定理时，我们以恒力做功推导动能定理的表达式。但动能定理既适用于恒力做功，也适用于变力做功。因此，教师可以让学生完备的推导动能定理。课上，评价学生的推导后，还可以留一次拓展作业：总结现阶段用微元思想处理的问题。（高一阶段，学生用微元思想处理的问题大致有：速度时间图像用图线与坐标轴围成的面积表示位移大小、瞬时速度的定义、向心加速度推导、变力做功、推导弹性势能表达式等。）

4. 发展能力

通过布置任务的方式，让学生查找资料，并结合物理知识，动手实践，解决实际问题。这样有利于把所学的知识用于实践，提高学生解决问题的能力。

例如，在学完电源和电动势之后，让学生制作一个水果电池，结合物理化学知识分析水果电池的工作原理，并用灵敏电流计测量电流。

再如，学完霍尔效应之后，可以让学生利用霍尔元件自行设计控制电路，完成一定的控制功能。让学生在实践中深入理解磁敏元件的工作原理，体会用知识解决问题的乐趣。

（二）选编物理练习题应注意的问题

物理练习是物理教学中的一个重要环节，要上好练习教学课，教师必须精心选题、科学编题，通过例题讲解、习题训练，使学生达到深化概念、掌握方法、提高思维、发展能力的目标。教师在选题、编题时要注意以下几个问题。

1. 习题要科学

物理题目中涉及的概念应明确定义，有关符号、图注应阐明，相关条件应充分，物理情境合理，赋值得当无知识性错误。

例如，两个相同的带电金属小球，带电荷量分别为 $+5$ C 和 -7 C，球半径远小于两球心的距离 L，它们相互接触后再放回原位置，则静电力变为原来的多少倍？

库仑是一个很大的单位，天空中出现闪电之前，云层积累的电荷可达到几百库仑。此题，两小球带电量与实际不符。

2. 习题要典型

选择的习题在内容和方法上应具有代表性和典型性，能反映重点概念和规律的本质及其特征。选择习题时，教师要遵循"少而精"的原则。

例如，研究带电粒子在匀强磁场中的运动。在练习教学中，应重点把握三个方面：第一，结合带电粒子的受力和初速度情况，判断带电粒子在匀强磁场中的运动性质；第二，针对带电粒子的不同运动，分析运动规律；第三，列举带电粒子典型运动对应的实际应用。

（1）如图 1-17 所示，依据已知条件，判断带正电的粒子在匀强磁场中的运动（不考虑重力）：初速度 v 与磁感应强度 B 同向、垂直、成一定角度。

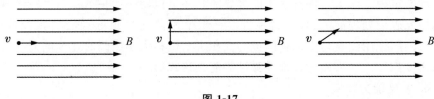

图 1-17

学生在前两个情境中，直接根据带电粒子的速度方向判断其是否受洛伦兹力、方向如何，进而判断带电粒子在匀强磁场中分别做匀速直线运动和匀速圆周运动。在第三个情境中，学生先根据运动的合成与分解，将速度沿磁场和垂直于磁场分解，进而判断出带电粒子的两个分运动——匀速直线运动和匀速圆周运动，带电粒子的运动轨迹是等距螺旋线。

（2）针对带电粒子垂直进入不同的匀强磁场，分析带电粒子的受力及运动情况，画出运动轨迹，分析几何关系（表 1-1）。

表 1-1　分析带电粒子的受力及运动情况，画出运动轨迹，分析几何关系

类型	运动轨迹	公式	几何关系
无界磁场			
有界磁场			
圆形有界磁场			

带电粒子垂直进入匀强磁场，受到洛伦兹力做匀速圆周运动。学生掌握最基本的模型及处理方法，能够有效解决这一类问题。

（3）应用实例。

①质谱仪。

图 1-18 是质谱仪的工作原理示意图。图中 A 容器中的正离子从狭缝 S_1 以很小的速度（初速度不计）进入电压为 U 的加速电场区加速后，再通过狭缝 S_2 从小孔 G 垂直于 MN 射入偏转磁场。该偏转磁场是以直线 MN 为上边界、方向垂直于纸面向外的匀强磁场，磁感应强度为 B，离子最终到达 MN 上的 H 点（图中未画出），测得 G、H 间的距离为 d，粒子的重力可忽略不计。试求该粒子的比荷。

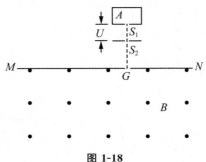

图 1-18

②回旋加速器。

图 1-19 所示的回旋加速器是用于加速带电粒子流，使之获得很大动能的仪器，其核心部分是两个 D 形金属扁盒。两盒分别和一高频交流电源两极相接，以便在盒间狭缝中形成匀强电场，使粒子每次穿过狭缝都得到加速。两盒放在匀强磁场中，磁场方向垂直于盒底面。离子源置于盒的

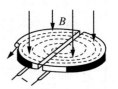

图 1-19

圆心，释放出电量为 q、质量为 m 的离子，离子最大回旋半径为 R_m，磁场强度为 B。

a. 求离子离开加速器时速度多大。

b. 设离子初速度为零，两 D 形盒间电场的电势差为 U，盒间距离为 d。求加速到上述能量所需的时间（粒子在缝中的时间不忽略）。

题目数量不要过多，关键在于让学生总结归类，掌握基本模型及其分析方法，用不变的方法去解决各种各样的问题。

3. 习题针对性要强

针对性原则是指习题的选择要依据课程标准和教材，设计的习题要符合学生的实际情况，必要时可以针对某一知识点设计分层习题，以满足不同层次的学生。

4. 设计的问题要有梯度

对于一些较难的问题，教师应按照知识层次和学生思维的发展次序将问题设计成具有一定梯度的系列问题，逐层铺垫、递进，化难为易，化繁为简，使学生拾级而上，有效地降低学生的畏难情绪，激发学生探求知识的欲望。

例如，下面这道题。

如图 1-20 所示，一固定斜面倾角为 30°，一质量为 m 的小物块自斜面底端以一定的初速度沿斜面向上做匀减速运动，加速度大小等于重力加速度的大小 g。物块上升的最大高度为 H，则此过程中，物块的（　　）。

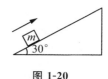

图 1-20

A. 动能损失了 $2mgH$　　　　　　B. 动能损失了 mgH

C. 机械能损失了 mgH　　　　　　D. 机械能损失了 $\frac{1}{2}mgH$

此题考查功能关系，学生不会利用加速度大小为 g 这个条件，不理解什么条件下机械能不守恒，并计算机械能的损失，以至于得分率很低。把这道习题进行改编，作为反馈题。问题设置如下：①求摩擦力及摩擦力的功。②求重力的功。③求合外力的功及动能变化量。④求机械能变化量。

四、物理练习教学的方法和策略

物理练习教学通常在新课教学之后，是帮助学生深入理解物理概念、规律，熟练掌握用物理知识解决问题的方法，提高逻辑思维能力的有效途径。教师首先要明确教学目标，依据目标选择合适的教学方法，依据主客观条件，特别是学生的实际情况，制定教学策略。

（一）物理练习教学的方法

教学方法是在教学过程中，教师和学生为实现教学目标、完成教学任务而采取的教与学相互作用的活动方式的总称。教学方法是教学过程整体结构中的重要组成部分，是教学的基本要素之一。它直接关系着教学工作的成败、教学效率的高低。在物理练习教学过程中，常采用的方法有以下几种。

1. 讲授法

讲授法是教师用语言，辅以演示实验，向学生讲授物理知识的方法。使用讲授法，教师易于控制课堂，提高教学效率，讲授法在物理练习教学中应用最为广泛。讲授法可以描述物理现象，叙述物理事实，又可以论证原理，阐明规律，能够简单而有效地帮助学生理解物理知识、解决物理问题。教师在练习教学中运用讲授法时应做到：讲授的方法要符合学生的实际水平，符合学生的认知规律；要尽量创设物理情境，对于难理解的问题适当采取实验进行演示；讲授时要重点突出，条理清晰，语言准确、精练、易懂，能唤起学生头脑中已有的感性认识，激发学生积极思考。

例如，利用物体做匀速圆周运动的知识解决汽车转弯问题。为了安全，高速路的弯道路面通常是倾斜的。遇到斜面问题，学生对汽车进行受力分析后，习惯性地将重力沿斜面、垂直斜面分解。犯这样的错误，显然是没有建立物理情境，想象不出汽车的行驶状况。教师在讲解这样的习题前，要配合图片或者视频，帮助学生建立情境，显示汽车运动的轨迹在一个水平面上，而不是沿斜面运动。

在对汽车进行受力分析之后，结合汽车匀速圆周运动的状态，学生不难想出将支持力沿水平方向和竖直方向分解，支持力水平分量充当向心力，问题迎刃而解。解决问题后，教师还应当对物体在斜面上的情境进行总结：对物体受力分析后，要将哪个力分解，沿什么方向分解，要看物体做什么运动，在哪个方向上有加速度。如果静止在固定斜面上或沿斜面运动，要沿斜面和垂直斜面将重力分解；如果是在倾斜路面上转弯，要将支持力沿水平方向和竖直方向分解。

2. 习题法

根据教学目标，教师事先选编一部分习题，课上由学生来完成。习题要典型，要与教学目标相契合，要适合学生的认知水平。习题难度要适中，以简单和中档题为宜。习题数量要适中，适合学生在教学过程中完成。习题设置要有梯度，既能帮助学生深入理解概念、规律，提高解决问题的能力，还能帮助学生发展创新思维。

3. 讨论法

讨论法是由教师根据教学目标的需要，预先提出问题，学生就问题积极思考和学习，课上讨论、交流，再由教师总结的一种教学方法。

讨论法的运用对教师提出了更高的要求：教师必须熟练把握教材的内容、教学要求，提出恰到好处的讨论题目；充分估计学生在讨论过程中出现的各种情况，准备引导和解决问题的措施；在学生讨论过程中，教师要善于启发学生独立思考、积极发表见解。讨论法能够充分调动学生学习的积极性，活跃课堂气氛，有利于培养学生思维的敏捷性，提高学生的语言表达能力。

4. 探究法

探究法就是学生根据教师设定的题目，亲身经历探究过程，努力寻求答案的方法。探究要素有：猜想假设、设计实验或制订计划、进行实验或收集证据、分析论证、评估反思、表达交流。探究法有利于培养学生的信息意识、研究意识、合作意识等。

教学方法选择的标准和依据：首先，必须依据教学目标。教师应把总的、较为抽象的教学目标、教学任务分解为具体的、可操作的教学目标，并根据这些目标来确定用何种教学方法进行教学。其次，必须依据教学内容。教学方法总是相对于某种课程内容而存在的，不同学科性质的教材，要采用不同的教学方法进行教学。再次，必须依据学生的实际情况。教学方法的选择还要受到学生的个性心理特征和已有知识条件的制约。最后，必须依据教师的个性化特点。教学方法的选择还要考虑到教师自身的素养和条件，考虑到教师对各种教学方法的掌握和运用水平。

总之，教师在选择教学方法时必须综合考虑。为了更好地完成教学任务，实现教学目的，教师通常需要运用多种教学方法。实践证明，在教学过程中，学生知识的获得、能力的培养、智力的发展，不可能只依靠一种教学方法，教师必须把多种教学方法优化组合，综合运用。

(二)物理练习教学的策略

物理教学策略是指在物理教学目标确定下来以后，根据一定的物理教学任务和学生的认知特征、情感特征和动作特征，有针对性地选择与整合相关的物理教学活动、教学方法以及教学组织形式，合理计划和安排好教学时间，形成具有实效意义的教学方案。

教学策略的选择行为不是主观随意的，而是指向一定的目标。根据目标，结合学生的实际，制定教学程序，选择教学组织形式、教学方法和教学媒体。制定物理练习教学策略一般包括以下几个环节。

1. 明确教学目标

物理练习教学策略是为实际的教学服务的，是为达到一定的教学目标和教学效果服务的。目标是教学过程的出发点。通常，物理练习的目标是帮助学生深刻理解物理概念、规律的内涵、外延，让学生能够用物理概念、规律解决实际问题，并且掌握解决问题的一般方法。更高的要求是，在遇到更新的问题时，能够利用物理知识创造性地解决问题。

2. 合理选编习题

依据教学目标，结合学生当前的认知状况，合理选编习题。同时，还要明确哪些题目适合教师课上示范、哪些题目适合学生练习、哪些题目适合学生交流讨论、哪些题目适合留作课后思考自主学习。

3. 优化教学方法

一节练习课教学，不会只采用一种教学方法，通常是几种教学方法配合使用。以往为了提高教学效率，练习课教学采用讲授法、习题法和讨论法居多，探究法常常被"冷落"。虽然探究法耗时长，但有时学生的收效比讲授法、习题法、讨论法大。例如，针对电学实验"伏安法测电阻"，进行练习课教学(图 1-21)。

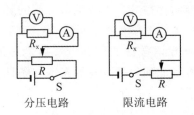

分压电路   限流电路

图 1-21

对于分压电路或限流电路中应该使用全阻值为多少欧姆的滑动变阻器合适？教师通常在原理上和经验数据上进行分析，但是很多学生理解得并不透彻。这时，教师可以提前准备好待测电阻、万用表、电源、电压表、电流表、多种阻值的滑动变阻器等，让学生进行实验探究。学生通过实验，自己总结滑动变阻器的选用原则，更好地掌握知识。

4. 制定教学流程

练习课教学的流程，教师可以根据教学目标、学生情况等灵活安排，没有固定的形式。一般情况下，可以按照图 1-22 所示的形式进行安排。

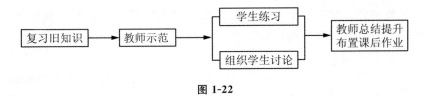

图 1-22

5. 课后作业及反馈

课后作业的功能并不只是帮助学生巩固、熟练习题课上所学的知识，还应该具有学生自我诊断、自我评价的功能。可以在习题之后，设计评价量表，见表 1-2。学生答完习题，依照答案评分，将得分填在评价量表中，根据表中汇总的得分，写出自我评价与总结。在习题最后，还可以提出开放性或拓展性问题，用来引出后续学习内容或者引发学生深入思考。

表 1-2 评价量表

内容	题号	考查侧重点	得分	自我评价与总结
知识点一				
知识点二				

(三)学习策略

学习策略是为了提高学生学习的效果和效率，有目的、有意识地制定的有关学习过程的复杂方案。学生是学习的主体，为了达到练习课的学习目标，学生需要发挥主观能动性，制定适合自己的学习策略。教师要对学生的学习策略进行一定的引导和指导。

1. 研读课本，了解概念的建构过程

在课本中，物理概念的定义等内容，不是突兀呈现的，都有其建构的过程和必要。教师的课堂讲解是有限的，学生只有熟悉课本，才能全面地掌握知识的建构过程，充分理解知识的内涵、外延。物理练习过程的熟读课本，与课前预习读课本不同。预习时，学生通过读课本，能够大致了解下节课将要学习什么内容；初步了解下节课的重点、难点内容，带着问题听课，提高效率。物理练习过程的熟读课本，学生对自己应该提出更高要求：概念、规律为什么要定义和描述；概念、规律的深层含义是什么；概念、规律的建构过程是怎样的；新知识与前面的知识能够发生怎样的联系；课本知识与生活实际能够发生怎样的联系。

2. 做读书笔记，提炼重点，形成知识网络

学生研读课本之后，会对教材上的知识有新的理解和认识，但是随着时间的推移可能会遗忘。学生研读课本后，大脑里形成的知识还是碎片化的，及时做好读书笔记，能够帮助自己重现知识；做好读书笔记，能够有效提炼重点知识，形成知识网络。

3. 归纳总结，掌握解决问题的共性方法

处理问题的方法往往是相通的，学生在学习过程中应不断总结处理某一类问题的方法，并将这种方法创造性地应用到新情境中，解决新问题。

例如，用图像处理问题时，图线与坐标轴围成的面积会有特殊的含义。

(1)速度时间图像，通过微元法得到面积表示位移的大小。（图 1-23）

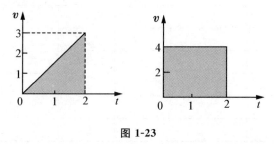

图 1-23

(2)力位移图像，通过微元法得到面积表示力的功。（图 1-24）

利用此方法可以解决变力做功问题，特别是可以求得弹簧弹力做功，进而推导弹性势能表达式。

(3)力时间图像，通过微元法得到面积表示力的冲量，方便解决变力的冲量问题。（图 1-25）

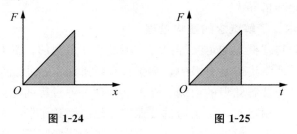

图 1-24   图 1-25

再如，图像的斜率反映一定的物理意义，见表 1-3。

表 1-3　图像的斜率反映一定的物理意义

内容	图像	斜率
位移时间图像，斜率表示速度		$v = \dfrac{\Delta x}{\Delta t}$
速度时间图像，斜率表示加速度		$a = \dfrac{\Delta v}{\Delta t}$

续表

内容	图像	斜率
弹簧弹力随形变量变化图像，斜率表示弹簧劲度系数	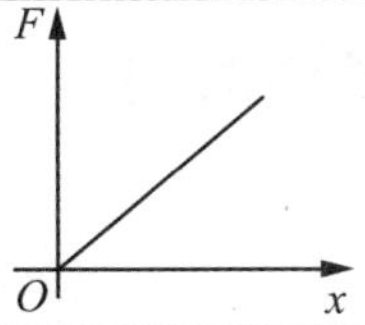	$k=\dfrac{F}{x}$
金属伏安特性曲线，斜率表示金属电阻	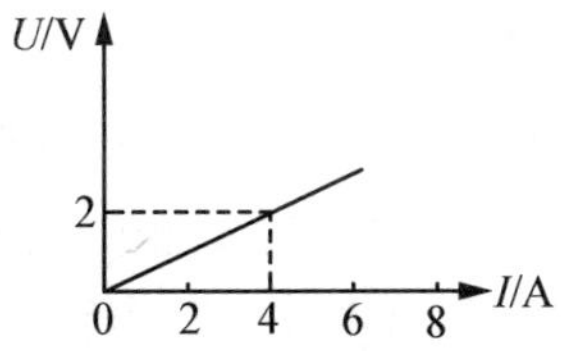	$R=\dfrac{U}{I}$
电源伏安特性曲线，斜率绝对值表示电源内阻	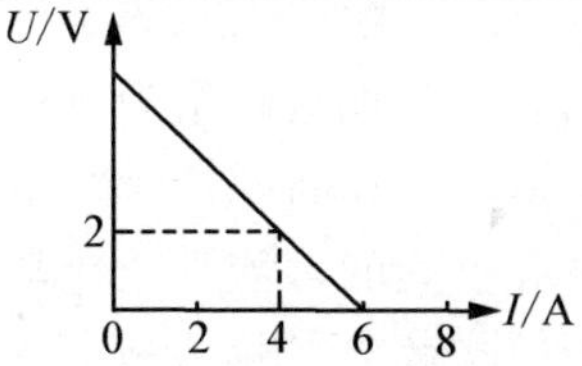	$U=E-Ir$
电势随距离（沿电场线方向）变化的图像，斜率绝对值表示电场强度大小	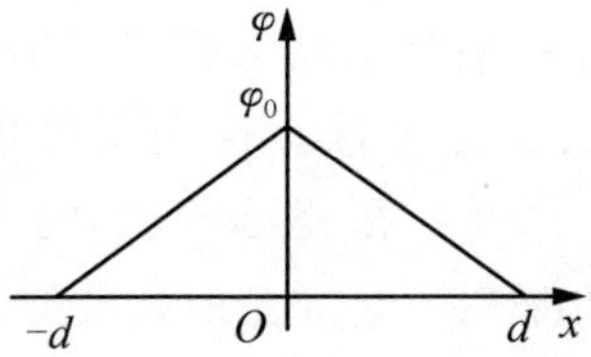	$E=-\dfrac{\Delta\varphi}{\Delta d}$

　　物理练习教学与新课教学形成互补，是教学过程的重要环节。练习教学并不是讲练几道习题那么简单，需要结合教材、结合教师自身、结合学生实际情况，精心设计，才能达到预想的目标。

第二节　物理复习教学概述

　　物理复习，是帮助学生巩固知识、发展能力、培养情感的一种重要的教学形式，是物理教学的重要组成部分。它是贯穿在整个"教与学"过程中的重构与深化物理知识的认识活动，也是提高教学质量，促进学生全面发展的重要措施。[①]

---

　　① 阎金铎，郭玉英．中学物理新课程教学概论[M]．北京：北京师范大学出版社，2008：154．

因此，教师要了解物理复习的功能和分类，重视复习教学的设计，研究复习教学的方法和策略。

一、物理复习教学的功能

复习教学是物理教学中重要的环节。这一环节在教学中起到的作用，一是巩固知识，促进理解；二是构建和完善知识结构；三是提高能力，提升认识。

（一）巩固知识，促进理解

德国心理学家艾宾浩斯（Ebbinghaus）研究发现，遗忘在学习之后立即开始，而且遗忘的进程并不是均匀的。最初遗忘速度很快，以后逐渐减慢。因此，适时的复习是学习中必须要做的工作。

在教学中我们常常看到，学习困难的学生表现出的一大特点是没记住必要的公式和适用条件，我们经常把这归结为"记性差"。究其原因，除了受遗忘规律支配之外，一种可能是学生在新课教学时由于不关注某些重要信息而没有进入长时记忆系统，另一种更大的可能是贮存与提取的质量有问题。

艾宾浩斯还在关于记忆的实验中发现，记住 12 个无意义音节，平均需要重复 16.6 次；为了记住 36 个无意义音节，需重复 55 次；而记忆一首诗中的 80 个音节，平均只需要重复 9 次。这个实验告诉人们，理解了的知识，能记得迅速、全面而牢固。因此，在复习教学中通过回顾、对比、联系等操作，使学生对知识的理解更加深刻、更加全面，使知识以有意义的形态贮存在大脑之中，有利于解决问题时的准确提取。

（二）构建和完善知识结构

复习不是简单的重复，而是一个不断建构知识的过程。将新学习的知识与原有知识进行整合，将相关的知识进行比较和联系，整理知识与知识之间的层次关系，在理解的基础上使之形成知识结构，这样，知识的贮存才能有序与系统。

然而，知识结构的建构是不可能一步到位的，新课阶段的主要目的是构建知识结构的主要框架；单元和模块复习阶段是知识结构的联系和区分阶段，以加强知识联系、区分相近知识为目的，重点是让不同知识点的知识结构既相互联系，又相互区分；综合复习阶段是知识结构的丰富与拓展阶段，不仅知识的跨度更大，知识在综合时也会产生许多新的方法与策略方面的知识，这些知识对解决物理综合问题是十分有用的，成为知识结构重要的组成部分。因此，复习教学是构建和完善知识结构的重要环节。

(三)提高能力，提升认识

复习教学是一个让学生不断建构知识的过程，在建构过程中产生新的知识——程序性知识和策略性知识。这些新的知识是认知结构中非常重要的一部分，有助于提升学生解决综合问题的能力，有助于完成知识向能力的转化。

此外，在系统复习的过程中，引导学生体会知识之间的内在联系，促进学生对物质世界多样性和统一性的认识，有利于学生形成辩证唯物主义世界观，也有利于学生更加深刻地认识科学的本质。

二、物理复习教学的分类

复习教学是构建和完善知识结构的重要环节，需要教师明确教学目标，认真进行教学设计。物理复习教学按学习阶段进行分类，可以分为随堂复习、阶段复习和综合复习。

(一)随堂复习

随堂复习是每节课都要进行的复习教学，任务包括引入新课和巩固新课。

新课教学的开始往往要以旧的知识作为起点，因为新旧知识本身就是一个紧密联系、不可分割的整体，旧知识是新知识的基础，新知识是旧知识的扩展、深化、更高层次的概括，或是旧知识在新情境下的具体应用。因此，复习相关的旧知识可以为新课的顺利开展打好基础，是引入新课常用的方式。

巩固新课的复习：一是为了应对遗忘"先快后慢"的特点；二是及时把新知识纳入学生已经形成的知识结构之中，让新知识与旧知识建立联系，明确新知识的意义，这样可以促进学生对知识的理解。

(二)阶段复习

阶段复习是在一个单元或是一个模块的学习结束之后，对相关知识进行的系统复习，主要任务是构建知识结构。例如，一章内容学习完之后进行整章内容的复习，直线运动和曲线运动学习完之后可以进行运动学复习，力学知识学习完之后进行力学复习，等等。

阶段复习不是简单的重复学过的知识和做过的习题，而是要根据教材的线索和知识间的内在联系，建立起这一部分知识的结构，以及这一部分知识与之前学习过的单元或模块之间的关联，通过相似知识之间的对比，进一步完善新课学习期间建立的知识结构。

(三)综合复习

综合复习是指高中阶段的知识学习完成之后进行的总复习。这一阶段的学习中，学生不会习得新的概念和规律，但却需要在更大跨度的范围内去完善知识结构，教师需要弥补学生认知结构上的缺陷，并将运用概念、规律时的方法、策略、技巧等纳入知识结构中，使得学生解决物理问题的本领得到提高。

综合复习与阶段复习的区别是，学生要面对整个高中阶段的知识去构建体系，需要打破章节的束缚，将高中阶段涉及的相关概念、规律组织在一起，梳理其中的逻辑关系，体会蕴含的物理思想，从而提炼出运用概念、规律时的方法、策略和技巧，实现认知上的飞跃。

三、物理复习教学的设计原则

物理复习教学的主要目的是帮助学生构建和完善知识结构，提高能力和提升认识。因此，教师在进行教学设计时，一定要围绕这一目的设定教学目标，设计教学活动。

(一)随堂复习的设计原则

随堂复习的任务是温故而知新，将新的知识和旧的知识建立起联系。在进行教学设计前，教师要先诊断学生以前的知识及已经形成的知识结构，判断新知识的生长点，找到新课教学的起点。这样，学生的学习过程就类似有机体的生长，知识虽然越学越多，但它们是一个整体，相互联系。否则，学习过程就如盲人摸象，头脑中只有局部，缺少对整体的认识，最后只能拼凑出一个怪物。

例如，"交变电流"这一章的学习基础是"电磁感应现象"，可以看作电磁感应现象的应用，因此在学习之初就应该让学生明确新知识的学习起点是电磁感应现象，并带领学生对相关问题进行复习。这样，学生在学习中就知道该把这一个小的知识单元"嫁接"在原有知识结构的哪个位置，而不是将它孤立地储存在大脑中。

再如，电容器的原理是静电现象，新课教学的开始应该是复习有关静电感应的知识，并在此基础上引出新的学习内容。

还有一些内容的学习可能是建立在学生的生活经验之上。其实生活经验包含有学生在上一学段学习到的知识，如学生在初中阶段学习的物理知识，经过一段时间已经融入他的知识背景之中，转化为他的生活技能。那么，在开始新课之前，教师要通过一些问题或图景帮助学生注意这些知识，从而为新的学习建立起点。

例如，"电功　电功率"的学习基础是初中阶段学习过的电流的热效应，其实这个知识点已经完全成为学生的生活常识了，无须仔细复习，只要引起注意，让学生知道今天的学习要从这里开始。引入新课可以用这样一道类似脑筋急转弯的思考题。

【思考题】如图 1-26 所示，楼上有三个灯泡，楼下有三个相应的开关，用什么办法只上楼一次就可以确定哪个开关控制哪个灯泡？

【解答】先将第一个开关开一段时间，然后关闭，再打开第二个开关，立刻上楼，亮着的灯泡就是由第二个开关控制的，其他两个灯泡中摸起来比较热的那一个就是由第一个开关控制的。

图 1-26

【引出新课】在解决这个问题中，我们用到了电流使灯泡发热的现象。其实，在用电器的使用过程中，用电器都有发热的现象。那这个现象是怎么产生的？这就是我们这节课的研究内容。

这一个小环节的设计，既可以起到活跃课堂气氛的作用，同时引导学生回忆已经学过的知识，为新知识的学习做好准备。

新课学习完成之后，也要及时进行针对这一节课的小结复习。目的是将这一节课涉及的知识进行整合，构成一个小的"知识块"，使得这些知识在学生的头脑中不是零散的，而是相互关联的。这样一来可以提高学生记忆的质量，二来可以为后续的"知识集成"奠定基础。

例如，"电功 电功率"这一节课的知识网络可以这样呈现，如图 1-27 所示。

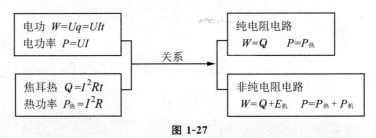

图 1-27

经过这样的总结，这一节课中几个概念的关系就明了了，知识的层次也清晰了。这样的总结可以起到促进理解、帮助记忆的作用，可以使这一个小的知识单元作为"电路中的能量问题"组块纳入整个恒定电流的知识结构之中。

（二）阶段复习的设计原则

阶段复习的任务是进行知识的联系，在联系过程中进行相似知识的区分，同时关注知识的层次结构。

在进行教学设计时，教师首先要让学生关注到知识之间的联系，从而引发学习动机。教师可以通过一系列能够体现联系和对比的问题呈现，让学生在问题背景中寻找知识之间的联系，比较相似知识之间的区别。

例如，"原子结构"和"原子核"这两章的内容有一定的连续性，新课教学完成之后，可以对这两章进行总结复习。教师可以要求学生将这两章的知识进行整合，厘清知识线索，画出知识结构图（图1-28）。面对这样一项学习任务，学生需要去思考各个知识点之间的关联，梳理逻辑线索。在这个过程中，学生会收获在各个分散的知识点之上的新的知识，使自己的知识结构更加合理，认知结构更加完善。

除了整合这两章的知识点之外，还可以就其中相似、可以比较的或是容易混淆的知识提出问题，引发学生的思考。例如，核反应与化学反应有什么区别？人工核反应和天然放射现象有什么不同？汤姆逊、卢瑟福和玻尔的原子模型分别有哪些成功之处和局限性？……

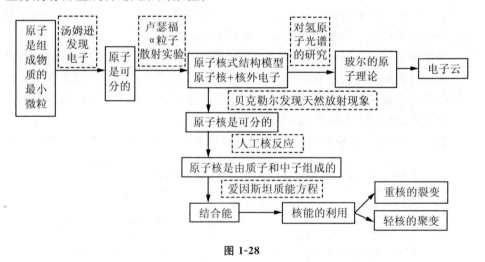

图 1-28

(三)综合复习的设计原则

综合复习的主要目的包括两点：一是诊断学生认知结构上的缺陷，并力求弥补；二是进一步拓展与丰富学生的知识，最后使学生在头脑中形成结构层次清晰、功能强大的"知识集成块"。

在进行教学设计时，教师首先要"显化"学生的认知结构，让学生认识到自己的认知结构与其他同学认知结构的差异，从而引发学习动机。教师可以要求学生画概念图或知识结构图，然后将不同学生的作品投影在白板上。这样不仅能让教师知道学生认知结构的缺陷，还能够让不同的学生感受到自己与其他同学存在的差异，激发学生进一步完善概念图或知识结构图的愿望。

　　然而，这只是针对认知结构的一种表层的表达，下一步还需要教师针对学生易错、易混、易忽视的知识，设计具有针对性的问题，其目的是让学生暴露认知结构上的深层缺陷。对于暴露出的问题，教师要引导学生反思，为什么在新课学习时学习的相关内容，在现在的知识结构中却没有。旨在通过学生的反思能够将这些内容进行有效编码和贮存。

　　最后通过题组练习和变式训练，让学生在"同中寻异、异中求同"中形成一个结构稳定、层次清晰、知识集成的知识结构。

　　例如，对高中阶段学习的各种典型运动进行分类整理。（图 1-29）

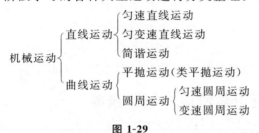

图 1-29

　　这样一个有关典型运动的图可以包含高中阶段力学和电学的主要物理情境。图 1-30 列举了其中的一些物理情境。

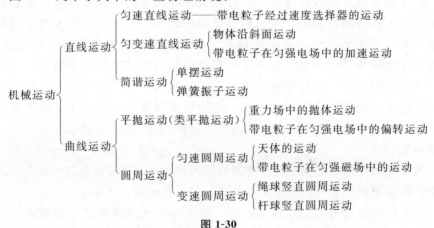

图 1-30

　　教会学生在图 1-31 的基础上去延伸扩展相关力学知识，如运动规律的描述、力和运动的关系等，让它像一棵树一样生长。

　　例如，在图 1-31 中补充典型运动的受力特点。

$$
\text{机械运动}
\begin{cases}
\begin{array}{l}
\text{直线运动} \\
(F_{合}\ \text{与}\ v_0\ \text{共线})
\end{array}
\begin{cases}
\text{匀速直线运动}(F_{合}=0) \\
\text{匀变速直线运动}(F_{合}\ \text{恒定}) \\
\text{简谐运动}(F_{回}=-kx)
\end{cases} \\[4ex]
\begin{array}{l}
\text{曲线运动} \\
(F_{合}\ \text{与}\ v_0\ \text{有夹角})
\end{array}
\begin{cases}
\text{平抛运动}(F_{合}\ \text{恒定，与}\ v_0\ \text{垂直}) \\
\begin{array}{l}
\text{圆周运动} \\
(F_n=m\dfrac{v^2}{r}=m\omega^2 r)
\end{array}
\begin{cases}
\text{匀速圆周运动}(F_\tau=0) \\
\text{变速圆周运动}(F_\tau\neq0)
\end{cases}
\end{cases}
\end{cases}
$$

图 1-31

在一个图中将典型运动情境进行对比，突出一类情境的共同特点，完成从多种表象下提取本质的过程，可以让学生加深对基本模型的理解，从而体会基本模型的意义。在深刻理解基本模型的基础上再配以题组练习，学生就可以自发完成由抽象到具体的过程，即将基本模型应用于其他相关物理情境中。从具体到抽象，再从抽象到具体，在这一过程中学生不断丰富认知结构。

四、物理复习教学的方法和策略

（一）教学方法

1. 归纳法

贮存是将信息以各种途径与原有知识整合起来的一系列过程。信息在长时记忆中贮存的时间很长，人感到自己记不起某些事情，是因为找不到好的提取线索，而不是长时记忆中的信息丢失了。[①] 在按照章节学习的过程中，大部分学生很少会主动思考和联系不同部分的知识，知识在大脑中贮存的形式大多是条目式的，比较零散，学生记忆的压力很大，同时在综合应用知识时学生会出现思维长度不够的问题，应用很难深入。复习最重要的任务是帮助学生梳理学习过的知识，建立知识之间的联系，使学生有序贮存知识，快速提取知识。

教师要想帮助学生构建层次清晰的知识结构，首先要找到教材编写的逻辑线索，明确不同章节知识的逻辑关系，由宏观到微观，逐步进行。

例如，力学部分的知识在教材中一般会分为八章来阐述。初学阶段，在学生的头脑中它们是彼此独立的，解决问题时，学生的思维起点往往是先将问题归类到某一章，然后再在头脑中寻找这一章中与之对应的知识。这样的思维程序反映出知识在学生的头脑中是平行排列的，它们地位相当，没有

---

① 梁旭. 认知物理教学研究［M］. 杭州：浙江教育出版社，2011：8.

层次。

复习阶段，教师要做的工作就是带领学生厘清这些知识之间的逻辑关系，建立层次清晰的立体的知识结构。知识结构框图是一种较好的呈现方式，如图 1-32 所示。

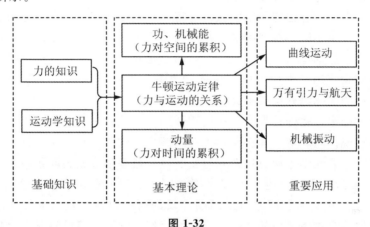

图 1-32

在这个宏观的结构之下，再去逐步复习每一部分的知识，学生就能对这一部分知识在物理学里的地位有一定认识，从而实现有序贮存的目的，同时也为解决综合性问题奠定基础。

随着学习的知识的增多，学生需要解决的问题越来越复杂，综合程度也越来越高。学生经常会出现面对问题时不知"怎么办"，听教师讲解时觉得问题很容易解决，自己做却很难。由于不知道"怎么办"，学生就会不自觉地将问题"降级"，降级为自己会求解的问题，即复杂问题简单化。这反映的是学生认知结构中缺少与复杂问题相对应的程序性知识。

心理学家的研究表明，学科或专门领域内的问题解决涉及大量专门知识的应用，程序性知识和策略性知识是问题解决的重要基础。[①] 在物理教科书里，陈述性知识处于显性状态，具有比较严谨的结构，而程序性知识和策略性知识常常处于隐性状态，学生自己是无法获取的。因此，教师在教学中不能只关注解决"是什么"和"为什么"这一类问题，还要涉及"怎样做""怎样去思考"这类问题，这样学生不仅能学到静态的陈述性知识，还能学到动态的程序性知识和策略性知识。

复习阶段，除了构建出层次清晰的知识结构，教师还要有意识地把程序性

---

① 梁旭. 认知物理教学研究[M]. 杭州：浙江教育出版社，2011：167.

知识和策略性知识纳入学生的知识结构之中，促进学生形成完整的认知结构。

例如，力学中的重要规律，动能定理、动量定理、机械能守恒定律（能量守恒定律）、动量守恒定律，对于在具体问题中如何确定使用哪一个规律，不少学生都存在困惑。一部分学生通过"背题"的方式来应对这一难题，遇到问题时，思维起点是，这道题和以前做过的哪一道题是相似的，那道题用了哪个规律，这道题也用相同的规律解决。这样的思维方式反映出学生认知上存在重大缺陷，学生虽然知道这些定理定律，但却不是真正理解，所以解决问题时不能主动去甄别和使用。学生可以用这样的方式应对一部分问题，但面对新的问题、不熟悉的问题时就会束手无策。

复习过程中，教师首先要将这些相似的规律放在一起进行对比，通过对比促进学生对规律的理解；其次让学生在理解规律的基础上，明确每一个规律的适用条件；最后让学生通过一系列习题练习，梳理解决相关问题的思维程序。

在这个思维程序中应该包括思维的起点、判断的依据、做出的选择。图 1-33 所给出的思维程序起点是问题涉及的研究对象，是单个物体还是存在相互作用的几个物体组成的系统。判断的依据是问题情境的特点，比如，如果问题的研究对象是相互作用的物体系，所要研究的物理过程又具备系统合外力为零的特点，那么就应该选择动量守恒定律来解决问题；如果问题的研究对象是单个物体，所要研究的物理过程与物体的位移相关，那么就可以考虑用动能定理来解决问题。

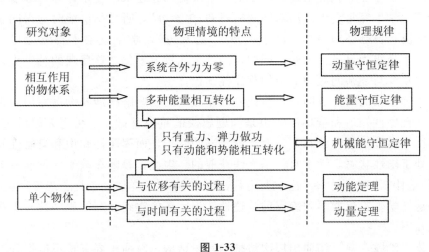

图 1-33

思维程序的梳理就是程序性知识和策略性知识显化的一个过程，这个过程一方面要以学生对知识的准确理解为"后盾"，另一方面也可以促进学生对知识的深入理解，使学生完善认知结构。

如果学生的认知结构有序、系统性好、层次分明，那么他们在利用已有知识解决新问题时，就能够准确地提取与之有关的知识，获得对问题本质的正确认识。

2. 对比法

教科书提供的学习顺序大致是以人类对物质世界的认识和对物理问题的探索为索引，所以相似的概念先出现的往往比较形象、简单，易于接受，后出现的则相对抽象、复杂，学习中会有更多困难。比如，动能和动量，动量的矢量性和抽象性就是难点；电场和磁场，显然磁场更为复杂一些。所以，将相似概念进行对比，用简单、形象的概念、规律帮助学生理解复杂、抽象的概念、规律。

例如，将电场和磁场进行对比。（表 1-4）

表 1-4　电场和磁场进行对比

对比项目	电场	磁场
场的强弱	$E=\dfrac{F}{q}$，用试探电荷受力的大小量度	$B=\dfrac{F}{IL}$，用垂直于磁场方向放置的检验电流元受力的大小量度
场的产生	电荷的周围存在电场	磁体、运动电荷、电流的周围存在磁场
力的作用	电荷受到电场力 大小：$F=Eq$ 方向：正电荷受力与 E 同向 　　　负电荷受力与 E 反向	电流受到安培力 大小：$F=BIL$（电流垂直于磁场放置） 方向：左手定则（F 垂直于 B 和 I） 运动电荷受到洛伦兹力 大小：$F=Bqv$（电荷垂直于磁场运动） 方向：左手定则（F 垂直于 B 和 v）

对比法除了用上述列表的方式外，还可以将相似问题的习题组织在一起供学生练习，让学生在实践中自己体会和总结。

例如，将电场和磁场进行对比练习。

(1)关于电场强度，下列说法正确的是（　　　）。

A. 根据 $E=\dfrac{F}{q}$，可知电场中某点的电场强度与电场力成正比

B. 根据 $E=k\dfrac{Q}{r^{2}}$，可知电场中某点的电场强度与形成电场的点电荷的电量

成正比

C. 若在匀强电场某点放入一个电荷量为 q 的试探电荷,测得该处场强为 E,若放入一个电荷量为 $2q$ 的试探电荷,该处场强变为 $2E$

D. 在公式 $F = k\dfrac{Q_1Q_2}{r^2}$ 中,$k\dfrac{Q_2}{r^2}$ 是点电荷 Q_2 产生的电场在点电荷 Q_1 处的场强大小;而 $k\dfrac{Q_1}{r^2}$ 是点电荷 Q_1 产生的电场在点电荷 Q_2 处的场强大小

(2)对磁感应强度的定义式 $B = F/IL$ 理解正确的是(　　)。

A. 若某处的磁感应强度为零,则检验电流元在该处所受安培力一定为零

B. 检验电流元在磁场中某处不受安培力的作用时,则该处的磁感应强度一定为零

C. 磁感应强度的方向也就是检验电流元所受磁场力的方向

D. 磁场中各点磁感应强度的大小和方向是一定的,与检验电流元 IL 无关

(3)如图 1-34 所示,有关两个等量正点电荷电场中各点的电场强度描述正确的是(　　)。

A. 连线中点 O 的场强为零

B. 连线上 c 点的场强方向向右

C. 连线中垂线上 a 点的场强方向沿着中垂线方向

D. 连线中垂线上与连线中点 O 等距的任意两点 a、b 的场强相同

图 1-34

(4)如图 1-35 所示,在 A 点的东、西、南、北方向相同距离处,各有一无限长直线电流,电流大小相同,方向如图,则 A 点的磁场方向为(　　)。

A. 正北方　　　　B. 东南方

C. 正东方　　　　D. 正南方

图 1-35

(5)如图 1-36 所示,在电场中取 a、b、c 三点,使 $ab = bc$。试判断下列说法正确的是(　　)。

A. $E_a = E_b = E_c$

B. 同一正电荷在各处受电场力 $F_a < F_b < F_c$

C. $E_a < E_b < E_c$

D. 同一负电荷在各处受电场力 $F_a > F_b > F_c$

图 1-36

(6)磁场中某处的磁感线如图 1-37 所示。下列说法正确
的是(　　)。

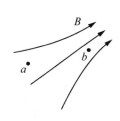

图 1-37

 A. 磁感应强度 $B_a > B_b$

 B. 磁感应强度 $B_a < B_b$

 C. 同一通电导线在 b 处受的磁场力一定大

 D. 同一通电导线在 a 处受的磁场力可能大于 b 处

(1)和(2)对比强调研究磁场时检验电流元的放置方向是
有要求的——垂直于磁场;(3)和(4)对比突出电场和磁场的方向的确定方法是
不同的——点电荷的电场方向沿着以场电荷为圆心的圆的半径,电流周围的磁
场方向要用右手螺旋定则判断;(5)和(6)对比强调场力大小的决定因素有区
别——通电导线在磁场中受安培力的大小与导线放置方向有关。这些都是重要
的考点,也是学生很容易混淆和遗漏的知识点。通过对比练习,问题可被提前
暴露,引起学生的重视。

3. 习题法

复习课涉及的知识都是已经学习过的,大部分学生缺少主动发现自己认知
结构中的缺陷的意识和能力,因此复习课往往很难引起学生的学习兴趣。显化
学生认知结构中的缺陷,是引发学生学习动机的有效手段。要求学生对已经学
过的内容画出知识结构框图是一种显化学生认知结构的很容易的操作方式。除
此之外,通过习题去暴露学生认知结构的缺陷,也是一种常用的方式,更易于
被学生接受。

教师需要根据自己的教学经验和对学生的观察了解,初步推测学生认知结
构中可能存在的缺陷,如易错、易混淆、易忽视的知识,编制出相对应的习
题。学生完成习题之后,教师要指导学生分析自己认知结构中的缺陷。这里要
提醒学生注意,不仅是习题的对错关乎认知结构的缺陷,同一道习题的不同解
法其实也隐含了学生认知结构的差异。教学中,可以将不同的解法进行展示,
引导学生对不同的解法进行比较,教师要通过评价不同解法所对应的认知结构
的优劣,激发学生优化认知结构的意向。

例如,下面这道匀加速直线运动的题目。

A、B、C 三点在同一直线上,一个物体自 A 点从静止开始做匀加速直线运
动,经过 B 点时的速度为 v,到 C 点时的速度为 $2v$,求 AB 与 BC 两段距离之比。

三名学生的做法分别如下。

学生甲:

由 $v = at$,可知 $\dfrac{t_{AB}}{t_{AC}} = \dfrac{v_B}{v_C} = \dfrac{1}{2}$。

根据 $x = \frac{1}{2}at^2$ ，可得 $\frac{x_{AB}}{x_{AC}} = \frac{t_{AB}^2}{t_{AC}^2} = \frac{1}{4}$ 。

所以 $\frac{x_{AB}}{x_{BC}} = \frac{1}{3}$ 。

学生乙：

$A \rightarrow B$ 过程，$2ax_{AB} = v^2 - 0$ 。

$B \rightarrow C$ 过程，$2ax_{BC} = (2v)^2 - v^2$ 。

解得 $\frac{x_{AB}}{x_{BC}} = \frac{1}{3}$ 。

学生丙：

根据题意绘制物体的 $v\text{-}t$ 图像（图 1-38）。

图中三角形和梯形的面积分别表示 AB 和 BC 两

段距离，由图像可得 $\frac{x_{AB}}{x_{BC}} = \frac{1}{3}$ 。

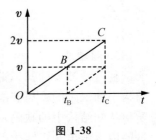

图 1-38

比较三名学生的解法，我们会发现，学生甲虽然记得有关匀变速直线运动的公式，但是并没有选择出最适合这道题目的公式，只是想到哪个用哪个了，解法稍显啰嗦；学生乙不仅记住了相关公式，同时也掌握了每个公式的特点，解题时关注到这道题目并不涉及运动时间，所以选择了能最直接解决问题的公式，一步即可完成运算；学生丙的知识结构与前两名学生相比较，对于匀变速直线运动的规律多了图像表征，针对这道题目，$v\text{-}t$ 图像不仅直观地展现了题目的已知条件，同时还挖掘出了题目的隐含条件，即 $t_{AB} = t_{BC}$ ，而且将各种分散的信息用图形关联在一起，可以高效地解决问题。

通过习题完成复习教学，要点并不在于题目本身，而是解决题目所用到的知识和方法。因此，教师要指导学生做好题后反思，引导学生从关心解题结果到关心解题过程，认真分析解题出错的原因，多想想有没有更好的解决方法，这些都是完善认知结构的有效方法。

（二）教学策略

1. 利用图形实现直观教学

人获取的信息，大部分是通过视觉获得的，物理学习中的信息获取也是如此。物理学习中的实验现象观察、对图表信息的提取与记忆、对物理模型的记忆与运用、对图形的转化、对物体空间分布和物体运动过程的表象认识等，都与视觉认知有关。

教学中，教师有时会把一些简单的图形用语言方式表达。例如，教师描述"我们知道，曲线运动的速度方向沿着轨迹的切线方向"。教师在描述的时候头脑中是有这一图景的，但学生不一定有，如果学生对这一知识点理解不够清晰，就很难将这一抽象的表述转化成头脑中的表象。教师在教学中要充分重视直观教学的作用，对于比较复杂的过程分析，不能只依靠语言陈述的方式，而必须画图，给学生形成视觉表象。鼓励学生自己再画一遍分析过程图也是很有必要的，它能为学生获得较稳定的表象提供"台阶"。

在复习教学中，框图是很好的视觉样式，它高度浓缩了物理概念或规律之间的内在联系。学生熟悉这些图式后，遇到习题时就会自觉地进行思维，这可以促进抽象思维与形象思维协同工作。

例如，"机械能"这一章的知识点的关系可以用图 1-39 来表示。

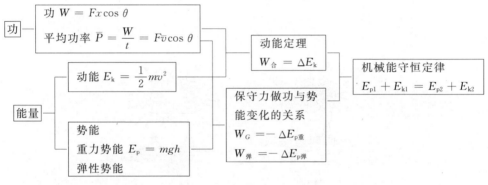

图 1-39

由于知识框图所蕴含的信息量是很丰富的，所以教师需要对知识框图的主要功能与作用进行解读，使学生获得知识框图所隐含的意义，使视觉模式获得命题表征。

此外，把同一知识点的不同视觉表征方式进行整合，同时呈现，形成视觉表象，通过它们之间的内在联系使学生对物理本质的把握更加深刻和全面。

例如，电场中电势的分布。

电势对于学生来说是一个非常抽象的概念，学生很难建立起电势在不同的电场中分布的图景。由于缺乏感性认识，学生对电势的理解不够准确和深刻，在解决问题时只能依赖公式运算这一抽象方法，这就导致经常出现正负号的错误和恰好相反的答案。因此，在教学中帮助学生建立对电势的感性认识是至关重要的。复习教学中，可以将几种典型电场的电场线、等势面以及其他表征方式都集中呈现给学生，如用高度类比电势的图景，或电势随位置变化的图像

（图 1-40、图 1-41）。几种表征方式的同时呈现，相互印证，相互补充。

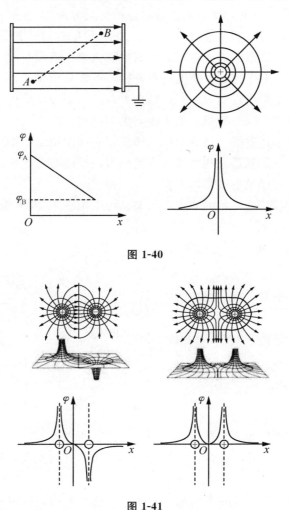

图 1-40

图 1-41

　　"数形结合"也是物理学解决问题常常要依赖的方法。但学生在解决物理问题时，更多地依赖于基本概念和规律建立问题的方程式，对问题进行演绎推理，这样的方法比较抽象，解题过程可能会比较繁复。利用图形或图示，建立对问题的形象认识，形象思维和抽象思维结合起来使用，相辅相成。

　　例如，静电场方向平行于 x 轴，其电势 φ 随 x 的分布可简化为图 1-42 所示的折线，图中 φ_0 和 d 为已知量。一个带负电的粒子在电场中以 $x=0$ 为中心，沿 x 轴方向做周期性运动。已知该粒子质量为 m、电量为 $-q$，其动能与电势能之和为$-A(0<A<q\varphi_0)$。忽略重力。求：

(1)粒子所受电场力的大小。

(2)粒子的运动区间。

(3)粒子的运动周期。

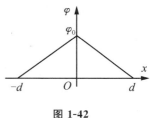

图 1-42

这是一道带电粒子在电场中运动的问题，难点在于没有问题的情景图，给信息的方式也不是学生熟悉的。如果学生能够建立起对这个问题的形象认识，那么难度就可以降低。

根据题目信息，可以判断出电场是图 1-43 所示的匀强电场，这样，问题就可以降级为带电粒子在匀强电场中的直线加减速问题，这对学生来说就容易多了。

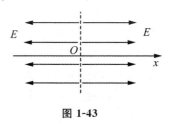

图 1-43

例如，追击问题用 $v\text{-}t$ 图求解。

火车以速率 v_1 向前行驶，司机突然发现在前方同一轨道距该车为 s 处有另一辆火车正沿相同方向以较小的速率 v_2 做匀速运动。于是司机立即刹车做匀减速运动，求加速度大小至少为何值才能使两车不相撞。

追击问题是直线运动中比较复杂的一类问题，一般会涉及两个研究对象，而且研究对象的运动情况也不同，求解问题需要研究每一个对象的运动，同时还需要关注两个对象之间的相对运动。解决这类问题的过程中会涉及多个物理量，以及物理量之间的关系。学生的困难：一是建立两个物体相对运动的图景；二是建立多个物理量之间的关联。这种情况下，物理过程的草图和物体运动的 $v\text{-}t$ 图都是很好的帮助学生解决问题的工具，如图 1-44 所示。

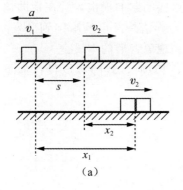

（a）

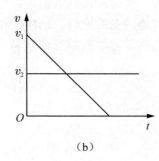

（b）

图 1-44

物理过程的草图虽然是静态的，但可以从视觉的角度帮助学生明确研究过程中两个物体的相对位置关系，相对位置的关系就可以在一定程度上反映相对运动的情况。$v\text{-}t$ 图像是运动情况抽象但半定量的表达方式，图线体现运动规律，因而一条图线可以将一个物体运动相关的物理量联系在一起，两条图线就可以将两个物体运动相关的物理量联系在一起，方便又直观。

2. 利用问题串提升教学的逻辑性

对于要复习的内容，学生一定存在不少疑问，让学生提出自己的问题，然后由教师进行解答，这样的方式看起来更有针对性。但由于对知识结构的了解和认识的局限性，学生的问题常常显得随意性较大和结构性较弱。复习过程中，采用教师提问的方式有较好的定向作用，有利于学生高效地学习。教师可以根据构建认知结构的需求设计问题。问题串就是依据这一需求设计的一系列相关联、逐渐递进的问题。

例如，在复习断电自感实验时，教师可以设计如下问题。

(1)断开开关前，通过灯泡和电感线圈的电流分别是什么情况？用 $i\text{-}t$ 图像表示。

(2)断开开关的瞬间，通过灯泡和电感线圈的电流分别是什么情况？这两个电流是什么关系？用 $i\text{-}t$ 图像表示。

(3)若要在断开开关的瞬间观察到灯泡闪亮的现象，电流应该满足什么关系？

(4)若要使电流满足上述关系，需要选择什么样的实验器材？

在断电自感的实验中，吸引学生眼球的是断电瞬间灯泡闪亮的现象，所以学生对实验的记忆最深刻的可能就是这个片段，进而会形成一种错误认识，将灯泡闪亮和断电自感画上等号，认为断电自感过程一定会有灯泡闪亮的现象。这说明学生对于实验缺乏完整的认识。这些问题的提出，旨在帮助学生厘清实验的全过程，通过对比断电前后的电流，弄清楚断电的瞬间到底发生了什么，最终弄清灯泡闪亮的原因，这样才能找到现象背后的本质。

再如，在复习电磁阻尼的实验(图 1-45)时，教师可以设计如下问题。

(1)是什么力使磁铁的振动逐渐变缓？

(2)这个力的施力物体是谁？

(3)这个力是什么性质的力？

(4)这个力是如何产生的？

(5)磁铁的振动变缓，振子系统的机械能减少。减少的能量转化

图 1-45

为什么能？

这一系列问题，帮助学生厘清了物理情境中的逻辑线索。

如图 1-46 所示，学生按顺序思考，既可弄清整个问题的来龙去脉，同时也能学习逻辑推理的方法，进而实现丰富认知结构的目的。

图 1-46

复习中问题的设计一定要以完善认知结构为目的，问题要有针对性，要有逻辑关系，要能体现程序性知识。

3. 利用习题组帮助学生归纳策略性知识

复习过程中不可缺少习题训练，选择什么样的习题，以什么样的顺序呈现，这些问题仍要从完善知识结构的角度出发去考虑。

将能够体现相似知识对比的习题组织编排在一起，突出相似之处和不同之处，帮助学生辨析知识，促进学生理解知识。

例如，对动能定理和动量定理进行对比。

（1）物体从高出地面 H 处由静止开始自由下落，不计空气阻力，落入地面进入沙坑，物体在沙坑中向下移动距离 h 后停止运动。求物体在沙坑中运动时受到的平均阻力是其重力的多少倍。（已知 $H = 9h$）

（2）质量 1 kg 的铁球从沙坑上方由静止释放，下落 1 s 后落到沙子表面上，又经过 0.2 s，铁球在沙子内静止不动。求铁球在沙坑里运动时沙子对铁球的平均阻力。（$g = 10 \ \text{m/s}^2$）

动能定理和动量定理的相似之处是，都是研究一个过程中物体所受合力的作用效果与物体运动状态变化之间的关系；区别在于，动能定理描述的是合力做功与动能变化的关系，动量定理描述的是合力冲量与动量变化之间的关系。功表示力的作用效果对位移的积累，冲量表示力的作用效果对时间的积累，所以，动能定理用于解决与空间位移有关的问题，动量定理用于解决与时间相关的问题。这两道习题的情境非常相似，只是已知条件有区别，非常清晰地突出了两个定理的不同适用情况。

将一类问题的不同表现形式的习题集中编排在一起，有利于学生去体会不同表象下的相同的规律和方法，从不同的情境中抽象出相同的模型，进而加深对物理模型的理解。

例如，可以对比完全非弹性碰撞的各种物理情境。

（1）如图 1-47 所示，质量为 M 的木块静止于光滑水平面上，质量为 m、速率为 v 的子弹射入木块且未穿出，设木块对子弹的阻力恒为 F_f。求子弹打入木块的深度。

（2）如图 1-48 所示，质量为 M 的木板静止在光滑水平面上，木板长为 l_0，质量为 m 的滑块以速度 v_0 从左端滑上木板。由于滑块与木板间的摩擦作用，木板也开始向右滑动，滑块滑到木板右端时二者恰好相对静止。求滑块与木板间的动摩擦因数。

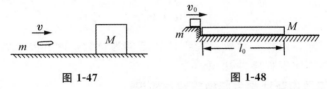

图 1-47　　　　　　　　　　　图 1-48

（3）如图 1-49 所示，在光滑水平面上放有两物块 A 和 B，质量分别为 m_A 和 m_B。A 物块连接一个轻弹簧并处于静止状态，B 物块以初速度 v_0 向着 A 物块运动。在 B 物块与弹簧作用过程中，两物块在同一条直线上运动。求在两物块相互作用的过程中弹簧的最大弹性势能。

（4）如图 1-50 所示，在光滑绝缘的水平面上有两个相距无穷远的带电小球 A 和 B，两球带同种电荷，A 球质量为 m，以速度 $2v_0$ 向右运动，B 球质量为 $4m$，以速度 v_0 正对着 A 向左运动。设两球始终未相撞。求在两球相互作用的过程中系统的最大电势能。

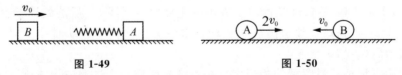

图 1-49　　　　　　　　　　　图 1-50

两个物体发生碰撞，若最终不再分开，以相同的速度一起运动，这种碰撞叫完全非弹性碰撞。完全非弹性碰撞是各类碰撞中机械能损失最多的。题目（1）（2）中两个物体通过摩擦力完成相互作用，最终达到相同的速度，系统机械能损失转化为内能，是很典型的类似完全非弹性碰撞的情境。题目（3）（4）的情境看起来和（1）（2）有很大的不同，但仔细分析，发现它们有相同的特点，即相互作用的过程中系统合外力为零，因此它们都遵循相同的规律，即动量守恒定律，这样它们就应该有相同的计算结论。由此就可以将完全非弹性碰撞的结论迁移过来，由势能最大，反推得到此时两物体具有相同的速度。

这四道习题可以看作完全非弹性碰撞这个物理模型的不同表象，将它们集中在一起呈现给学生，可以帮助他们更加清晰地认识完全非弹性碰撞这个物理模型的特点和规律，完成由具体到抽象的思维过程，进一步优化学生的认知结构。

将对同一问题不同角度分析和解决的习题编排在一起，有助于学生归纳解题方法，丰富程序性知识，提炼策略性知识。

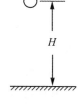

图 1-51

例如，求解变力做功的问题。

（1）如图 1-51 所示，从离地面 H 高处释放一只小球，小球在运动过程中所受的空气阻力是它重力的 k 倍，小球与地面相碰后，能以相同大小的速率反弹。求：

①小球第一次与地面相碰后，能够反弹起的最大高度。

②小球从释放开始直至停止弹跳所通过的总路程。

（2）如图 1-52 所示，弹簧由原长 A 到 B，被拉长 Δl，已知弹簧的劲度系数为 k。

①用 x 表示弹簧的形变量，画出弹力 F 随 x 变化的图像。

②求此过程中克服弹力所做的功。

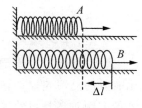

图 1-52

（3）一台抽水机每秒能把 30 kg 的水抽到 10 m 高的水塔上，如果不计额外功的损失，这台抽水机输出的功率是多大？如果保持这一输出功率，半小时内能做多少功？

（4）质量为 500 g 的足球被踢出后，某人观察它在空中的飞行情况，估计上升的最大高度是 10 m，在最高点的速度是 20 m/s。请根据这个估计，计算运动员踢球时对足球做的功。

物理学中将力和物体在力的方向上发生的位移的乘积定义为功，表达式为 $W = Fx\cos\theta$。直接利用表达式可以求解恒定不变的力对物体做的功，而实际问题中还会遇到很多变化的力，变力的功如何求解？不同的情况求解方法不一样。

问题（1）中的空气阻力大小虽然不变，方向却随着运动方向的变化而变化，所以从研究的全过程来看，空气阻力也属于变力。处理这个问题的方法是利用空气阻力大小不变的特点，分段计算空气阻力做的功，然后再累积，最后可转化为计算式 $W = (-fx_1) + (-fx_2) + (-fx_3) + \cdots = -fs$，其中 s 为物体运动的路程。

问题(2)中的弹簧弹力虽然是变力，却有着特殊的变化规律，即力的大小随位移均匀改变。这样，就可以用研究过程中弹力大小的平均值来等效表示弹力的作用效果，即 $W = \bar{F}x = \dfrac{F_1 + F_2}{2}x$。也可以画出 $F\text{-}x$ 图像，通过求解图线与 x 轴围成的面积来获取功的大小。

问题(3)中的抽水的力对学生来说很抽象，无法确定力的大小和相应的位移，但这个力最大的特点是做功的功率是恒定的，因此功的求解就很简单了，应用 $W = Pt$ 即可完成。

问题(4)中的踢球的力，作用时间很短，力的大小和相应的位移更难确定，但由题目所给信息可以确定这个力作用前后物体的运动状态，即速度的大小，这样就可以利用动能定理由动能变化反推做功的多少。

四个题目，四个情境，围绕着同一个主题，就是变力功的求解。通过这样的题组练习，学生能够自主完成方法的归纳，从而总结提炼出相应的策略性知识，在求解类似问题时就可以判断问题类型，进而选择适合的方法。

(三)学习策略

学习活动的主体是学生，教师在精心设计复习教学的同时，也要给学生提出有效的复习建议。在学生中普遍存在这样一种认识，认为复习就是做练习，做的习题越多复习效果就会越好。教师要引导学生认识复习对于学习的意义，通过复习要达到什么样的目的，通过哪些途径才能达到这些目的。

1. 重读课本，回顾知识建构的来龙去脉

孤立或是生硬的记忆知识，记忆的效果都不会太好。此外，记忆知识的主要目的是应用，缺少联系和理解的记忆是不能达到这样的目的的，对于物理学来说尤其是如此。因此，在阶段复习和综合复习中，教师应该指导学生重读课本，回顾概念和定理、定律的建构过程，从而帮助学生理解概念提出的意义和定理、定律表达的规律，加强记忆的效果，促进知识结构的完善。

在新课教学过程中，教师往往会指导学生阅读课本、圈画重点；复习中，可以建议学生对在课本中画出的句子或是关键词进行复习和释义，达到对关键信息的重点复习，促进对知识的理解。

2. 复习笔记

心理学研究表明，笔记有助于引起个人的注意，有助于发现知识的内在联系，有助于建立新知识与旧知识之间的联系。

心理学家认为①，笔记有两步：第一步是记下听讲中的信息；第二步是使记下的信息对你有意义，即理解它们。如果笔记只停留在第一步，对学习并无多大的帮助。重要的是进入第二步，对笔记的加工，加边注或评语。这些边注、评语或其他标志不仅可以促进学生的理解，而且可以为他们今后的回忆提供线索。

研究表明，有些学生自己做笔记并复习自己的笔记；有些学生自己做笔记，但未复习笔记内容；有些学生自己不做笔记，借用他人的笔记。前一做法的学生学习成绩较后两种做法的好。研究还表明，借用笔记复习的人也能从中获益。研究者认为，复习笔记的内容是一种再加工的过程，所以能促进学习。

因此，在新课教学过程中，教师要指导学生做好笔记；在复习过程中，教师要建议学生复习笔记。

3. 列结构提纲，绘制网络图，厘清知识结构

处于相互联系之中的知识在记忆的保持和提取方面效果会更好。教师可以建议学生在学习中，采用列结构提纲和绘制网络图的方法对知识点进行组织。

除了教师在教学中的示范之外，心理学家建议采用如下方法让学生列结构提纲②：

(1)给学生提供较完整的结构提纲，其中留出一些下位的细目空位，要求学生填补这些空位。

(2)提纲中只有一些大标题，所有小标题要求学生完成。

(3)提纲中只有小标题，要求学生写出大标题。

网络图如一棵倒置的知识树，把最概括的概念置于树干的顶端，把局部的概念置于枝干，最后把具体细目置于树枝的末梢，这样就得到一幅概念关系图。

4. 归纳解题方法，总结策略性知识

复习中做练习是必不可少的环节，做练习的目的不仅仅是通过习题去唤醒记忆、提高解题的熟练程度，更重要的是通过习题增加对概念、规律理解的深刻程度，归纳解决问题的方法，将策略性知识纳入知识结构体系之中。

教学中教师要指导学生将做练习的关注点放在规律和方法上，而不是仅仅关注答案的对错，让学生在做练习的过程中尝试着一题多解、多题归一，体会不同方法在解决同一问题上的优劣势，体会同一方法在不同情境中的应用，自

①　皮连生．教育心理学[M]．上海：上海教育出版社，2004：117。
②　皮连生．教育心理学[M]．上海：上海教育出版社，2004：118。

发生成策略性知识，进一步完善自己的知识结构。

复习是物理教学中的重要环节，师生需共同认识到复习的意义，找对着力点，使复习工作达到事半功倍的效果。

参考文献

[1]齐建芳. 学科教育心理学[M]. 北京：北京师范大学出版社，2012.

[2]阎金铎，郭玉英. 中学物理新课程教学概论[M]. 北京：北京师范大学出版社，2008.

[3]阎金铎，田世昆. 中学物理教学概论[M]. 2版. 北京：高等教育出版社，2003.

[4]梁旭. 认知物理教学研究[M]. 杭州：浙江教育出版社，2011.

[5]皮连生. 教育心理学[M]. 上海：上海教育出版社，2004.

第二章　促进概念学习的物理练习与复习教学

物理概念是物理学习的重要内容。这里的物理概念既包括通常所说的物理概念，也包括物理概念之间的关系，即物理规律。物理观念是物理概念和规律等在头脑中的提炼与升华，因此，物理观念的形成离不开物理概念的学习，物理概念的学习理解是学生形成物理观念的基础。本章首先对概念学习进行整体描述，具体包括概念的界定与分类、概念学习的过程与内容、概念学习的障碍等方面；然后结合教学案例分别从促进概念理解与应用两个方面讨论练习与复习的教学策略与方法。

第一节　物理概念学习概述

《普通高中物理课程标准（2017年版）》把"物理观念"作为物理学科核心素养提出来，可以看出"物理观念"在学生形成物理学科特性品质中的关键作用。《普通高中物理课程标准（2017年版）》指出："物理观念"是从物理学视角形成的关于物质、运动与相互作用、能量等的基本认识；是物理概念和规律等在头脑中的提炼和升华。由此可见，物理概念的学习过程是学生形成物理观念的必经之路，是培养学生形成物理学科核心素养的基础，即物理概念的学习可以促进物理观念的形成。

一、物理概念

（一）物理概念的界定

本书中所说的物理概念是概念和规律的统称，它既是物理事实的本质特征在人脑中概括和抽象的反映，又是物理现象、过程在一定条件下发生、发展和变化的必然趋势及其本质联系的反映。这是一个广泛意义上的"物理概念"。

（二）物理概念的分类及要素

不同的物理概念的抽象概括水平不同，所涵盖的物理现象的范围也不同，因此概念有大、小之分。"大概念"是能将众多科学知识联为一体的科学学习的核心，它包括共通概念和学科核心概念。共通概念侧重于跨学科内容的组织，涉及科学、数学和技术等各个领域最基本的概念，这些概念超越了学科界限，反映出不同学科的内在统一性，并且相对稳定，对于各种文化观念都普遍适用。例如，美国2011年发布的《科学教育框架》中提出了共通概念，它包含了七个要素，分别是"模式""因果关系""尺度比例和数量""系统和系统模型""能量与物质""结构与功能""变化、连续性和稳定"。学科核心概念是组织整合某个学科自身内容的少数关键概念，是学科的核心组成部分，对于解读学科知识、建构学科体系有着重要意义。我国《普通高中物理课程标准（2017年版）》指出："物理观念"主要包括物质观念、运动与相互作用观念、能量观念等要素。这几个要素就是物理学科的核心概念。

此外，学科核心概念由若干重要概念构成，这些内容也是学科结构的主干部分。学科核心概念的学习需要通过若干重要概念的学习逐渐深入。例如，"运动与相互作用"是学科核心概念之一，"机械运动"是比核心概念相对具体的、较低层次的概念，"机械运动"概念还包括质点、参考系、位移、速度、加速度等更小的物理概念。

（三）物理概念的特征

物理概念是观察、实验和科学思维相结合的产物，因此，物理概念的建立要以事实为依据，建立过程中必然涉及物理研究方法、思维方法等工具。而且，物理概念随着人们对自然界认识的不断深入而不断发展。一是物理概念的内涵或者外延要不断丰富和扩展，二是物理概念的内涵或者外延也可能需要修正。因此我们要用变化的、发展的观点，结合人类认识规律去学习概念，思想不能僵化。不同物理概念是对客观事物同一物理属性不同层面的反映或者是对不同物理属性的反映，因此物理概念之间必然存在关联。例如，速度和加速度都是描述机械运动的物理概念，速度描述物体运动的快慢，而加速度则是对速度变化快慢的描述，因此，从速度到加速度是对机械运动描述的逐步精细化，两者之间必然存在关联。一般情况下，同一内容主题内物理概念的关联往往是学科概念间的关联，而不同内容主题间的关联往往是共通概念的关联。从关联的概念层级上看，既可以是物理概念与上下位概念的关联，也可以是并列概念之间的关联。物理概念关联的建立具有阶段性，并不是一次完成的。随着对概念的深入理解和物理概念的不断扩充、丰富，这种关联会日见系统和完善。

此外，不同的物理概念有着各自的特殊性。一些概念还有状态特征、过程特征、相对特征、统计特征等。因为注意到概念的这些个性特征，教师在教学中帮助学生理解和应用概念时要有所侧重。

二、物理概念学习

物理概念学习就是物理概念建立、理解和应用的过程。学生要利用已有的知识和认知结构，积极主动地感知、整合、加工和记忆外部信息，并内化理解，能够运用其解决问题。物理概念的学习过程需要注意以下几个关键问题。

（一）物理概念学习的内容

物理概念学习包括抽象概括与推理、关联整合、解释说明、判断预测四个方面。前两个方面注重概念的形成过程，体现学生对概念的理解能力；后两个方面注重概念形成的结果，体现学生对概念的应用能力。物理课程标准指出，学生要通过高中阶段的学习，形成经典物理的物质观念、运动观念、相互作用观念、能量观念等，能用其解释自然现象和解决实际问题；初步具有现代物理的物质观念、运动观念、相互作用观念、能量观念等，能用这些观念描述自然界的图景。

（二）物理概念学习的一般程序

中学生学习物理概念、掌握物理规律的心理过程一般可分为认识领悟、完善巩固和深化扩展三个阶段。根据学生的认知特点和规律，结合物理概念自身的特点，我们可概括出物理概念学习的一般程序：第一，观察实验现象和掌握事实证据，积累感性材料，明确为什么要引入概念，这是概念学习的基础；第二，分析事物的本质特征，进行关联整合，知道某一概念是从哪些现象中抽象概括出来的，与哪些因素有关，这是概念学习的关键；第三，在解释说明物理问题的过程中，概括出概念的定义，得出科学概念，理解物理概念的含义，这是概念学习的难点；第四，联系实际进行迁移应用，预测并解决新情境中的物理问题，这是概念学习的重点。

三、理解和应用物理概念的障碍及分析方法

（一）物理概念学习中的主要障碍

1. 先入为主的前概念

学生在成长的过程中，面对的是一个丰富多彩的世界，学生在学习物理课程之前对实际生活中的物理现象和过程有自己的经验和认识，这些认识有的是正确的，有的是片面甚至错误的，这些经验和认知称为前概念。前概念具有广泛性、顽固性、迁移性、隐蔽性等特点。学生一旦对某种物理现象形成前概念，要想转变是十分困难的。

正确的前概念对物理学习有积极的促进作用，片面错误的前概念对物理学习起到消极的抑制作用。在高中物理"力和运动"大概念的学习阶段，学生的生活经验较多，形成的前概念也较多。例如，学生认为力是使物体运动的原因、速度越大物体越难停下来、摩擦力是阻力、重的物理下落得快、拔河比赛中赢得比赛一方的力气大、马能拉动车是因为马拉车的力大于车拉马的力等。实际上这些生活中形成的认识是片面或错误的，因为受原有错误的生活经验的干扰和影响，虽然学生记住了所学的知识，但在理解和运用知识解决问题时，头脑中的第一反应不是联系所学的知识，而是习惯性地按照错误的前概念进行思维，并不能真正理解和应用所学的物理概念。

总之，先入为主的生活观念、错误经验往往驱使学生做出想当然地错误判断，阻碍学生对物理知识的掌握。要克服和纠正这类错误观念，可采取如下几个做法：一是讲解概念时，展开充分的分析、讨论，让学生弄清概念的来龙去脉，明确概念的形成过程，以达到对概念内涵的准确理解和掌握。二是加强知识训练环节，反复矫正，反复巩固，加深理解。三是用一些生动的物理实验或物理现象给学生以更强烈地刺激，形成鲜明的对比，说明原有观念的错误所在，使原有观念发生动摇，直至清除。

2. 对概念内涵和外延的理解不清

任何一个物理概念都是内涵和外延的统一，通常所说的使中学生掌握物理概念，一方面指的是要理解物理概念的内涵，另一方面也要明确其外延。

物理概念的内涵是指物理概念所反映的物理现象、物理过程的本质属性，是该概念区别于其他概念的本质特征。实际学习中学生往往不能全面、正确地理解物理概念。例如，电阻描述的是导体对电流的阻碍作用，定义式为 $R=U/I$，导体的阻值由其本身的性质决定，与导体两端的电压及通过导体的电流没有关系，电阻的决定式为 $R=\rho\dfrac{l}{S}$。通过两个物理量的比值定义的物理量，通常是利用物理量的定义式来测量。

物理概念的外延是指概念的适用范围和条件。学生在应用概念时，经常会忽视或误解概念的使用条件，因而得到错误的结果，形成了思维上的障碍。例如，运动公式 $v_t^2-v_0^2=2as$ 的适用条件是匀变速直线运动，但在实际学习中，在变加速直线运动、平抛运动中都出现公式乱用的现象；在应用万有引力定律 $F=G\dfrac{m_1m_2}{r^2}$ 时，部分学生会认为当 $r\to0$ 时，两物体之间的相互作用力无穷大，而忽略了万有引力定律的适用条件是质点。

中学生弄清概念的内涵和外延是深化对概念的理解、正确运用概念解决实际问题的前提条件。为了帮助学生克服这种思维障碍，教师在教学中必须把基本概念的物理意义讲清楚，讲清公式的适用范围，让学生进行练习，加强对物理概念的运用，在运用中深化对物理概念的理解，逐步达到正确掌握基本知识的目标。

3. 不能准确区分相近的物理概念

物理上有许多相近相似的物理概念，它们既相互联系又相互区别，具有不同的本质属性。有时学生尽管能说出有关概念的相关内容，但一旦接触到具体问题，就会受到相近物理概念的影响，形成学习障碍。例如，学生在初学加速度的概念时，对速度、速度的变化和加速度三个概念区分不清，有的学生认为物体的加速度大，速度就大；加速度的方向与速度方向一致；速度变化越大，加速度越大。再如，机械能守恒定律的条件是只有重力或弹簧弹力做功，动量守恒定律的条件是系统所受的合外力为零，学生在解决问题中经常把两个守恒定律的条件混淆。机械运动的振动图像与波的图像也是认知区别的难点。

帮助学生克服这种学习障碍，要引导学生抓住两个概念的本质内涵差异，运用对比的方法从不同的角度突出这种差异。

4. 数学方法应用不当

数学是学习和研究物理学的重要工具，运用数学工具解决物理问题是学生物理学习的必备能力。许多的物理概念都有其数学表达式，对这些物理概念应从量值和物理意义两方面来理解，而学生在运用物理公式解决物理问题的过程中，经常撇开物理公式所表达的物理意义，忽略公式表达的物理现象之间的因果联系，把物理问题作为纯数学问题来解决，这样就为学生学习物理知识造成了迁移性障碍。

例如，电场强度的定义式 $E=F/q$（比值定义法），有的学生会简单地根据公式认为电场强度跟电场力成正比，跟电荷的带电量成反比。高中物理学习中类似的概念还有速度、加速度、功率、电容、磁感应强度等，由于学生没有理解比值定义法的真正内涵，在理解上都存在相同的问题。

克服这种学习障碍的主要措施：一是要强调公式的物理意义，让学生理解公式所描述的物理现象、物理实事之间的因果关系、决定关系。二是要明确公式的来龙去脉，增强公式的物理色彩，突出对问题的物理意义的分析，防止单纯数学公式的教学法，减少纯公式数值代入计算的训练，让学生善于运用数学知识、数学方法描述物理问题，真正建立起物理上的数量关系，增强运用数学知识的意识，提高运用数学工具的能力。

5. 学生头脑中消极的思维定式

消极的思维定式是指学生把自己头脑中已有的、习惯了的思维方式不恰当地套用到新的物理情境中，不善于变换认识和思考问题的角度。比如，在物理中常用的正负号，它可用来表示矢量的方向，不表示矢量的大小；也可用来表示标量的正负，如温度的高低、功的正负、能量的正负、电势的高低；还可用来表示物体的性质，如电荷的性质等。而学生有时片面理解为表示方向，忘记有的表示性质，有的表示大小。再如，分析带电粒子在电场中的运动时，要先分析粒子的受力情况，对是否要考虑重力应根据状态判断，但学生往往直接将重力分析进去，使问题不能得到解决。

消极的思维定式源于在已有成功的基础上所形成的一种主观的、僵化的心理准备。要克服这种思维定式，应该注意运用典型的事例加强练习，增强训练的新颖性，增强题目的灵活性，如一题多解等，重在提高学生具体问题具体分析的能力，切实加强学生审题能力，使学生形成正确的分析习惯和方法，克服想当然的按头脑中的思维套路来解题的不良习惯。

每个物理概念学习障碍的形成都是有其历史因素的，并不是唯一体现在这一学科的某一方面，教师如果能在学生学习物理概念之前进行有效的诊断，建立每个学生的学习档案，则能有效地选择教学模式，改变教学效果。如果每个学生都能找到适合自己的有效学习方法，在学后有意识地对自己的学习情况进行检测诊断，也可以减少物理概念学习障碍的影响，并使之得到及时有效的矫正。

(二)学习障碍的分析方法

弄清学生的学习障碍在哪里，就可以对症下药，利用教学手段，切实纠正学生概念学习过程中的错误认识，并且在运用中不断巩固、深化、提高学生物理学习的能力。目前对于学生学习障碍的研究比较丰富，为教师了解学生概念学习的困难提供了可供借鉴的资料。但相关研究理论层面的内容居多，关于具体概念学习障碍的实证研究还比较少，并且不同学生群体的学习障碍存在较大差异，因此教师在教学时，应该在参阅相关研究的基础上，研究本校学生关于具体概念的思维障碍点及其产生的原因，在某一具体概念学习之前对学生的准备状态进行了解。

下面介绍几种了解或诊断学生学习障碍的方法。

第一，文献研究法。教师通过查阅相关文献了解已有的关于学生概念学习障碍的相关资源，并从不同角度分析和研究这些资源，吸收前人的研究成果，并对这些研究成果进行梳理和归纳，为自己的教学所用。

第二，经验总结法。经验总结法是教师对教学实践活动中的情况进行归纳与分析，使之系统化、理论化并上升为经验的一种方式。这是广大教师对教学实践进行反思、总结与提升的常用方法。我们要善于把这些经验进行梳理，为后续教学服务。

第三，课堂观察法。课堂观察法是指研究者带着明确的观察目的，凭借自身感官（眼、耳）及辅助工具（观察量表、录音录像设备等），直接或间接从课堂情境中收集资料，并依据资料做相应的研究。在进行课堂观察时，教师要注意观察点（具体到学生在学习某一概念的哪些方面可能存在障碍）的确定、观察量表的设计和观察数据的分析。

第四，访谈法。访谈法是研究者通过与被访谈者语言交流的方式获取有关研究资料的方法。

第五，测验法。测验法是借助一定的物理情境下具体的物理问题，采用纸笔测试的形式完成对学生前概念的探查。测验法的优点在于可以在短时间内了解多个学生的多个问题，且能从数量上比较学生之间的个人差异。为了更好地应对概念学习的障碍，教师需要做好学生学习障碍分析的教学前测和教学后测诊断。

测试应该在教学前约一周时间内进行，这时学生已经具备了相应的知识基础，而且教师有比较充分的时间，可以根据测试结果对教学设计进行调整。测试内容可以参考相关研究中使用的测试题目，教师根据对学生的了解，有针对性地确定。题目不宜过多，应保证学生在 15 分钟内可以完成。

四、促进概念理解和应用的物理练习与复习教学策略

（一）促进概念理解的物理练习与复习教学策略

1. 围绕核心概念，促进学生对概念的理解

核心概念能够促使学生达成对知识的深层理解，有利于知识的迁移，能帮助学生形成良好的知识结构。因此，教师应明确核心概念，围绕核心概念组织练习与复习教学，促使学生形成专家型的知识组织方式，使学生高效地解决问题。

2. 设置典型问题，活化物理概念

例如，在进行横波、纵波的概念教学时，教师可把地震波与测振仪模型联系起来解决问题，使学生深刻理解物理概念在解决实际问题中的重要性。在物理规律的教学中，教师应注意把物理图景、物理方法及物理模型统一起来，以利于学生的理解，如圆周运动的教学需要把运动过程、受力分析、圆周模型、

满足规律统一起来。对于典型问题，教师在教学中应强调解决问题的方法和步骤，把解决思路、分析方法、解题切入点活化到规范的解题步骤中去，从而加强学生综合运用各规律、公式解决问题的能力。

3. 设计变式训练，让学生理解概念的内涵和外延

为了使学生能在感性认识的基础上对客观事物有新的认识和理解，教师必须注意变式训练的应用，列举足够充分的、典型的、恰当的、学生熟知的例子，并对其进行研究，使学生真正掌握概念的内涵和外延。

4. 比较相近、易混淆概念，引导学生辨析

教师首先明确相近、易混淆的物理概念，在教学中给予关注重视，并适时引导学生从概念的内涵和外延上对概念进行比较辨析，这有利于学生深层理解和掌握概念。

5. 采用多种方式，建立概念结构

通过类比、迁移、概念图等多种方式帮助学生进行物理概念的比较和归纳，建立起比较完整的物理知识结构和物理认知结构，最终达到有效提高综合应用能力的目的。例如，概念图是一种能形象表达命题网络中一系列概念含义及其关系的图解，是表示概念和概念之间相互关系的空间网络结构，它能形象地表达各概念之间的逻辑关系。图 2-1 是学生对于运动这个核心概念的概念图。

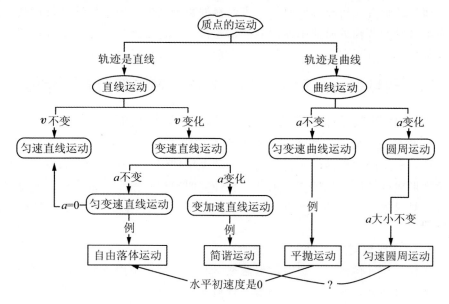

图 2-1

(二)促进概念应用的物理练习与复习教学策略

1. 借助基本物理模型促进概念应用

物理模型是在解决大量实际问题时，抓住主要因素、忽略次要因素，抽象提炼出来的帮助学生理解和应用物理概念和规律的多种简单物理情境的再现。物理模型一般分为两类：一是针对研究对象的"理想对象模型"，如物理学中质点、点电荷、单摆、弹簧振子、理想气体、带电粒子等；二是针对研究对象经历过程的"理想过程模型"，如匀速直线运动、匀变速直线运动、匀变速曲线运动(平抛)、匀速圆周运动、简谐运动、简谐波、碰撞、电磁感应等。另外还有物理学习中常用的情境模型：子弹打木块、板块问题、过山车、杆球模型、人船模型、完全弹性碰撞、传送带问题等。

在促进概念应用的练习与复习教学过程中，借助物理模型能够引导学生加深对物理概念的理解，理解物理概念及规律的内涵及外延，体会物理概念和规律在表现形式上的完美与和谐。例如，动量定理和动能定理，前者表现了力在时间上的累积效应，后者表现了力在空间上的累积效应。力的作用效果在时间和空间上的表现是那样的完美与统一，在形式上的表现是那样的对称与和谐。

2. 关注物理与生活的联系促进概念应用

(1)题目设计要贴近学生生活实际。

在组织信息、精选物理问题时，要在常规物理问题的基础上，有目的、有计划地选用贴近学生生活、社会生产实际的物理现象和物理问题，创设新颖的问题情境，让学生在新情境中应用概念解决问题。这一方面可以激发学生学习物理知识的兴趣，拓宽视野，让学生充分感觉物理不仅有趣而且有用，培养学生解决问题的能力；另一方面反复的思考和运用可以帮助学生不断纠正错误的认知，深化对概念的理解。

例如，在学习完功率的概念后，可创设问题情境让学生估测跳绳运动克服重力做功的功率、人在水平路面上行走时克服重力做功的功率等；在学习完自由落体的概念之后可以引导学生利用自由落体运动的规律制作"反应时间尺"；学习完动量概念后利用反冲运动制作水火箭；学习完牛顿第三定律研究拔河比赛的诀窍等。

(2)题目设计要关注 STSE 与时俱进。

由科学、技术、社会、环境构成的 STSE 教育强调科学、技术与社会、环境的关系，重视科学技术在社会生产、生活环境和社会发展中的作用，是指导和实施学科教育的新理念。科学技术的迅速发展在为人类创造高度物质文明的同时，也带来了能源、资源、材料、环境、健康等问题，科学技术的发展和新问题的解决都与物理概念的应用紧密相关。经全国中小学教材审定委员会 2004 年初审通过的普通高中课程标准实验教科书(人民教育出版社出版)——物理必修 1 中的引言部分关于 STSE 有着充分的体现。引言由庄子的一句话——"判天地之美,析万物之理"出发,介绍了物理学与其他科学技术、物理学与社会进步、物理学与思维等几个方面的知识,让学生认识到物理学与 STSE 的紧密结合。在促进概念应用的练习与复习教学过程中对科学、技术、社会、环境的关注,能够引导学生将物理概念应用回归生活,有助于培养学生的创新意识和创新能力,提高学生的科学素养。

(3)题目设计要恰当地引入原始物理问题。

原始物理问题是指自然界及社会生活、生产中未被加工的典型的科学现象和事实。原始物理问题只有对现象和事实的描述,没有一般物理习题中经过提炼加工的已知条件。当前物理教学中的联系实际类问题,虽然有大量文字信息的描述,但通常是给了已知条件和原理图的,从本质上说这类问题不属于原始物理问题。解决原始物理问题首先要弄清有关事实、现象是什么,再通过分解、简化、抽象后使之转化为科学模型,最后才是通过演算和推导解决问题。下面举两个原始物理问题的题目设计。

例题 1:自行车转弯。人骑自行车在水平路面上运动。请自主设置数据,推出一个表达式,计算自行车以一定速度安全转弯时自行车的倾角应为多大。(轻杆模型)

例题 2:趣味碰撞实验。将一个网球放到大篮球的上面,使它们同时自由落下。当它们落到地面反弹后,网球跳得常常比原来高很多,甚至会打到天花板上。为什么会出现这种现象?请建立模型解决问题。

3. 明确概念的阶段性和发展性促进概念应用

从解决单一对象的简单实际问题到解决多个对象、多个过程的经典物理学中的综合性问题,是一个由浅入深、反复发展的过程。学生要想掌握和灵活应用物理概念,一般需要经过几个学习的阶段。因此,运用物理概念解决问题是一个长期的过程,某一阶段的学习要依据其重要程度以及问题解决的难易程度,与后续的习题与复习教学统筹安排。

在重点物理概念的初步应用阶段要选用一些难度适中的问题,创设有效的教学情境,通过示范、师生讨论交流等引导学生主动参与到问题解决的过程中,使学生在应用物理概念解决实际问题的过程中,规范解题步骤,培养良好的解题习惯,梳理出应用物理概念解决问题的基本思路和方法。这是学生解决问题的必备技能。

在学生掌握解决问题的基本方法后，要根据学生的认知水平，逐渐增加问题的复杂程度，直至涉及多个对象、过程、定律、公式的综合问题，让学生通过训练在"最近发展区"内不断进行自我构建，逐步培养分析、综合、灵活运用物理知识的能力。

例如，在高一阶段"圆周运动的实例分析"的习题课上，应该从匀速圆周运动中简单的实例汽车拐弯、火车拐弯等，就如何确定研究对象、如何进行受力分析、如何进行运动过程分析、如何列方程求解等进行研究，让学生理解运用牛顿运动定律解决圆周运动问题的基本思路和方法；然后把问题由水平面的圆周运动拓展到水流星、球杆、球绳等各种竖直面内的圆周运动让学生进行变式训练，强化学生对相关内容的理解和应用。在高三复习阶段，要将重力场中的圆周运动拓展为电磁场、复合场中的圆周运动，让学生综合运用牛顿运动定律、能量观点、动量观点等解决圆周运动。

4. 结合信息技术手段促进概念的应用

在促进概念应用的练习与复习的教学过程中，除了文字类背景材料的描述外，还应合理、适当地通过实验、视频、动画、图片等现代教育技术手段给学生提供真实的研究环境，把抽象、复杂的物理过程形象地呈现给学生，让学生获得感性认识，激发学生的学习兴趣，引导学生积极思维，帮助学生顺利建立物理模型解决问题。例如，在研究小车的速度随时间变化的规律时，用计算机绘制 v-t 图像，通过 Excel 软件中线性拟合的方法发现小车速度与时间的变化关系，求出小车的加速度。在牛顿第三定律的教学过程中，通过力学传感器形象演示作用力和反作用力的关系。在恒定电流的练习与复习教学过程中，通过一些图像工具模拟电路实物进行连线等。

总之，得出物理概念的定义后，还必须加深学生对概念的理解，加强学生对概念的运用。一定要让学生将陈述性知识转变为程序性知识，使新知识与已有的其他知识整合起来，提高其综合运用能力，只有这样物理概念才能在学生头脑中得以提炼和升华，最终形成"物理观念"。

第二节　促进概念理解的物理练习与复习教学

学生在建构新的物理概念时，需要对概念的意义、内涵、外延及关联等进行深入理解。例如，用函数表达的物理概念，就需要明确数学知识、物理量之间的因果关系和适用条件等。通过物理练习与复习对具体的概念问题分析求解，学生才能丰富和拓展物理知识结构，从而进一步深入理解和巩固这些物理概念，提升解决物理问题的能力。因此，教师应该根据不同层次学生知识结构完善的需求，针对每一个物理概念来选择练习题与复习题，通过有效的教学方法来提升学生的物理学科核心素养。

一、促进概念理解的练习与复习教学简述

前面已经提到许多物理概念的内容通常可以用数学公式表达出来。这一类物理概念的教学往往要求较高，不但要求学生理解函数本身，还要理解物理意义、适用条件、函数表达的物理现象之间的因果联系，特别要注意理解表达式所代表的物理本质规律。

所以要巩固和强化学生对这一类概念的学习，教师需要设置具体的情境。例如，对于万有引力定律 $F=G\dfrac{Mm}{r^{2}}$ 这个表达式，学生相当熟悉。可是教师设计了这样的题：当 r 趋近于零时，万有引力是否趋于无穷大？学生先写出表达式，根据数学关系确定当 r 趋近于零时，万有引力趋于无穷大。这就体现出学生对函数本身是明白了，但对公式的适用条件或范围是不清楚的。离开了具体的情境，只是一味地强调公式，学生是无法理解物理概念的。所以练习题的设计一定要达到通过利用新情境、新问题促进学生进一步理解和深化这一类概念的物理意义，进一步丰富和完善概念结构及概念体系，进一步发展学生的知识结构和认识结构，进一步培养学生的思维品质和思维能力的效果。再如，在 $E=\dfrac{F}{q}$ 的练习中：真空中有一电场，在电场中的 P 点放一电量为 4×10^{-9} C 的检验电荷，它受到的电场力为 2×10^{-5} N，则 P 点的场强为_____ N/C；把检验电荷的电量减少为 2×10^{-9} C，则检验电荷受到的电场力为_____ N；如果把这个检验电荷取走，则 P 点的场强为_____ N/C。学生在解题中出现的错误表明了学生用单纯的数学公式代入数值进行计算，对场强概念的内涵理解并不深刻。本情境的问题设计无疑是对概念本质属性的一次深化和强化。所以通过练习题真正建立起物理上的数量关系对促进学生的概念理解大有好处。

在生活中，学生会自然地获得有关物理方面的感性认识，形成一定的生活观念和经验，自然形成一些前概念。在物理概念的学习中，这些先入为主的前概念会影响学生对物理概念的学习。例如，在学习力和运动的关系时，在学生头脑中已无意识接受了物体不推不动，要使一个物体运动，物体必须受到力；在学习自由落体时，学生已经接受了重的物体比轻的物体下落快；在学习超重和失重时，学生认为超重就是物体重力变大，失重就是物体重力变小，把生活中说的"超重和失重"与物理学上的超重和失重混为一谈。由于这些前概念的错

误形成起到了负面作用，而且这些概念比较顽固，严重影响学生对物理概念的正确理解。为了消除这些比较顽固的错误观念，教师需要设计有针对性的物理练习题与复习题，通过在新的问题情境中，多角度的建立概念，与学生的错误观念和经验相抵触，给学生一个巨大的"震撼"，以动摇其顽固的错误观念，从而促进学生对物理概念的理解。物理练习题与复习题的设计，要结合学生的特点从原有的概念出发，对正确的前概念加以巩固和提高，进而使学生形成物理知识，对错误的前概念弄清它的实质和形成的原因，帮助学生转变错误的概念体系，从而形成正确的科学的物理概念。

由此可以看出，促进概念理解的教学，要结合概念本身的特点，从各个不同的角度对概念进行研究。概念特点不一样，概念教学特点也应该不一样。下面用题目和题组具体说明促进概念理解的教学特点。

二、促进概念理解的题目设计说明与教学案例评析

案例1　动能定理

例题：如图 2-2 所示，AB 为水平轨道，A、B 间距离 $s=2.25$ m，BCD 是半径为 $R=0.40$ m 的竖直半圆形轨道，B 为两轨道的连接点，D 为轨道的最高点。一小物块质量为 $m=1.2$ kg，它与水平轨道和半圆形轨道间的动摩擦因数均为 $\mu=0.20$。小物块在 $F=12$ N 的水平力作用下从 A 点由静止开始运动，到达 B 点时撤去力 F，小物块刚好能到达 D 点，g 取 10 m/s^2。试求：

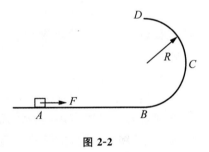

图 2-2

(1)撤去力 F 时小物块的速度大小。

(2)在半圆形轨道上小物块克服摩擦力做的功。

答案：(1)$v=6$ m/s。(2)克服摩擦力做功 9.6 J。

（一）题目设计说明

1. 设计意义

"动能定理"这节内容在不同版本的教材中编写者的指导思想略有不同，但其内容和深度都应该是依据课程标准来确定的：重点内容是探究恒力做功与物体动能变化的关系。

动能定理是整个力学的重点，是功能关系的重要体现，是推导机械能守恒

定律的依据。因此，设计好本题意义重大，教师在实施教学时要注重从功能关系的角度使学生理解动能定理的含义，若理解不透或理解错误，这将对整个中学阶段的学习造成很大障碍。

通过动能定理的学习，学生能深入理解功是能量转化的量度。动能定理的学习对于学生解释功能关系有着深远的意义。动能定理是力学中的一大核心概念，是解决电场问题的重要方法。

2. 设计目标

本题的设计目的是通过练习与复习促进学生对动能定理的理解，让学生明确功和动能两个概念的区别和联系，加深对两个物理量的理解。动能定理是一条适用范围很广泛的物理定理，教材用实验探究恒力做功与物体动能变化关系的过程，导出动能定理。本题设计由一个恒力做功使物体的动能变化，逐步扩大到几个力做功和变力做功及物体做曲线运动的情况。这个梯度很大，为了帮助学生真正理解动能定理，教师设计了练习题中的两个实际运动情境，让学生真正全面地理解动能定理不仅适用于直线运动，也适用于曲线运动；动能定理不仅适用于恒力做功，也适用于变力做功；动能定理不仅适用于各力同时做功，也适用于各力分段做功；动能定理不仅能分析单个过程，还能处理多个过程。

3. 对象分析

在实际学习中，学生对动能定理概念表达式的学习较为容易，通过牛顿第二定律推导出动能定理的表达式并不困难，但是对表达式所揭示的物理意义却并不清楚，功和能量的转化本质并不理解，深层次理解动能定理存在困难。经常出现的错误：将某力做的功当成合外力做的功；将速度的变化、动量的变化和动能的变化相混淆；对于有多个物体、多个过程的题目，不能正确选取研究对象，不能正确分析物体的运动过程；对于不同形式能之间的转化很糊涂，在实际情境中不能正确理解动能定理。

4. 过程分析

情境设计第一步从 A 点到 B 点：

①教材在推导这一定理时，由一个恒力做功使物体的动能变化，得出力在一个过程中所做的功等于物体在这个过程中动能的变化，学生对于合外力做功的理解并不深刻，所以本案例设计了从 A 点到 B 点直线运动的情境。在这一情境中小物块受到多个力的作用，由此帮助学生理解动能定理中所说的外力可以是一个力作用，也可以是多个力同时作用，可以是重力、弹力、摩擦力，也可以是任何其他的力。

②通过此情境的设计，学生能正确理解概念中的总功：一是物体同时受几个力的作用，总功是指这几个力的合力所做的功，此时动能定理的表达式可以写成 $F_合 s\cos\alpha = \Delta E_K$；二是各个力做功的代数和，这种情况下各个力作用的时间可以相同，可以不同，只要把所有力在每一阶段所做的功求代数和即可，此时动能定理的表达式可以写成 $W_1 + W_2 + \cdots = \Delta E_K$，实际中第二种理解解题会常用一些。这个过程的设计还可体现出功和能的标量性。

③动能是物体由于运动而具有的能，是状态量，不能直接与功这个过程量对应。而动能的变化是指所研究过程初末两个状态的动能改变量，是末动能减去初动能，这样也就把能与功这个过程量对应起来了。

④A 点到 B 点的设计还可用运动学公式和牛顿定律来求解，但过程较复杂，通过比较两种方法的优劣，我们可以看出动能定理的简便。

情境设计第二步从 B 点到 D 点：

①通过此情境的设计，学生可以正确理解概念中的"变化"一词：由于外力做功可正、可负，因此物体在一个运动过程中动能可能增加，也可能减少。因而定理中"变化"一词，并不表示动能一定增大或一定是减少，它的确切含义为末态与初态的动能差，或称为"改变量"，数值可正、可负。这步的设计可以纠正学生的定性思维，认为动能的变化就是增加了。

②在此情境中物体受变力作用且沿曲线运动，学生可以把曲线分解成许多小段，每一小段当作直线来看待，物体在每一小段中受到的力当作恒力。如果能把每一小段所做的功加起来，这样也能得到动能定理。但因为考虑到高中阶段变力做功比较难研究，取证上也比较困难，这个问题的设计只能放到了动能定理得出之后，侧重让学生运用动能定理解决变力做功问题，加强学生对能量转化的理解。正因为动能定理适用于变力做功及物体沿曲线运动的情况，所以在解决力学问题时，得到了广泛应用。

③这步设计让学生理解动能定理为功的计算提供了新方法。根据动能定理，只要知道了物体在运动过程中前后两个状态的动能，算出这两个动能的改变量，就算出了合外力对物体所做的功，而无论在这一过程中，外力对物体做功的情况有多么复杂，都可以忽略细节，这是用动能定理计算功的方便之处。

（二）教学案例与评析

1. 教学案例

在教学过程中怎样把教师的设计思想通过跟学生的交流传递给学生，从而促进学生对概念的理解是教学的关键。图 2-3 是促进学生对动能定理理解的教学过程的流程图。

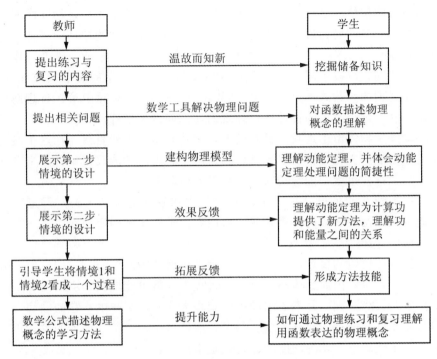

图 2-3

环节一：

学生梳理、回忆并交流相关知识，记录疑点，对动能定理形成初步理解，见表 2-1。

表 2-1　学生记录表

内容	
表达式	
对定理的理解	
定理的适用条件	

教学策略：让学生利用学案梳理动能定理的知识，帮助学生建立起比较完整的动能定理的知识结构，让学生正确理解动能定理的内涵及其适用条件。通过让学生记录疑点，完成表格去发现问题，调动学生学习的主动性，也可显示精选的习题给学生解惑。这种教学策略明显突出了学生在课堂中的主体地位，比教师把动能定理再重复一遍，效果更佳。

对于练习题中的问题 1，教师要求学生从牛顿运动定律结合运动学和从能量两个角度来理解动能定理。

学生解题过程：

方法一：小物块从 A 点运动到 B 点的过程中有

$$f=\mu mg。$$

根据牛顿第二定律 $F-f=ma$，得 $a=8 \text{ m/s}^2$。

再根据 $v^2=2as$，得 $v=6 \text{ m/s}$。

方法二：小物块从 A 点运动到 B 点的过程中有

$$f=\mu mg。$$

根据动能定理 $W_F+W_f=\dfrac{1}{2}mv^2-0$，得 $v=6 \text{ m/s}$。

教学策略：前面提到，核心概念是能够解释大量现象和事实的、具有高度抽象性和概括性的知识，因此核心概念的掌握需通过具体的情境，让学生在具体情境中理解概念。

所以教师针对动能定理新课教学中一个恒力做功与动能的变化的关系，继续给学生创造新的情境，不断改变物体的受力情况，增加受力个数，研究各种力做功及动能转化之间的关系，使学生认识问题的层次逐步递进，最终理解合外力做功与动能改变量之间的关系。将模型由一个力到多个力，由只有动力做功到含有阻力做功，由正功到负功，使学生逐渐认识最终的模型应该是合外力做功与动能变化的关系。这里不断增加变量的研究方法，其意义不仅仅在于我们设计了有摩擦和无摩擦两种情况，更主要的目的是让学生理解，一个结论远不是一种运动情境就可以得出的，需要不断增加变量，分析各种情况，并且收集更多的证据，才能够得出。这种教学策略的设计对于学生的心理发展过程应该是顺其自然的。

环节二：

对于问题 2，教师引导学生思考可以从哪些角度求一个力做功。

学生讨论：

①提出用 $W=-fs$，求摩擦力做功；但摩擦力在变化，怎么办？

②提出用动能定理，但又感觉条件不足：D 点速度未知。

教师不要急于解决，充分利用学生之间的差异，让学生共同讨论提出问题，再去解决问题，发挥学生的科学思维。

学生的解题过程：

因为小物块刚好到达 D 点，所以 $mg=m\dfrac{v_D^2}{R}$，得 $v_D=2 \text{ m/s}$。

根据动能定理 $W_G + W_f = \frac{1}{2}mv_D^2 - \frac{1}{2}mv_B^2$，得 $W_f = -9.6\text{ J}$。

所以，克服摩擦力做功 9.6 J。

教学策略：设置典型问题，活化物理概念。练习题要从学生熟悉的情境入手，让学生感觉亲近，难度不高，但解决起来也不容易，此时学生有一种强烈的学习期待。

提出变力做功问题让学生思考，学生会发现，在用动能定理解决变力做功的问题时，完全可以用初、末两个状态量的变化即动能的变化来计算。这样学生就学会了另外一种（除了牛顿定律以外的）解决这类问题的新方法。这种新方法也反映出动能定理的本质——能量转化。如果忽视这一点，重在解题训练，对学生理解动能定理的本质问题是不利的，那只是一种数学关系的套用。

环节三：

教师可以在这两个情境的设计下，去追问如果此题不设计第一问题这个台阶来过渡求第二个问题，我们是不是还需要以上两步解题过程，有没有更简洁的方程来描述这两段运动？

学生通过教师的提问思考是不是可以不求 B 点的速度？如果不求 B 点的速度，那是否能忽略这个位置？

学生解题过程：从 A 点到 D 点，直线运动中摩擦力做功为 W_{f1}，圆周运动中摩擦力做功设为 W_{f2}，根据动能定理 $W_F + W_{f1} + W_{f2} + W_G = \frac{1}{2}mv_D^2 - 0$，得 $W_f = -9.6\text{ J}$。所以，克服摩擦力做功为 9.6 J。

教学策略：通过这个解题过程，学生可以理解用动能定理处理问题的简洁。在解题的时候全过程中只需要从力在整个位移内做的功和这段位移始末两状态动能变化去考查，无须注意其中运动状态变化的细节，又由于功和动能都是标量，无方向性，所以过程中无论是直线运动还是曲线运动，计算都会特别方便，这就说明能量的转化过程本质是能量的问题，而不是运动过程的问题。通过这样的教学策略学生不但明白怎样从牛顿第二定律和运动学过渡到动能定理，还可以更明确做功与动能转化的关系。

2. 案例评析

教师创设了两个运动情境引导学生利用动能定理解释物理过程，计算相关的物理量。在这一过程中，学生既有一种成就感，又加深了对动能定理的理解。

这个问题的设计，让学生对动能定理的理解非常全面、深刻：动能定理反映的是物体两个状态的动能变化与其合外力所做功的量值关系，所以对由初始状态到终止状态这一过程中物体运动性质、运动轨迹、做功的力是恒力还是变力等诸多问题不必加以追究，也就是说，应用动能定理不受这些问题的限制。另外，不论物体做什么形式的运动、受力性质如何、是恒力还是变力，动能定理总是适用的。因此，动能定理在力学中很重要，是应用范围很广泛的基本定理。

这样的设计达到了促进学生对这一类用函数表达的物理概念的理解。教师引导学生学习这一类概念时应让学生从下面一些角度去全面的认识。

①因果关系。合外力做的功是引起物体动能变化的原因。

②数量关系。合外力对物体做的功与物体动能的变化具有等量关系。可以通过合外力做功确定动能的变化，也可以通过动能的变化确定合外力做的功。

③过程量和状态量的关系。过程量（做功）与状态量（动能）的变化联系在一起。

三、促进概念理解的题组设计说明与教学案例评析

案例 2　超重和失重

例题 1：关于超重和失重，下列说法中正确的是（　　　）。

A. 在同一地点物体的重力跟外力大小无关

B. 在同一地点物体的重力跟是否在运动无关

C. 超重就是物体受的重力增加了

D. 失重就是物体受的重力减小了

E. 完全失重就是物体不受重力了

F. 不论超重或失重物体所受重力是不变的

答案：ABF。

例题 2：人的质量为 m，当电梯静止时，人对地板的压力 $F_压$ 是多大？

人的质量为 m，当电梯以加速度 a 加速上升时，人对地板的压力 $F_压$ 是多大？

人的质量为 m，当电梯以加速度 a 加速下降时，人对地板的压力 $F_压$ 是多大？

答案：mg、$mg+ma$、$mg-ma$。

例题 3：第 4 代战斗机的加速度最大已经达到 $7g$（g 为重力加速度），若这样的战斗机在一定时间内在竖直方向上运动，被安全带系在座椅上的质量为 m 的飞行员（　　　）。

A. 在加速上升过程中，可能出现失重现象

B. 在加速下降过程中，可能出现超重现象

C. 在上升过程中，对座椅的压力一定大于 mg

D. 在下降过程中，对座椅的压力一定小于 mg

答案：B。

例题 4：如图 2-4 所示，倾斜索道与水平线的夹角 $\theta = 37°$，当载人车厢沿索道向上的加速度为 5 m/s²，人的质量为 50 kg，且相对车厢静止时，求人对车厢的压力为多大。（$\sin 37° = 0.6$）

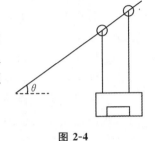

图 2-4

答案：650 N。

（一）题组设计说明

为了消除学生头脑中错误的前概念对物理学习的影响，对这一类物理概念教师可以通过图 2-5 所示的流程来达到促进学生理解物理概念的目的。

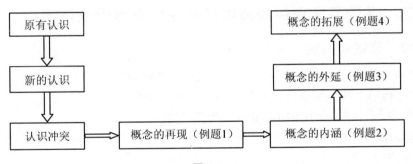

图 2-5

以促进超重和失重的概念理解为例：首先让学生原有认识和新认识发生矛盾冲突消除学生头脑中错误的前概念，其次让学生从牛顿运动定律出发理解超重和失重的实质，从而巩固超重和失重的概念，再次让学生利用理论知识结合生活中的实际情况认清超重和失重的加速度方向的问题，最后对学有余力的学生进行提升。

1. 设计意义

"超重和失重"是进一步研究牛顿运动定律在实际生活中应用的一节课。因此，不论从牛顿运动定律角度"学以致用"出发，还是从纠正生活中错误观念出发，设计此题组都有着重要意义。

2. 设计目标

本题组设计的是对"超重和失重"的学习，这也是学习完必修 1 后的练习与复习题的一部分。练习虽然是阶段性的，但目标并不单一，具体体现在：一是

让学生更全面地理解超重和失重；二是让学生巩固和深化对牛顿运动定律的认识；三是提高学生分析问题、解决问题和应用知识的能力。对超重和失重概念的学习应该是长期的过程，例如，必修 2 中的圆周运动的学习、天体运动的学习、电场和磁场中带电粒子平抛运动和圆周运动的学习。也就是说，学生是在不断发现、不断提高的过程中实现对物理概念的深刻理解与掌握的。

3. 对象分析

本题组的设计对象是高一学生，学生已经学习了力和运动及牛顿运动定律，为本节课深入学习超重与失重打下知识基础。他们对生活中超重、失重现象也有所了解，但一直存在以下几点问题：第一，超重就是超过重力、失重就是失去重力的前概念的错误认知，在新课学习中很难被彻底消除；第二，在新课学习中，因为乘电梯的生活经验，学生头脑中留下深刻的印象，他们认为速度方向向上就是超重，速度方向向下就是失重；第三，误认为超重和失重只发生在竖直方向上的直线运动中，严重影响了后续的学习。

4. 过程分析

①例题 1 的设计目的是再现超重和失重概念。学生复习物理概念首先就是物理概念的再现记忆。通过小实验的设计，学生发现在生活中出现了这些问题：物体对支持物的压力(或悬挂物的拉力)大于物体重力；物体对支持物的压力(或悬挂物的拉力)小于物体重力。为了及时解决这些问题，人们引入了超重和失重的概念。这一题适合各种基础的学生，并能让他们通过简单题，弄清楚实重和视重的关系，在众多问题中，抓住主要问题"超重和失重跟物体的重力到底是什么关系"。这种设计让学生在"心灵"上获得一种"感受"。

例题 1 的设计还能让学生进一步理解物体的实重跟视重之间的关系。

A、B 选项的设计除了强化学生认清一个物体的重力跟物体的运动是无关的以外，更主要的是让学生在内心世界里有了一个概念——物体的重力(实重)。在此基础上，教师设计一个小实验让学生观察在超重和失重下的数据(视重)跟他们预计的数据(实重)是否一样，由此引发学生的认知冲突。如果教师能够解决学生心中的这种认知冲突，也就解决了学生学习超重和失重的难点问题了，所以就设计了 C、D、E、F 四个选项来更好地消除学生根深蒂固的错误认识。

要消除学生由于前概念而引起的错误认识，教师需带领学生挖掘概念的本质属性及产生的原因，即一个概念的内涵，所以设计例题 2。

②例题 2 的设计目的是在生活情境中构建物理情境引导学生探究，把问题具体化："能否根据我们掌握的运动规律来探究产生超重和失重的原因？"

教师引导学生用牛顿运动定律来分析问题，指导学生把研究的结果写在学案上，让学生讲解。针对学生的讲解，规范学生应用牛顿运动定律分析、解决问题的思路：确定运动(向上或向下、加速或减速)→选取研究对象进行受力分析→根据 $F = ma$ 列出方程得出支持力的表达式→根据牛顿第三定律对压力进行判断。

师生分享的结果是产生超重与失重现象的原因是在竖直方向上存在加速度，本质是物体对支持物的压力(或悬挂物的拉力)变化，物体的重力始终没有变化。

通过逻辑分析学生感觉到的直觉错误，揭示超重和失重的本质，帮助学生巩固深化对超重和失重的理解，得出课本上对超重和失重概念的定义，进一步揭示实重和视重的量的关系。这一题的设计给学生量上的一种"感知"。

在例题 2 中，我们根据牛顿运动定律可知，此时物体具有向下的加速度或向上的加速度，因此，学生头脑中就有了用加速度的方向来判断超重和失重的想法。加速度方向向上，物体处于超重状态；加速度方向向下，物体处于失重状态。从表面上看似乎没有问题，这样学生也容易理解超重和失重的概念，事实上这样理解超重和失重是不妥的：超重和失重的概念核心是落实在某一个力，而不是合外力，所以把加速度作为判断超重和失重的依据应该是不可以的。为了让学生对超重和失重概念的理解更深入，设计例题 3 来说明超重和失重是否与物体的加速度有关的问题。这一题的设计还可让学生知道物理概念来源于生活体验，充分挖掘直接经验和课堂生成的资源，体现物理教学走向生活，应用于社会实践。

③例题 3 的设计是为了解决学生在概念的新课学习中，可能消除了前概念的错误认识的同时，又容易产生的错误认识。例如，学生在分析电梯的运动情况的过程中总结出如下的结论。

$$\left.\begin{array}{l}\text{向上加速}\\\text{向下减速}\end{array}\right\}\text{加速度方向向上，产生超重现象}$$

$$\left.\begin{array}{l}\text{向下加速}\\\text{向上减速}\end{array}\right\}\text{加速度方向向下，产生失重现象}$$

这就是在例题 2 中挖掘概念的本质时遗留的问题，在解决一个问题的同时，又产生了一个新的问题，这其实是符合学生对一个概念的认识发展过程的，这也是学生对一个新的概念全面理解的过程。

普遍现象表明的结果确实是加速度方向向上是超重现象，加速度方向向下是失重现象。但对于特殊情境却是不对的，所以加速度方向不足以作为判断超重和失重的依据。

对于例题 3，特别是 B 选项，学生独立完成有点困难。可采用学生分组讨论的方式，激发学生的潜能，挖掘可能存在的情况，并让学生进行汇报，从而消除学生的错误认识。超重和失重并不是从加速度的方向定义的，只不过在有些情境中能根据加速度的方向计算出视重比实重大或小，才确定了到底是超重还是失重。分析物体是否超重或失重应从受力角度出发：超重是物体对支持物的压力(或悬挂物的拉力)大于物体所受重力的现象；失重是物体对支持物的压力(或悬挂物的拉力)小于物体所受重力的现象。这一题对学生内心有很大的冲击，应该是思想上对概念的彻底"感悟"。

此环节设计让学生更加明确超重和失重的内涵是物体对支持物的压力(或悬挂物的拉力)变化，但可以从力的变化引起物体的不平衡而外延到对物体加速度的分析。

④例题 4 的设计是对超重和失重概念的拓展。很多学生在学完超重和失重概念后，认为超重和失重只发生在竖直方向上，而对于不在竖直方向上的运动很少能拓展到跟超重和失重有关。所以此题的设计能让学生体会在竖直方向上有加速度并不意味着物体一定在竖直方向运动，把学生对超重和失重的理解由平面拓展到空间。此题能让学生对加速度的矢量性获得很好的拓展认识。这一题也为后面在曲线运动中学习超重和失重埋下伏笔。

这组练习的设计不仅消除了学生的错误前概念，还让学生体会到超重和失重的上位概念——牛顿运动定律。

(二)教学案例与评析

1. 教学案例

图 2-6 是"超重和失重"教学过程的框架图。

环节一：例题 1 的案例分析

教师：什么是超重现象？什么是失重现象？

PPT 先展示 A、B 选项。

学生：根据 $G＝mg$ 可知，一个物体的重力只跟物体的质量和这个地点的重力加速度有关，跟物体的运动状态无关。

学生活动：学生用自制的弹簧秤挂钩码，手提弹簧秤上下运动，观察弹簧秤的示数。

PPT 展示 C、D、E 选项。

教师：你看到的弹簧秤的示数跟已知钩码的重力一样吗？

学生：超重和失重数据跟重力的数据是不一样的，此时重力没有变。

教学策略：从生活现象，定性的角度消除学生理解概念的错误，消除超重

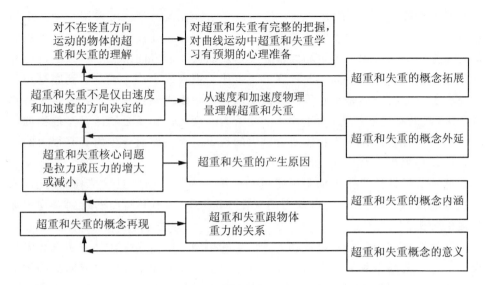

图 2-6

和失重就是物体重力的增加和减少的错误认识。本环节以题带出概念，代替了在练习过程中总是教师先把要复习的概念泛泛地讲一遍。

环节二：例题 2 的案例分析

教师：为什么会出现超重现象和失重现象呢？

学生：独立理解并画出受力分析图，弄清竖直方向上存在两对力。

第一对力：人对地面的压力 $F_压$ 和地面对人的支持力 $F_支$，这一对力是作用力和反作用力，大小相等，方向相反。

第二对力：人受到的重力 G 和地面对人的支持力 $F_支$。

教师：怎样让 $F_压$ 和 G 之间建立关系？

学生：在平衡状态下建立关系——$F_压 = F_支$，$G = F_支$，所以 $F_压 = G$。

教师：一旦不平衡，又是怎样的情况呢？

教师：人的质量为 m，当电梯以加速度 a 加速上升时，人对地板的压力 $F_压$ 是多大？

人的质量为 m，当电梯以加速度 a 加速下降时，人对地板的压力 $F_压$ 是多大？

学生：相互讲解，共同分享。运动状态改变并不妨碍我们对牛顿第三定律的运用：$F_压 = F_支$，而需要凸显的是牛顿第二定律 $F_支 > G$，根据逻辑关系才有了 $F_压 > G$。在整个分析过程中，都体现出重力并没有增加、减少或消失，还是那么大，仅是对支持物的压力发生了变化，不能凭经验感觉就判断物体所受的重力增大或减小了。通过逻辑分析感觉到直觉的错误。因此就有了从受力分析的角度定义超重和失重：超重是物体对支持物的压力（或悬挂物的拉力）大于物体所受重力的现象；失重是物体对支持物的压力（或悬挂物的拉力）小于物体所受重力的现象。

教学策略：从定量、从本质上解释为什么会出现超重和失重现象。

环节三：例题 3 的案例分析

教师：在刚才的练习中能否总结出加速度方向向上就是超重，加速度方向向下就是失重？

加速度的方向能否成为判断超重和失重的依据？现在我们看例题 3。

教师：有以上两题作为铺垫，请学生们独立解析 A 选项。

学生：以飞行员为研究对象进行受力分析，受重力 G 和座椅的支持力 $F_支$。

根据运动情况得 $F_支-G=ma$，则 $F_支=G+ma$，根据牛顿第三定律 $F_压=G+ma$，所以 $F_压>G$，飞行员处于超重状态，故 A 选项错。

教师：飞行员在随着战斗机上升的过程中有几种运动情境？分组讨论。

学生：匀速上升、加速上升、减速上升。三组结论分别是压力的大小可以等于重力，可以大于重力，也可以小于重力。

教学策略：由此学生理解超重还是失重跟物体的运动方向没有必然的关系。这种教学策略比教师在练习过程中自演要强得多。学生相互交流对运动情境的理解，对超重和失重会有更深刻的认识。D 选项同理可得。B 选项的教学有一定的困难。相当的一部分学生把加速下降归类到失重现象，而忽略了对加速度的数值的讨论。这也是学生在解决这一问的思维障碍点，此时就要发挥教师的作用了，引导学生分析选项 B 加速下降的三种情况。

教师：在加速下降过程中，我们需要对加速度的值进行具体讨论，$a<g$、$2g>a>g$、$a>2g$。

学生：第一种情况，如果战斗机向下的加速度为 $a<g$，飞行员对座椅有压力，以飞行员为研究对象进行受力分析，受重力 G 和座椅的支持力 $F_支$。

根据运动情况得 $G-F_支=ma$，则 $F_支=G-ma$，根据牛顿第三定律 $F_压=G-ma$，所以 $G>F_压$，飞行员处于失重状态。

第二种情况，如果战斗机向下的加速度为 $2g>a>g$，此时飞行员不会对座椅有压力，反而是安全带对飞行员有向下的拉力 $F_拉$，对飞行员进行受力分析：受重力 G 和安全带的拉力 $F_拉$。

根据运动情况得：$F_拉+G=ma$，则 $F_拉=ma-G$。

因为 $2g>a>g$，所以 $F_拉<mg$。飞行员处于失重状态。

第三种情况，战斗机向下的加速度为 $a>2g$。

同第二分析得，$F_拉>mg$。飞行员处于超重状态。

根据三种情况分析，B 选项正确。

教学策略：为了使学生能在感性认识的基础上有感悟，对客观事物有新的认识和理解，教师必须注意变换情境，列举足够充分的、典型的、恰当的、学生熟知的、肯定的例证，并对其进行研究，使学生真正掌握概念的内涵和外延。这三种情境足以让学生明白，不是加速度向下就是失重，超重和失重不能仅由加速度的方向向上或向下来确定，还要根据具体的情境来说明。

环节四：例题 4 的案例分析

教师：在竖直方向上有加速度是不是就意味着物体一定在竖直方向运动？现在看例题 4。

教师：把实际情境模型化。

学生：画模型，整体认识车厢的运动情境。

教师：车厢沿索道向上做匀加速直线运动，人做什么运动？

学生：可把人看作一质点，也在做匀加速直线运动。

教师：人受到哪些力？

学生：重力、支持力、摩擦力。

教师：这三个力在水平方向或竖直方向，人沿水平线的夹角 $\theta=37°$（图 2-7），向上做匀加速运动。人的运动能否看成水平运动和竖直运动的合成呢？

学生：加速度和速度都是矢量，人的运动可以看成水平方向的匀加速直线运动和竖直方向的匀加速直线运动的合成。

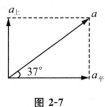

图 2-7

解析：由题意知，人沿索道方向的加速度为 a，人的质量为 m，人具有的竖直向上的加速度分量为 $a_上=a\sin 37°$，此时人处于超重状态，在竖直方向上由牛顿第二定律得 $F_N-mg=ma_上$，则

$$F_N=mg+ma_上=50\times(10+5\sin 37°)\text{N}=650 \text{ N}。$$

教学策略：教师引领学生尽量运用建模的方法来理解物理概念也是跳出"题海战术"误区的有效教学策略之一。另外，物理概念也不是靠简单的死记硬背书本知识就能理解的，往往需要借助建模才能得到深层次的理解。当然，在理解概念的过程中，学生的建模能力也将得到进一步地训练和发展，这也提高了学生理论联系实际的能力。

这个题组的教学实践告诉教师，学生如果带着前概念来到课堂上，教师不能死板地灌输，而要通过巧设练习循循善诱让学生重新正确、全面、深入地分析概念，消除前概念的负面影响。

2. 案例评析

在教学过程中，教师用四个问题"什么是超重现象，什么是失重现象？""为什么会出现超重现象和失重现象呢？""加速度方向向上就是超重，加速度方向向下就是失重？""在竖直方向上有加速度是不是就意味着物体一定在竖直方向运动？"很好地把超重和失重的意义、内涵、外延、拓展的信息传递给了学生，解决了学生存在的问题。随着学生对超重和失重认识的发展，练习题不断地深入，把学生的思维推向顶峰。

在教学过程中，教师围绕超重和失重这个知识点，把问题看作学生学习的动力、起点和贯穿学习过程的主线，把学生的学习过程看成发现问题、提出问题、分析问题和解决问题的过程。因此，在本题组中，教师通过逐级加深的问题，形成教学的层次感，问题的解决过程就是教学的完成过程。教学内容的呈现自然流畅，调控有度。学生能充分理解超重和失重：超重失重随处见，重力其实并未变；本质只是压力或拉力增大与减小，一切还需牛顿定律来实现。

本题组的设计达到了预期目标，使不同层次的学生在原有基础上取得了进步。学生通过题目的练习，不但促进了对超重和失重物理概念的理解，而且领悟到学习这一类物理概念的方法，培养了学习物理概念的能力。这一过程的学习也是学生进行"力和运动"这个大概念进阶的体现。

第三节　促进概念应用的物理练习与复习教学

学习概念，是为了能够运用概念进行思维，运用概念解释自然现象和解决实际问题，同时应用概念解决问题能够促进物理概念在学生头脑中的不断进阶，帮助学生进一步领会物理概念的功能和意义。学以致用是物理学习的目的。只有在解决实际问题的过程中，学生才能获得对概念的真正理解，体会到物理有用，培养自己的创新意识和多种能力，提高学科素养，为后续学习奠定基础。

物理概念高度抽象概括的特征以及物理世界的复杂性，决定了学生从建立起物理概念到灵活应用物理概念解决实际问题之间存在着一个难以跨越的台阶，这是物理学习的困难之一。所以教师在物理概念的教学中要重视应用物理概念解决问题的教学方法和教学策略，提高学生概念学习的效率。一般来说，概念应用的教学需要关注两个方面：一是概念应用的问题设计；二是概念应用的教学方法策略的选择。

概念应用教学的一般操作程序为：确定目标→选择问题→呈现问题→学习困难与障碍分析→选择教学策略→实施教学。

一、概念应用问题设计的原则

概念应用需要以问题为载体，问题是促进学生发展的主要工具和手段。问题设计的不同将涉及概念应用的不同目标层次。因此，要想应用某个概念或系列概念实现相对应的教学目标，需要对问题进行精心科学的设计，这是教师在进行概念应用教学时必须高度重视的问题。促进概念应用的问题设计应遵循以下原则。

（一）目标性原则

目标是一切活动的指引，在进行概念应用的问题设计之前必须要确定明确的目标，弄清楚为什么要设计这个或这些问题，期待学生在知识、能力、方法等方面获得怎样的发展。然后根据教学目标、教学内容、学习阶段、学生情况等，精心选择相关问题。问题的针对性、启发性要强，这对学生概念学习的帮助很大甚至影响终身。问题呈现要考虑呈现的方式、呈现的结构、呈现的逻辑关系和时机。

（二）联系实际原则

新课程提倡物理教学要贴近学生生活和社会生产，让学生感到物理源于生活，又服务于生活。有生活、生产和科技背景的习题与模型化的习题相比，更能激发学生学习的兴趣和探究的欲望。研究有实际背景的物理问题可以让抽象的概念更容易被学生理解和接受；描述和解释实际问题能帮助学生建立应用概念的信心，提升学生对生活中发生的事情的欣赏能力。理论联系实际，突出STSE的思想，是让学生真正学好物理、培养学生创新意识和实践能力的有效途径。

（三）阶段适应性原则

设计应用概念的问题必须考虑学生所处的学习阶段，要针对学生已有的知识基础和认知水平确定教学的起点，问题的设计要有助于学生已有认知与新认知之间的意义建构。在设计问题之前，要对学生在相关概念学习过程中可能存在的困难和思维障碍做出准确的预判，从而提高问题的针对性。问题的设计不宜太易或太难，要有适当的难度和梯度，既要让学生有成功的可能，同时要具有培养学生科学素养的内在价值。

(四)发展性原则

概念应用的问题设计要能发展学生的概念结构、认知结构,从而发展学生的能力。应用概念解决问题,是一个由浅入深、反复发展的过程。学生对大多数概念的掌握和灵活应用,需要经过几个学习阶段才能逐步发展完成。因此运用物理概念解决问题是一个长期的过程,某一阶段的学习要依据其重要程度以及问题解决的难易程度,与后续的习题与复习教学统筹安排。在概念应用的初期,由于受知识水平和认知水平的限制,学生的概念结构并不完善,处于一个较低的水平,学生在应用概念解决问题时容易出现思路不清、角度不对、方法不当等问题。这就要求教师能够随着教学的深入,有意识地对学生的概念体系进行丰富,设计一些有助于发展学生概念结构、认知结构的问题,逐渐发展学生解决问题的能力。

(五)循序渐进原则

在概念应用的教学中,教师不能急于求成,要精心设计问题的难度,做到问题的设计层层递进,由易到难、由浅入深,逐步引导、启发学生思维,这样才能把教学目标真正落到实处。

二、促进概念应用的题目设计说明与教学案例评析

案例 1 应用牛顿运动定律分析板块模型

例题:如图 2-8 所示,质量为 $M=1\ kg$ 的足够长的木板静止在水平面上,在木板的右端放一个质量 $m=3\ kg$ 的小滑块,长木板与滑块之间的动摩擦因数 $\mu_1=0.2$,长木板与水平面之间的动摩擦因数 $\mu_2=0.05$。 $g=10\ m/s^2$。现用 $F=12\ N$ 的水平力向右拉板,经过 $t=1\ s$ 撤去力 F,撤去力 F 后再过一段时间板块达到相对静止。

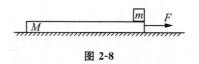

图 2-8

(1)分别画出撤力前木板、滑块的受力分析图,求出撤力前木板、滑块各自的加速度。

(2)分析木板和滑块分别做何种运动,求撤力时滑块和木板各自的速度。

(3)画出从开始运动到撤力时木板和滑块的位移关系草图,并求出这一过程中滑块相对木板滑行的距离 Δx_1。

(4)梳理解题过程,总结解决板块问题的基本思路和注意事项。

(5)撤力后板块各做什么运动？求从撤力到板块相对静止所用的时间 t'。

(6)画出从开始运动到板块相对静止时的位移关系草图，求滑块相对木板滑行的总距离 Δx。

(7)板块达到共速后做什么运动？

(8)还可用什么方法求解该题？

(9)怎样只改变 M、m、μ_1、F 中一个物理量的数值，使撤力前板的速度总是块的速度的 3 倍？

(10)变式练习 1：在该题中，能使板块之间发生相对滑动的最小拉力 F 是多少？

变式练习 2：在该题中，若始终不撤力 F，且板长 $L=2$ m，板的上缘离桌面 0.45 m，求①板块刚分离时各自的速度大小是多少？滑块脱离后在空中向哪个方向做什么运动？②当滑块刚落到桌面上时，滑块与木板左端的水平距离是多少？

答案：(1)受力分析如图 2-9 所示。

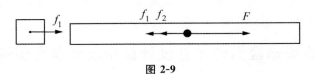

图 2-9

滑块的加速度 $a_m=2$ m/s^2，木板的加速度 $a_M=4$ m/s^2。

(2)木板和滑块均做初速度为 0 的匀加速直线运动，滑块的速度 $v_m=2$ m/s，木板的速度 $v_M=4$ m/s。

(3)草图如图 2-10 所示。$\Delta x_1=x_M-x_m=1$ m。

(4)略。(5)小滑块继续向右做匀加速直线运动，长木板做匀减速直线运动，$t'=0.2$ s。

(6)草图如图 2-11 所示。$\Delta x=1.2$ m。

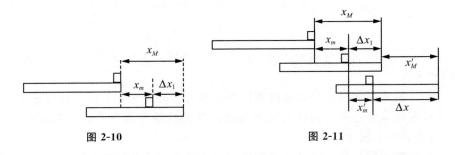

图 2-10 　　　　　　　　**图 2-11**

(7)向右做减速运动。(8)略。(9)若只改变 F，$F=14$ N；若只改变 μ_1，$\mu_1=\dfrac{1}{6}$；若只改变 m，$m=2.2$ kg；若只改变 M，$M=\dfrac{9}{13}$ kg。(10)略。

(一)题目设计说明

1. 设计意义

板块模型是一种复合运动模型，是由长度不可忽略的长板和可视为质点的滑块组合而成，板与块之间存在着相互作用力和相对运动。根据"物理观念"的水平描述，板块模型属于基于经典物理观念(运动观、相互作用观、能量观)涉及两个研究对象和多个因素的综合性力学问题，属于概念应用的高水平要求，是对力学规律的综合应用能力考查的重要载体，也是培养学生科学素养的非常好的问题情境。

2. 设计目标

培养学生分析物理情境、综合应用牛顿运动三大定律和动力学知识解决物理情境中涉及的综合力学问题的能力；培养学生在解题过程中归纳总结解题方法的能力。

通过创设情境，激发学生研究问题的兴趣；通过层层上升的问题设计，发展学生的思维；在解决问题的过程中引导学生注重受力分析和过程分析，通过规范的物理图示找到板块之间的关联，强调板块问题的解题思路。

3. 对象分析

本问题的设计对学生的要求是，学生在学习本节内容之前，具备比较系统的力学知识，掌握重力、弹力、摩擦力、匀变速直线运动的知识内容，比较熟练地掌握应用牛顿运动定律、动能定理和动量观点等处理力学问题的基本知识和方法。

4. 过程分析

这道题包含了高中物理相互作用力、直线运动、牛顿运动定律等力学重点知识。问题的设计循序渐进，符合学生认知发展的特点。这一典型例题的多角度、多层次的设问，可促使学生知识系统化、结构化，灵活把握解决此类问题的基本方法。

本题目的设计存在真实的物理情境，在题目呈现之前，可以通过演示实验向学生展示这一物理情境。将长木板和滑块静止放置在水平桌面上，先标注长木板和滑块的初始位置，用一水平向右的力快速拉动木板，再标注长木板和滑块停止的位置，引导学生观察并描述滑块的运动情况。这一情境创设帮助学生初步认识长木板和滑块的运动情况，认识到滑块的对地位移和滑块相对长木板的位移是不同的。

(1)~(4)四个小问题的设计，构建学生应用牛顿运动定律和动力学知识解决实际问题的发展过程，问题设计由简单到复杂，符合学生思维发展的进阶过程。(1)(2)两个问题的设计引导学生分别对长木板和滑块进行受力分析和运动状态分析，帮助学生领悟解决板块问题的基本方法，理解隔离法在解决板块问题中的应用，并为解决问题(3)打下基础。问题(3)要求学生通过画板块的运动简图，找到板块的对地位移和滑块相对长木板的位移，顺利建立三者之间的关系，正确解决问题。问题(4)引导学生反思解题过程，总结方法，提升认识。

(5)(6)(7)三个问题的设计是通过对同一物体不同运动阶段的分析，进一步落实解决板块问题的基本思路与方法，培养学生综合分析问题的能力。

问题(8)引导学生通过画 v-t 图像、应用动能定理等方法解决问题，一题多解，帮助学生建立物理知识之间的联系，培养学生思维的灵活性。

开放性问题(9)，培养学生研究问题的能力和发散思维能力，提高学生的学科素养。

问题(10)中的变式练习，可以帮助学生从多角度审视、解决板块问题。在教学中，教师要善于挖掘题目的潜在功能，恰当地对题目进行延伸、演变、拓展，使学生的思维处于积极的最佳状态，以适量的习题量达到最佳的训练效果。

5. 学习困难与障碍分析及教学策略

板块问题对于学生而言，运动过程较为复杂，是运动问题中的难点，也是学生的易错点。学生在应用牛顿运动定律解决板块问题的过程中，主要存在以下三个方面的问题。

一是参考系的选取出现混乱。由于板和块之间存在相对运动，问题中经常涉及板的位移(参考系为地面)、块的位移(参考系为地面)、块相对板的位移(参考系为板)，学生在解题过程中经常弄混块的位移和块相对板的位移两个概念。

二是不能对研究对象进行正确的受力分析。在板和块之间有相对运动时，应该用隔离法分别对板和块进行受力分析，学生在受力分析时没能盯住研究对象，丢力、添力的现象时有发生；还有的学生利用隔离法对板的受力分析正确，但在列牛顿第二定律的方程时写成了板和块的总质量。

三是面对复杂的运动过程，心中茫然，过程分析容易混淆，有时无从下手。

基于以上分析，板块模型题目的设计与教学要侧重以下两个方面。

一是创设问题情境，由浅入深搭建问题台阶，层层设疑，引导学生分析清楚板块之间的相互作用方式、作用过程，分析清楚板块各自的运动过程及其各自所遵循的运动规律，并能通过规范的物理图示找到板块之间的关联。

二是引导学生归纳解决板块问题的基本思路和方法。板块问题变化多端，但万变不离其宗，抓好解决板块问题的基本思路是解决问题的法宝。

（二）教学案例与评析

1. 教学案例

环节一：创设情境，引出研究的问题

教师：（演示1：如图2-8所示，将长木板和滑块静止放置在水平桌面上，用一水平力向右快速拉动木板）请同学们观察并描述长木板和滑块的运动情况。

学生1：长木板向右运动，滑块向左运动。

学生2：长木板向右运动，滑块也向右运动。

教师：大家观察到的结果并不一致，（追问）同学们在描述长木板和滑块的运动时选取的参考系是什么？

学生：地面。

教师：我们再来观察一次。（演示2：在向右拉动长木板前请学生1标注好长木板和滑块相对桌面的初始位置以及滑块相对长木板的初始位置，然后用水平向右的力快速拉动木板）请同学们观察并描述长木板的和滑块的运动情况。

学生1：长木板和滑块相对地面都向右运动，滑块相对长木板向左运动。

教师：回答得很好。在没有特殊说明的情况下，我们研究物体的运动时选取的参考系通常为地面。下一个问题，滑块为什么会向右运动？

学生3：向右拉动长木板，滑块相对长木板向左运动，所以长木板给滑块一个向右的摩擦力，使物块向右加速度运动。

教师：学习中我们把这种由长木板和滑块组成的模型称为板块模型。下面我们来共同分析这类问题。

环节二：完成问题设计的(1)～(4)，梳理解决板块问题的基本思路

教师活动：PPT展示题目及问题(1)(2)。

学生活动：完成问题(1)(2)。

学生4：展示解题过程。

师生共同讨论学生解题过程中出现的主要问题。

①有的同学缺乏良好的解题习惯，没有画受力分析图。

②部分同学研究对象不清楚，板块运动情况不同时，应用隔离法分别对滑块和长木板进行受力分析和运动分析。有的同学对长木板的受力分析正确，但

在用牛顿第二定律列方程时写成 $F-f_1-f_2=(M+m)a_M$，出现这种错误是因为学生分析问题时没有抓住研究对象。同学们在分析问题时一定要时刻想着研究对象是谁。

③一部分同学对滑块与长木板之间的滑动摩擦力 f_1 的方向判决错误。根据前面的演示，滑块相对长木板向左运动，滑块受到的摩擦力方向向右，滑块给长木板的摩擦力方向向左。

④个别同学计算长木板与地面之间的摩擦力 f_2 的大小时出现错误，$f_2=\mu_2 N_2$，N_2 为长木板对地面的压力，大小等于长木板和滑块的重力之和，有的同学认为 N_2 等于长木板的重力。

教师展示正确的解题过程。

(1)受力分析如图 2-12 所示。

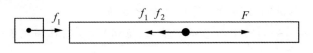

图 2-12

滑块与长木板之间的摩擦力 $f_1=\mu_1 mg=6$ N。

长木板与地面之间的摩擦力 $f_2=\mu_2(M+m)g=2$ N。

对滑块应用牛顿第二定律 $f_1=ma_m$，解得 $a_m=2$ m/s²。

对长木板应用牛顿第二定律 $F-f_1-f_2=Ma_M$，解得 $a_M=4$ m/s²。

(2)从开始运动到撤力 F 之前，长木板和滑块均做初速度为 0 的匀加速直线运动，撤力时滑块的速度为 $v_m=a_m t=2$ m/s。

长木板的速度为 $v_M=a_M t=4$ m/s。

教师：[PPT 展示问题(3)]请同学们继续完成问题(3)。

学生活动：完成问题(3)。

学生 5 展示解题过程，如图 2-13 所示。

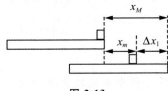

图 2-13

撤力时滑块的对地位移：$x_m=\dfrac{1}{2}a_m t^2=1$ m。

撤力时长木板的对地位移：$x_M = \frac{1}{2}a_M t^2 = 2$ m。

滑块相对长木板的位移：$\Delta x_1 = x_M - x_m = 1$ m。

教师点评学生解题过程中的问题：①画长木板和滑块位移草图时要符合实际情况，滑块可以视为质点，其对地位移向右，相对长木板的位移向左。个别同学把滑块相对长木板的位移向左画对了，但对地位移也向左画错了。②有的同学把 $x_m = \frac{1}{2}a_m t^2 = 1$ m 作为最终结果，它是不对的，没有分清小滑块的对地位移和小滑块相对长木板的位移。

教师：提出问题(4)，请同学们梳理刚才的解题过程，总结解决板块问题的基本思路和注意事项。

学生6：在长木板和滑块的运动情况不同时，首先要利用隔离法分别对板和块进行受力分析，分别对板和块应用牛顿第二定律求解加速度。

教师：还有补充吗？

学生7：在解题过程中要画出长木板和滑块运动过程的位移关系图，从而顺利找到二者之间的位移关系，还要分清对地位移和相对位移。

教师：同学们说得很好。我们在解决板块问题时，一要确定研究对象，画受力分析图；二要辨析板和块的运动过程；三要通过画板块运动过程中的情境图确定板和块之间的位移关系，最后列方程求解。

环节三：巩固解决板块问题的思路和方法，完成问题(5)~(7)

教师：下面请同学们用刚才总结的思路和方法，继续研究问题。［PPT展示问题(5)~(7)］

问题(5)：撤力后板块各做什么运动？求从撤力到板块相对静止所用的时间 t'。

问题(6)：画出从开始运动到板块相对静止时的位移关系草图，求滑块相对木板滑行的总距离 Δx。

学生活动：完成问题(5)(6)。

学生8展示解题过程：

(5)撤力后的受力分析如图2-14所示。

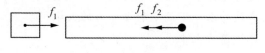

图 2-14

撤力后小滑块的加速度：$a_m = 2 \text{ m/s}^2$。

撤力后长木板的加速度：$(f_1 + f_2) = Ma'_M$。

解得 $a'_M = 8 \text{ m/s}^2$，方向向左。

撤力后小滑块继续向右做匀加速直线运动，长木板做匀减速直线运动，设经过时间 t' 板块共速，即板块相对静止，则有 $v_m + a_m t' = v_M - a'_M t'$，解得 $t' = 0.2 \text{ s}$，此时板块的共同速度为 $v = v_m + a_m t' = 2.4 \text{ m/s}$。

(6)画出板块位移关系的情景图(图 2-15)，$\Delta x = (x_M + x'_M) - (x_m + x'_m)$。

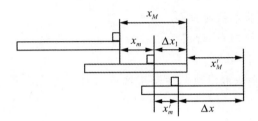

图 2-15

撤力后长木板的位移：$x'_M = v_M t' - \dfrac{1}{2} a'_M t'^2 = 0.64 \text{ m}$。

撤力后小滑块的位移：$x'_m = v_m t' + \dfrac{1}{2} a_m t'^2 = 0.44 \text{ m}$。

解得 $\Delta x = (x_M + x'_M) - (x_m + x'_m) = (2 + 0.64) \text{ m} - (1 + 0.44) \text{ m} = 1.2 \text{ m}$。

教师依据学生的解题情况进行点评。

教师：板块达到共速后做什么运动？

学生9：由于长木板和地面之间有摩擦力的作用，板块共速后一起向右做减速运动。

教师：在板块共同向右减速运动的过程中，板块之间有无摩擦力的作用？

学生10：没有。

学生11：有静摩擦力的作用。

教师：你认为板块之间有摩擦力的依据是什么？

学生11：板块共同向右做减速运动，具有向左的加速度，因此滑块会受到长木板给它的向左的摩擦力，提供它向左的加速度。

教师：下面大家试着求一下这个静摩擦力的大小。

学生活动：求静摩擦力大小。

解题过程展示：

如图 2-16 所示，根据整体法，设板块共同的加速度为 a，$f_2 = (M+m)a$，

解得 $a=0.5 \ \mathrm{m/s^2}$。

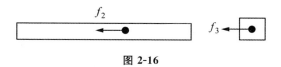

图 2-16

再用隔离法对滑块进行受力分析,设长木板与滑块之间的静摩擦力为 f_3,则

$$f_3=ma=1.5 \ \mathrm{N}。$$

教师:在板块相对运动的过程中,板块之间存在滑动摩擦力,需要用隔离法分别对板、块进行研究;当板块之间没有相对运动时,板块之间可能存在静摩擦力,是否存在需要根据板块的运动状态进行判断;当研究板块的整体运动情况时可以用整体法进行研究,要研究板块之间的静摩擦力则需要对板或块应用隔离法进行研究。

环节四:拓展应用,培养学生的发散思维能力和思维的灵活性

教师:在研究匀变速直线运动时,我们除了用公式描述其运动规律之外,也可以用 $v\text{-}t$ 图像描述其运动规律。根据上面的计算结果,同学们试着画出长木板和滑块从开始运动到共速过程中的 $v\text{-}t$ 图像。

学生活动:画 $v\text{-}t$ 图像,如图 2-17 所示。

教师:同学们还有其他方法求解整个运动过程中滑块相对长木板的位移吗?

学生 12:可以求三角形 OMm 的面积。

教师:很好,大家利用这个方法计算一下板相对块的总位移,看看与前面的求解结果一样吗?

学生:(计算)一样。

教师:很好。利用 $v\text{-}t$ 图像也是求解板块问题常用的一种直观的方法。

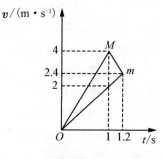

图 2-17

教师:PPT 展示问题(9)。怎样只改变 M、m、μ_1、F 中一个物理量的数值,使撤力前板的速度总是块的速度的 3 倍?

学生思考解决问题。

解题展示:

板块均做初速度为 0 的匀加速运动,运动时间相同,欲使撤力前板的速度总是块的速度的 3 倍,只需满足撤力前板的加速度始终为块的加速度的 3 倍即可。

$$a_M = \frac{F - \mu_1 mg - \mu_2(M+m)g}{M}, \quad a_m = \frac{\mu_1 mg}{m} = \mu_1 g。 \quad a_M = 3a_m，即$$

$$\frac{F - \mu_1 mg - \mu_2(M+m)g}{M} = 3\mu_1 g，解得 F = 0.5(M+m) + 10\mu_1(m+3M)。$$

若只改变 F，$F = 14$ N；若只改变 μ_1，$\mu_1 = \dfrac{1}{6}$；若只改变 m，$m = 2.2$ kg；

若只改变 M，$M = \dfrac{9}{13}$ kg。

教师：在解决这类开放性问题时，先利用字母列方程求解，得出字母满足的关系式；然后再假设一个为变量，把其余的不变量的数值代入关系式求解即可。

教师：我们通过对板块模型物理情境的层层深入研究，成功地解决了问题，归纳出解决板块问题的基本思路和方法。板块问题变化多端，但万变不离其宗，抓好解决板块问题的基本思路是解决问题的法宝。课后请同学们继续巩固这些思路和方法。(布置作业)请大家完成问题(10)中的变式练习 1 和变式练习 2。

2. 案例评析

板块模型是涉及两个研究对象和多个相关因素的综合力学问题，属于高水平的概念应用，是培养学生科学素养的重要载体。在教学中如何设计问题突破学生研究对象混乱、不能区分对地位移和相对位移、不能正确分析运动过程、解题思路不清等学习障碍是教师需要特别考虑的问题。

学习高度依赖于产生学习的情境。教师精心创设的情境可以将学生带入特定的感知活动中，激发学生学习的兴趣和学习动机。本节的设计以情境创设为切入点，通过演示实验让学生看到了板块之间有相对运动，并通过讨论让学生明确对地位移和相对位移的概念，为学生后续研究板块问题打下了良好的认知基础。

问题(1)~(7)的设计由简入难、由浅入深、层层递进，教师在引导学生解决问题的过程中以学生的活动为主，注重及时指出学生解题过程中出现的各种问题及其原因，注重学生解题规范(受力分析图、运动过程图)的指导，注重引导学生及时归纳和梳理解题思路和方法。这样处理有助于学生举一反三、融会贯通地解决这类问题。在教学中教师循序渐进地设计问题，有助于把教学目标真正落到实处。

问题(8)~(9)的设计侧重于培养学生的发散思维能力，做到一题多变，鼓励学生一题多解。这样处理有助于让学生养成勤于思考、善于提问的习惯，培养学生思维的灵活性，激发学生研究的欲望。

三、促进概念应用的题组设计说明与教学案例评析

案例2 动量定理的应用

例题1：用动量定理定性解释生活中的现象。

(1)如图2-18所示，两枚相同的鸡蛋从同一高度自由下落，第一次落在玻璃上，鸡蛋被打破；第二次落在沙子上，没有被打破。关于这一现象的原因，下列说法中正确的是(   )。

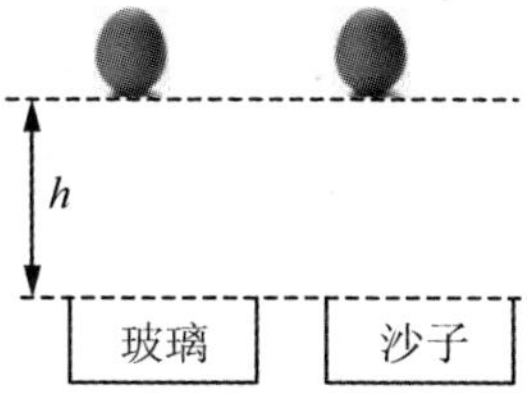

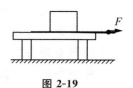

图 2-18

A. 鸡蛋和玻璃作用的过程中鸡蛋的初动量大，和沙子作用的过程中鸡蛋的初动量小

B. 鸡蛋和玻璃作用的过程中鸡蛋的动量变化较大，和沙子作用的过程中动量变化较小

C. 玻璃对鸡蛋的冲量较大，沙子对鸡蛋的冲量较小

D. 两次减速过程中鸡蛋的动量变化相同，但第一次鸡蛋与玻璃相互作用的时间短，因而受到的力大

(2)如图2-19所示，在自己的课桌上，把一张纸压在一本厚书的下面，用一水平力缓缓拉动这张纸，厚书跟着动；若快速拉动这张纸，纸被抽出，而厚书几乎不动。请做一做这个小实验并解释原因。

图 2-19

(3)生活中还有哪些现象应用了动量定理，请举例说明。

答案：(1)D。(2)(3)略。

例题2：动量定理的定量应用。

(1)一个质量为0.18 kg的垒球，以25 m/s的水平速度飞向球棒，被球棒打击后反向水平飞回，速度大小变为45 m/s，设球棒与垒球的作用时间为0.01 s。求球棒对垒球的平均作用力。

(2)质量为60 kg的建筑工人，不慎从高空跌下，由于弹性安全带的保护作用，最后使人悬挂在空中。已知弹性安全带缓冲时间为1.2 s，安全带伸直后长5 m。求安全带所受的平均冲力。

答案：(1)1260 N。(2)1100 N。

例题3：建立模型用动量定理解决实际生活中的问题。

(1)"鸟撞飞机"问题研究。

报道1：1962年一架"子爵号"客机，在美国的伊利奥特市上空与一只天鹅

相撞，客机坠毁，17 人丧生。

报道 2：1980 年，一架英国的鹞式战斗机在威夫士地区上空与一只秃鹰相撞，飞机坠毁，飞行员弹射逃生……

报道 3：2014 年，一架太原飞往厦门的飞机在高空疑遭遇鸟击，机头被撞凹受损，该航班安全降落在合肥新桥机场。该事件未造成人员伤亡，不过这架飞机头部的雷达罩受损需要更换。

按理说，体型小、质量轻的鸟类，与钢筋铁骨的飞机相撞应该是以卵击石的效果，那么小小飞鸟何以能撞毁飞机这样的庞然大物呢？试通过计算说明原因。

(2)(活动)高空摔鸡蛋比赛。

要求：用缓冲包装材料等制作一个装置，将一枚生鸡蛋置入其中后从同一高度自由落到水泥地面上，在保证鸡蛋不碎的前提下，设计装置质量最轻者为最优。

答案：略。

(一)题组设计说明

1. 设计意义

动量定理研究物体所受外力在时间上的累积效果，揭示了物体动量变化的规律，在概念形成的过程中它虽然是由牛顿第二定律推导出来的，但比牛顿第二定律有着更为广泛的应用。动量定理不仅适用于恒力作用的过程，也适用于变力作用的过程，为解决力学问题开辟了新的途径，尤其是在解决打击、碰撞和缓冲类问题上，是解决高中物理力学问题的重要方法之一。同时，动量定理的知识与人们的日常生活、生产和科技又有着密切的联系，为物理问题的设计提供了丰富的素材。"动量定理的应用"题组的设计，一要让学生领悟动量定理的原理及其在生活、生产中的应用；二要让学生掌握动量定理的适用条件和应用动量定理解决问题的基本思路；三要引导学生建立模型，应用动量定理解决稍复杂的实际问题，并进行创新设计，培养学生学科能力和科学素养。

2. 设计目标

能用动量定理分析和描述生活、生产中的现象。

通过典型例题的详细分析，深化对动量定理的理解，明确应用动量定理解决问题的基本思路的和注意事项。

掌握矢量方向的表示方法，会用代数方法研究一维的矢量问题。

培养实践能力和创新精神。

3. 对象分析

本题组的设计对学生的要求是学习了冲量、动量的概念，并已经应用牛顿第二定律导出动量定理的表达式，知道动量定理的内容。

4. 过程分析

本案例包括用动量定理定性解释生活中的现象、动量定理的定量应用、建立模型用动量定理解决实际生活中的问题，三个层层深入的题组设计，充分挖掘了生活中和动量定理有关的培养学生科学素养的丰富素材。问题设计注重考虑学生的思维发展过程及学习困难，循序渐进。

例题 1 的设计主要让学生了解动量定理在生活中的常见应用，让学生学习运用动量定理定性解释生活中的现象。

例题 1 的第 1 题主要用于帮助学生区分动量、动量的变化、冲量和动量的变化率（作用力）几个物理概念并建立它们之间的关系，让学生用这些内容分析生活中的现象，培养学生的分析表述能力。对于本问题，教师可以先利用演示实验给学生提供真实的物理情境。

第 2 题需学生亲自动手实验，观察解释现象，再次学习运用动量定理定性地解释生活中的现象。

第 3 题让学生充分思考、交流，举例说明生活中和动量定理有关的大量实际现象，感悟物理就在身边，并总结归纳出这些现象的共同原理：在实际生活中，有时需要通过延长作用时间来减小作用力，有时需要通过缩短作用时间来增大作用力。

例题 2 设计的主要目的是帮助学生在分析问题、求解问题的过程中厘清解题思路，学会应用定理解决问题的一般过程和方法。

例题 2 的第 1 题的设计主要落实一维矢量的运算方法：明确动量定理是个矢量式，应用动量定理解决问题要先规定正方向，然后确定各个矢量的正负。

第 2 题帮助学生理解动量定理的内容：物体在一个过程始末的动量的变化量等于它在这个过程中所受力的冲量。这里"所受力的冲量"应理解为物体所受合力的冲量。如果物体同时受到多个力的作用，合力的冲量等于各个力的冲量的矢量和。

例题 3 的设计以生活、生产为背景，要求学生设计模型、建立模型解决问题，使学生在应用物理知识解决问题的过程中，感受物理知识的力量，认识到物理学习的现实意义和价值。

例题 3 的第 1 题属于概念应用的高水平要求，需要学生依据所学的知识建立物理模型解决问题。模型提炼需要学生对生活常识有一定的认识，如飞机飞行的速度、鸟的质量、鸟的飞行速度等。在这个过程中，教师要依据学生的实际能力水平，确定引导程度。

第 2 题旨在引导学生应用物理知识创造性地解决实际问题，培养学生的创新意识与研究精神，让学生在动手实践中感受物理与科技、生活的密切关系，激发学生爱科技、学科技、用科技的热情。在教学实践中，教师可以指导学生用废弃的筷子、报纸、泡沫、塑料袋、纸盒等简易的材料，组装成三角形、正方形、球形等形状各异的保护鸡蛋的装置，体验科技的魅力。

5. 学习困难与障碍分析及教学策略

学生在应用动量定理解决问题的过程中可能遇到的困难和思维障碍主要有以下几点。

第一，动量定理的表达式为 $F\Delta t=\Delta P$ 或 $F=\dfrac{\Delta P}{\Delta t}$，在理解和应用动量定理时，学生不能正确区分动量 P、动量的变化 ΔP、动量的变化率 $\Delta P/\Delta t$ 等相似概念。

第二，学生没有掌握矢量方向的表示方法，不会正确应用一维矢量的运算方法，在应用定理定律解决问题的过程中不关注动量、冲量的方向，只关注其大小。

第三，学生分析解决以生活、生产为背景的实际问题时的表述能力、构建模型解决问题的能力比较弱，需要教师的引导。

基于以上分析，本节课采取的主要教学策略如下。

第一，通过演示实验、学生实验、视频、图片等手段，呈现给学生真实的学习情境，激发学生探究问题的愿望。

第二，通过师生讨论，引导学生准确描述观察到的现象及其现象背后的物理学原理。

第三，在解决例题 2 时，先让学生独立解决问题，然后展示学生的解题过程，抓住学生的典型错误进行讨论辨析，帮助学生理解一维矢量的运算法则和应用动量定理解决问题的基本步骤和注意事项。

第四，在解决例题 3 的第 1 题时，首先通过时事新闻呈现给学生真实的生活情境，然后发挥教师的引导作用，通过问题引导学生逐步构建物理模型来解决问题。

（二）教学案例与评析

1. 教学案例

环节一：用动量定理定性解释生活中的现象

教师：应用动量定理可以解释生活中的很多现象。请大家仔细观察下面这个实验。这里有两个玻璃缸，一个里面装有沙子，另一个是空的，在空的玻璃缸底下垫上书，使其底面与沙面在同一高度上。现在我让两枚相同的鸡蛋同时从同一高度自由下落，一枚鸡蛋落在玻璃缸底面上，另一枚鸡蛋落在沙面上。请大家仔细观察。（教师演示）

学生：落在玻璃面上的鸡蛋破了，落在沙面上的鸡蛋没有破。

教师：请大家思考这是为什么呢？（PPT展示例题1的第1题）

学生1：我选B，玻璃比较硬，所以给鸡蛋的作用力大，根据 $F\Delta t = \Delta P$，因为 F 大，所以 ΔP 大，鸡蛋容易碎。

学生2：他的观点不对，题目中没有说作用时间相同。我选D，落在玻璃面上的鸡蛋破了是因为受到了更大的作用力。

教师：我们来共同分析一下。第一个问题，鸡蛋与玻璃作用过程中的初动量大还是鸡蛋与沙子作用过程中的初动量大？

学生思考、讨论。

学生1：一样大，两枚鸡蛋从同一高度下落，根据自由落体运动的规律 $v = \sqrt{2gh}$，下落的高度 h 相同，落地时的速度也相同，所以初动量相同。

教师：第二个问题，鸡蛋与玻璃作用过程和鸡蛋与沙子作用过程哪个过程鸡蛋的末动量大？

学生1：一样大，它们的末速度都是零。

教师：第三个问题，鸡蛋与玻璃作用过程和鸡蛋与沙子作用过程哪个过程的动量变化大？

学生1：一样大，因为它们的初末动量都相同。

教师：那么，为什么落在玻璃上的鸡蛋破了，落在沙子上的鸡蛋没有破？大家想一想，跳远时跳到沙坑里而不是硬地上是不是同样的道理？

学生2：根据 $F = \dfrac{\Delta P}{\Delta t}$，$\Delta P$ 相同，沙子延长了鸡蛋减速过程的作用时间，所以鸡蛋与沙子作用过程中受到的力小，不容易破。

教师：解释得很好，在实际生活中有时需要延长作用时间来减小力的作用。下面我们再来看一个例子。（PPT展示例题1的第2题）请同学们在自己的课桌上，把一张纸压在一本厚书的下面，用一水平力分别缓缓拉动这张纸和快速拉动这张纸，观察书的运动有什么不同。

学生（操作并回答）：缓慢拉动纸时厚书跟着动；若快速拉动纸，纸会从厚书下面抽出，而厚书几乎不动。

教师：请解释原因。

学生 3：缓慢拉动纸时书受到的摩擦力大，快速拉动纸时书受到的摩擦力小。

学生 4：不对。缓慢拉动时，书跟着动，受到的是静摩擦力；快速拉动时，书受到的是滑动摩擦力，静摩擦力不一定比滑动摩擦力大。

教师：没有特殊说明，可以认为最大静摩擦力等于滑动摩擦力。

学生 5：缓慢拉动时，书与纸之间的作用时间长，根据 $f\Delta t = \Delta P$，书的动量变化大，所以书跟着动；快速拉动时，书与纸之间的作用时间很短，ΔP 很小，所以看上去书几乎不动。

教师：说得很好。生活中还有哪些现象应用了动量定理，请举例说明。

学生举例。

教师：（PPT 展示）用锤子钉钉子、安全绳、安全帽、泡沫塑料包装等。

环节二：动量定理的定量应用，梳理应用动量定理解决问题的基本思路和注意事项

教师：（PPT 展示例题 2 的第 1 题）球棒对垒球的作用力是变力，力的作用时间短，在作用时间内力先增大后又减小到 0。这是冲击、碰撞类问题的共同特点。动量定理可以解决这类变力问题，F 可理解为变力在作用时间内的平均值。请大家应用动量定理解决这个问题。

学生 6 展示解题过程。

垒球的初动量为 $P_1 = mv_1 = 0.18 \text{ kg} \times 25 \text{ m/s} = 4.5 \text{ kg} \cdot \text{m/s}$。

垒球的末动量为 $P_2 = mv_2 = 0.18 \text{ kg} \times 45 \text{ m/s} = 8.1 \text{ kg} \cdot \text{m/s}$。

球棒对垒球的作用力 $F = \dfrac{P_2 - P_1}{\Delta t} = 360 \text{ N}$。

教师：有没有同学有不同意见？

学生 7：动量是矢量，要考虑方向，末动量与初动量的方向不一样，不能直接加减。

教师：说得很好。在利用动量定理解决问题时，首先要规定正方向，判断物体初末动量的方向，再列方程求解。（教师示范解题过程）

选取垒球飞向球棒时速度的方向为正方向，则 $v_1 = 25 \text{ m/s}$，$v_2 = -45 \text{ m/s}$。

$P_1 = mv_1 = 0.18 \text{ kg} \times 25 \text{ m/s} = 4.5 \text{ kg} \cdot \text{m/s}$。

$P_2 = mv_2 = 0.18 \text{ kg} \times (-45) \text{m/s} = -8.1 \text{ kg} \cdot \text{m/s}$。

$F = \dfrac{P_2 - P_1}{\Delta t} = -1260 \text{ N}$，负号表示力的方向与所选定的正方向相反。

教师：（PPT 展示例题 2 的第 2 题）我们再来解决一个问题，解题过程中要注意先规定正方向。

学生完成问题。

学生 8 展示解题过程。

选取竖直向下为正方向，以建筑工人为研究对象，安全带刚伸直时工人的速度为 $v_1=\sqrt{2gh}=10\ \mathrm{m/s}$，末速度为 $v_2=0$，根据动量定理，$-Ft=mv_2-mv_1\Rightarrow F=500\ \mathrm{N}$。

教师：人的重力为 600 N，安全带的平均作用力只有 500 N，学生 8 的解题过程中有没有什么问题？

学生 9：丢了重力。

教师：对。动量定理的表达式 $Ft=mv_2-mv_1$，其中 F 为研究对象受到的合力。我们在解决力学问题时一定要对研究对象进行受力分析，防止漏力、添力的错误发生。（请学生 9 展示解题过程）

图 2-20

建筑工人的受力分析如图 2-20 所示。

动量定理的方程为：$(mg-F)t=mv_2-mv_1$。

解得 $F=1100\ \mathrm{N}$。

教师：请对上面两个问题的解题过程进行梳理和反思，归纳应用动量定理解决问题的基本步骤。

学生讨论交流。

教师总结：应用动量定理解决问题的一般步骤如下。

第一，明确研究对象和研究过程。

第二，进行受力分析，确定各个力的作用时间。

第三，明确研究对象的初末状态及相应的动量。

第四，规定正方向，确定每个力的冲量以及初、末动量的正负。

第五，根据动量定理列式求解。

环节三：构建模型用动量定理解决实际生活中的问题

教师：同学们听说过鸟撞飞机的事吗？（PPT 展示例题 3 的第 1 题）小小飞鸟何以能撞毁飞机这样的庞然大物？

教师引导学生依据生活常识进行模型提炼并解决问题。

飞机飞行的速度约为 200 m/s，鸟的质量约为 0.5 kg，鸟的飞翔速度相对飞机飞行的速度可忽略不计，鸟身长约为 20 cm，相撞后鸟成薄饼状贴在飞机上。试估算鸟对飞机的撞击力的大小。（答案为 1×10^5 N，相当于 10 吨的质量）

教师：动量定理的知识与日常生活、生产和科技有着密切的联系，最后给大家留一个富有挑战性的作业。（PPT 展示例题 3 的第 2 题，高空摔鸡蛋比赛）

2. 案例评析

本案例的课堂教学实施始终坚持以学生的学习活动为主，一方面注重基础知识、基本方法的落实，另一方面贴近学生的实际生活，让学生在解决问题的过程中深刻感悟到物理在生活、生产中的作用，增强了学生应用物理知识解决实际问题的意识和能力。

例题1中对实际情境的观察和实际动手操作，能帮助学生获得直观体验，建立理论和实际的联系。三个问题的设计具有层次性。第1题以选择题的形式出现，可以帮助学生区分动量、动量的变化、冲量和动量的变化率（作用力）之间的关系，明确延缓作用时间可以减小作用力；第2题的动手实验激发了学生探究的兴趣，思考题的形式促使学生在概念应用的过程中培养分析问题的能力和表达能力；第3题具有开放性，帮助学生了解动量定理在生活和生产实践中的广泛应用。学生通过合作交流，分析解决这三个问题，效果非常好。

例题2的教学中先让学生在解题过程中暴露自己的错误观点和解题方法；然后抓住学生的典型问题进行错误辨析，展示正确规范的解题过程；最后引导学生反思解题过程，总结应用动量定理解决问题的基本步骤。这样处理有助于让学生充分认识到自己的错误，突破学生的认知障碍和思维障碍，并加深学生对动量定理的理解。

例题3的设计属于概念应用的最高水平。在学生领会应用动量定理解决问题的基本方法后，将动量定理的应用提高到一个新的水平。本例题需要学生依据实际生活情境建立物理模型解决问题，旨在让学生感悟物理学的魅力，提升学生解决实际问题的能力，发展学生科学素养。本节课例题3第1题的教学氛围不够开放，教师引导的较多。

参考文献

［1］阎金铎，郭玉英. 中学物理新课程教学概论［M］. 北京：北京师范大学出版社，2008.

［2］李天华，陈雪星. 物理课程理论与实践研究［M］. 北京：中国水利水电出版社，2015.

［3］余燕红. 撷谈物理概念教学的有效策略［J］. 中学课程辅导，2014(6).

［4］邓丽平，郭晨跃，王永辉. 关注物理概念进阶 发展学生核心素养——以北师大版初中物理教材为例［J］. 基础教育课程，2015(14).

［5］蔡铁权，梅尹. 模型、建模与物理教学［J］. 物理教学，2013(8).

［6］姜明姬．关于二轮复习中物理模型教学的几点思考［J］．物理教学探讨，2013(7)．

　　［7］邢红军．物理教学论［M］．北京：北京大学出版社，2015．

　　［8］李荣党．高中物理概念教学方法策略与案例研究［M］．广州：广东高等教育出版社，2016．

第三章 促进科学思维能力发展的物理练习与复习教学

物理练习与复习教学在促进学生物理概念理解与应用的过程中，不仅促进了学生物理观念的形成与发展，更重要的是促进了学生科学思维的发展。科学思维是学生终身学习的基础，也是应对未来未知生活、工作的关键素养。本章首先对科学思维进行概述，包括科学思维的概念界定与特点、科学思维的发展阶段与影响因素、科学思维的障碍分类等方面的内容；然后结合教学案例分别从练习与复习教学如何促进学生模型建构、科学推理、科学论证、质疑创新等科学思维要素的发展展开讨论。

第一节 科学思维能力发展概述

一、科学思维

（一）概念界定

科学思维是从物理学视角对客观事物的本质属性、内在规律及相互关系的认识方式。科学思维主要包括模型建构、科学推理、科学论证、质疑创新等要素。其中，模型建构是指基于经验事实建构理想模型的抽象概括的思维过程。科学推理是指科学研究中常用的分析综合、推理论证等思维方法。科学论证是指基于事实证据和科学推理对不同观点和结论提出质疑、批判、检验和修正的讨论问题的思维方式。质疑创新是指勇于提出创造性见解的思维品质和能力品质。

（二）科学思维的特点

1. 科学思维尊重事实，重视观察和实验

物理是以观察和实验为基础的科学，尊重事实是科学思维最明显的特点。科学思维基于观察和实验：伽利略认真观察教堂里吊灯的晃动，在此基础上归纳、总结，发现了钟摆的等时性；在第谷一生积累下来的对行星运动的观测数据的基础上，开普勒分析、总结得出了开普勒三定律。脱离了观察和实验，单纯的逻辑思维不是科学思维的特性。在物理教学中，科学思维也是建立在观察

和实验的基础上的，演示实验、学生实验是物理教学必不可少的组成部分。在教学中，学生通过科学思维进行归纳、概括、总结都间接或直接地起源于生活中的观察、体验或课堂上的实验，不会凭空进行讨论和想象。

2. 科学思维追求理论和事实的一致

科学哲学家库恩提出了科学理论的发展模式：理论正常阶段—理论危机阶段—理论革命阶段—新理论建立。在理论正常阶段，理论被大多数人接受。然而，在一系列事实经验与理论不融洽时，理论面临危机。在理论危机阶段，理论支持者千方百计要解释这种不融洽，以保证理论在逻辑上能够自圆其说。理论的批判者则寻找新理论以取代旧理论。物理学就是在追求理论和事实的一致性的过程中不断前进发展的。以对光的本性认识的发展为例，在很长一段时间内，光的微粒说占主导地位，因为微粒说很容易解释光的直线传播和反射现象。但微粒说在解释一束光射到两种介质分界面处会同时发生反射和折射，解释两束光交叉相遇后彼此毫不妨碍地继续向前传播，解释光的干涉、衍射现象时遇到困难，出现了理论和事实的不一致。因此，波动说逐渐得到人们的认可。随着实验技术的发展，人们发现了光电效应，波动说由于不能解释光电效应的现象，又出现了理论和事实的不一致，于是科学家又提出了光子说。随着新的实验事实不断被发现，人们也离光的本性越来越近，最终在大量实验的基础上，人们认识到光既有波的特性也有粒子的特性（光具有波粒二象性），实现了理论与事实、理论内部逻辑上的统一。

3. 科学思维追求精确和严谨

物理学是一门定量科学。物理概念不仅追求反映出事物的本质属性，还追求能够量化。例如，通过定义密度的概念反映物质的一种属性，物理学不停留在定性的描述，而是用物体的质量和其体积的比值这样一个物理量来定义密度，这样就使得密度可以使用实验仪器来测量，可以定量计算。这体现出了物理概念的精确性，也反映出物理思维的精确性。又如，在一定条件下物理规律一般能用物理量之间的函数关系表达出来。牛顿第二定律定量地描述出力、质量和加速度之间的联系，物体受外力作用时，物体所获得的加速度的大小与合外力的大小成正比，并与物体的质量成反比，加速度的方向与合外力的方向相同，表达式为 $F = ma$。在追求精确、定量的同时，科学思维又是严谨的。例如，人们认识到物理量的测量不可能是完全精确的，不可避免地要产生误差，在物理实验中我们不是忽视误差，而是要知道测量的误差范围。承认误差，不是说物理学就不精确了，反而会使物理理论更加严密、更加准确。

4. 科学思维既严谨又具灵活性

科学思维具有严谨性，但不是教条、刻板，还有灵活、富有创造性的一面。在物理学研究中，人们常常灵活、富有洞察力地抓住自然现象、过程的主要方面和本质因素，摒弃非主要和非本质的因素，将复杂的实际现象或过程转变为理想化模型，再通过模型进行深入、具体的研究。例如，质点就是一种理想模型，当研究自转的问题时地球不能视为质点，但在研究地球绕太阳公转时又可以将其视为质点，而不是死板地认为巨大的物体一定不能视为质点。在物理教学中，鼓励课堂教学联系社会、生活实际，这就要求一定要培养学生灵活的物理思维。在应用物理知识解决生活中的实际问题时，要能够抓住主要因素、忽略次要因素，对生活中的现象或过程建立物理模型，再运用物理知识解决问题。

5. 科学思维具有批判性和创新性

科学思维重视任何结论都要经过实验或实践的检验。如果有实验结果与逻辑推理的结论或现有理论不符，就可能要修正甚至推翻该结论或理论。没有实验的验证，科学思维的结果只是一种假设而已，不能认为是正确的结论。思维的正确性要接受实验的验证，这是科学思维的批判性的重要体现。以事实为第一标准，决定了科学思维不是盲从的思维，也充分体现了科学思维中蕴藏的科学精神——求真、勇于质疑、追求创新。

（三）科学思维能力的发展

1. 皮亚杰的认知发展阶段理论

科学思维能力的发展建立在人的一般认知能力发展的基础之上。皮亚杰的认知发展阶段理论对人的一般认知能力的发展阶段给出了描述。皮亚杰把人的认知发展分为四个阶段：感知运动阶段、前运算阶段、具体运算阶段和形式运算阶段。

感知运动阶段（0～2岁）的儿童可以协调感知输入和动作反应，从而依靠动作去适应环境。通过这一阶段，儿童从一个仅仅具有反射行为的个体逐渐发展成为对其日常生活环境有初步了解的问题解决者。

前运算阶段（2～7岁）的儿童将感知动作内化为表象，建立了符号功能，可凭借心理符号进行思维，从而使思维有了质的飞跃。其主要特点：一是泛灵论；二是自我中心主义；三是不能理顺整体和部分的关系；四是思维具有不可逆性；五是缺乏守恒的观念。

具体运算阶段（7～12岁）的儿童的认知结构由前运算阶段的表象图式演化为运算图式。具体运算思维的特点：一是具有守恒性；二是去自我中心性和可逆性。皮亚杰认为，该阶段儿童的心理操作着眼于抽象概念，属于运算性（逻辑性）的，但思维活动需要具体内容的支持。

形式运算阶段(12岁以后)的儿童思维发展到抽象逻辑推理水平。思维特点如下：一是思维形式能够摆脱思维内容。该阶段的儿童能够摆脱现实的影响，关注假设的命题，可以对假设命题做出逻辑的和富有创造性的反映。二是能进行假设—演绎推理。假设—演绎推理是先提出各种解决问题的可能性，再系统地评价和判断正确答案的推理方式。假设—演绎的方法分为两步：首先提出假设，提出各种可能性；然后进行演绎，寻求可能性中的现实性，寻找正确答案。科学思维能力是建立在儿童的认知发展到形式运算阶段的基础之上的，这也是在初中阶段开设物理课的原因之一。

2. 科学思维能力的发展

关于科学思维能力的发展，一些研究从不同的侧面揭示了中学生部分思维能力的发展。一是从初中开始，学生能进行假设—演绎推理，能够撇开具体物体，运用抽象的概念，按照提出问题、明确问题、提出假设、检验假设的途径去解决问题，思维具有了明确的目的和方向。二是中学阶段的学生，思维有了预见性，他们能在进行复杂的探究活动前，事先设计计划、实施步骤、方式方法、策略等，从而使他们的探究更有目的性，不是无目的的试误，而是有明确的目标。三是中学生思维的自我反思和监控能力明显增强。自我反思和监控能力是思维水平有效提升的重要条件。从中学开始，反思、监控的思维特点越来越明显。一般情况下，中学生能够意识到自己思维活动的过程并且有意调整方向，使思路更加清晰，判断越发正确。四是中学生的创造性思维迅速发展。由于中学生发展了能进行假设的、形式逻辑的、反省的抽象思维，思维的创造性能够获得迅速发展，这是中学阶段学生思维的一个重要特点。五是中学阶段是抽象思维发展的关键期。从初中到高中，抽象思维逐渐占据主导地位。可以将抽象思维分为两种水平：一种需要具体经验的支持，属于经验型的抽象思维；另一种则从具体上升到理论，又能用理论去获得具体知识，也就是说，既包括从特殊到一般的归纳过程，又包括从一般到特殊的演绎过程，这属于理论型的抽象思维。一般情况下，初中生多见经验型，高中生多见理论型，初中二年级是由经验型向理论型转变的关键期，高中二年级是抽象思维的成熟期。六是中学生的辩证思维能力迅速发展。初一学生已开始掌握辩证逻辑思维的各种形式，初三学生处于迅速发展阶段，高二学生已占优势。七是中学生思维的结构逐渐完善。中学生思维结构中的各成分逐渐形成，内部关系更加协调，产生了分析与综合、抽象与概括、归纳与演绎、形式逻辑与辩证逻辑的思维能力。①

---

①　周涯. 高中学生物理思维能力培养研究[D]. 贵阳：贵州师范大学，2006.

二、影响科学思维能力发展的因素

(一)抽象与概括思维

抽象是指提取事物的本质属性，去除非本质属性的思维过程。物理抽象思维能力主要表现在建立物理模型、得出物理概念和从实际问题中抽象出物理模型的能力。概括是指在思想上把从某类个别对象中提取出来的属性推广到该类的一切对象，从而形成关于这类对象普遍性认识的思维过程。物理概括思维能力主要表现在将类似的物理现象或过程概括为普遍结论的能力、迁移能力等，物理概念和物理规律的建立过程一般要用到物理概括思维。

(二)判断与推理思维

判断是指断定某事物是否具有某种属性的思维过程。中学生的物理判断思维能力主要是根据物理知识对观点的正确与否做出判断。推理是指由已知的前提，根据科学理论展开逻辑推演并得出新结论的思维过程。在中学物理学习中，推理思维无处不在。学生学习物理概念、规律，运用物理知识解决问题、设计实验，都离不开推理思维的运用。学生在解决物理问题时出现错误，往往是在推理思维的过程中出了问题，或者是前提不正确，或者是推理过程不符合逻辑。提高学生的推理能力，成为影响学生科学思维能力发展的重要因素。

(三)分析与综合思维

分析是指通过思维把复杂、综合的事物分解为部分主要方面，并对各个方面进行深入的分析处理的思维过程。综合是指通过思维把事物的各部分联系起来进行整体的思考，找出整体的特征或规律的思维过程。分析与综合两种思维方式经常一起使用，以达到对事物的深刻理解。中学物理学习中的分析综合思维主要有两个方面：一是能够对要解决的问题进行具体分析，明确其中的物理状态、物理过程和物理情境，找出其中起关键作用的重要因素及前提条件，找出物理状态与物理过程之间的联系；二是能够把复杂、综合的问题分解为若干个较简单的小问题，逐个击破，再综合起来解决问题。

(四)比较与鉴别思维

比较是指把两种事物或过程进行对比，找出二者之间的相同点与不同点。鉴别是指在比较的基础上，发现不同事物或过程的不同特点，能够指出差异并加以区别。在物理学习中，基于物理理论、知识的比较与鉴别能力是一种基本的物理思维能力。运用这种思维，学生可比较物理概念的异同，比较物理规律的适用条件，比较物理模型的差异和使用条件，比较物理现象的不同，比较物理过程的特征等。通过比较和鉴别，学生能加深对物理学科知识的理解。

（五）直觉与想象思维

直觉是指没有经过充分的逻辑推理，而依靠感性形成的认识。想象是指人对头脑中已有的表象进行加工改造，创造出新形象的心理过程。直觉与想象都是对客观现实的一种反映，虽然它们都不属于严格意义上的逻辑思维，但在物理学习和研究中往往是十分宝贵的。因为物理思维在严谨的基础上，具有灵活性，重视创造创新。科学史上的一些重大科学发现，都是和直觉思维与想象能力分不开的。例如，库仑定律就是在类比万有引力定律的基础上，凭直觉猜想得出的。法拉第提出场的概念和用场线描述场，都体现出他丰富的想象力。由此可以看出，直觉与想象思维是物理思维能力的重要方面。在教学中，有时学生给出的看似不太符合逻辑的说法和结论，教师不宜简单、粗暴地予以否定，而应鼓励学生发展直觉与想象思维。

（六）运用数学解决物理问题的思维

物理思维与数学思维有很大不同，它们最大的不同在于数学是纯逻辑思维，而物理是建立在自然事实基础之上的逻辑思维。虽然不同，数学思维在物理学研究中有着极其重要的地位，运用数学解决物理问题的思维能力是物理思维能力的重要方面。运用数学解决物理问题的思维主要体现在以下方面：一是能够根据实际的物理问题情境，运用物理和数学知识，确定物理量之间的关系，展开推理、计算和论证，根据事实和严密的数学逻辑推演过程得出结论。二是会运用数学图像描绘、分析物理过程，以更直观、清晰的形式展示物理规律，显示物理过程中的规律和本质。三是综合利用物理和数学知识，对生活中的实际现象或过程建立物理模型，并运用数学和物理思维解决问题。

三、科学思维能力发展的障碍及教学策略

（一）科学思维能力发展的障碍

一是学生缺乏知识得出过程的经历。在大量的教学中，教师常常重视知识的掌握和落实，而轻视甚至忽视让学生经历知识得出的过程。培养学生的物理思维能力，必须让学生在思维实践中思考、领悟、锻炼提升。在教学中，教师把知识的掌握和落实效率放在第一位，把知识"掰开了、揉碎了"喂到学生口中，这大大削减了学生自身的"消化能力"，长此以往，学生难以发展物理思维能力。

二是缺乏宽容、欣赏的课堂氛围。在课堂教学中，常常有一些思维活跃的

学生，他们对课本知识勇于质疑，有时提出一些看似荒谬可笑的问题。这些问题虽然从知识的角度看不可理解，但是从思维的角度看反映出了学生独立的思考。这样善于思考的学生，受到的可能不是尊重和赞赏，而是同学的嘲笑和教师的批评，这使得他们独立思考的能力和态度逐渐被压制。

三是教学不符合学生思维发展的一般心理规律。培养学生物理思维能力，应根据学生一般思维能力的发展规律，在不同时期采取不同的教学方式，不可揠苗助长。有的教师不知道学生的思维发展规律，在初中对学生开展抽象思维能力的高要求训练，直接将抽象的概念、定理讲给学生，让学生进行抽象的理论思考，这不符合初中学生思维的特点。结果初中学生不感兴趣，教学达不到效果，反而让学生产生了畏难情绪，为日后的物理教学埋下了隐患。

（二）教学策略

1. 重视知识的得出过程

对学生在学习过程中遇到的问题，教师不要直接指导、给出正确的正面回答，而应该引导学生自己思考，鼓励学生自主解决问题，经历知识得出的过程。当学生遇到的困难较大时，教师可以给予必要的指导和帮助，但不能代劳，必须让学生自己尝试一遍，获得切身体验。这样既可锻炼学生的物理思维能力，又可培养他们勇于挑战、不怕困难、积极自主的情感态度。只有重视学生学习的主体地位、重视知识的得出过程，才能充分发挥学生思维的创造性，逐步培养学生的物理思维能力。

2. 营造宽松和谐的课堂氛围

教师在教学中，要营造宽松和谐的课堂氛围。教师应关注学生的思考和观点，关注学生逐渐进步的过程，善于与学生沟通、对话，赞赏学生的独立思维和进步，而不应只关注答案的对错。为了鼓励学生积极运用科学思维展开思考，对于学生的不严谨或者看起来幼稚的回答，教师不能简单否定，而应看到学生独立思考的可贵，找出其合理的成分并加以引导，同时也应引导学生以欣赏的眼光看待同学的思考。在课堂教学中，教师要营造尊重独立思考、尊重有创新的思维、尊重基于证据的批判的氛围，引导学生形成使用证据和逻辑说明自己观点的思维习惯，不以权威或课本上的观点打压学生的思考，改变学生不会倾听他人观点、嘲笑他人等的不良习惯。当学生对教师的讲解有不同看法时，教师不应压制，要鼓励他们基于证据和逻辑说出自己的思维过程，对于具有创造性的合理见解，要给予表扬和激励，从而鼓励学生进行积极独立地思考，鼓励学生勇于发表自己的见解，让学生在独立思考的过程中不断提高科学思维能力。

3. 依据思维发展规律培养学生的思维能力

科学思维能力的培养是建立在人的一般认知发展规律的基础之上的。根据发展心理学的研究，小学生的思维主要处于具体运算阶段，他们多运用形象思维，抽象思维能力较弱，对抽象的理论难以理解。初中学生处于从具体形象思维为主向抽象思维为主的过渡阶段。初中学生的抽象思维能力将有极大的发展，但仍然需要具体的感性经验作为支持，对抽象程度高的内容兴趣不足。高中学生则开始进入以抽象逻辑思维为主的阶段。

初中是国家课程开设物理学科课程的初始阶段，这与初中学生开始从具体形象思维向抽象思维过渡的特点是密切相关的。根据认知发展的规律，初中阶段的物理教学既要培养学生的形象思维能力，又要培养其抽象思维能力，且重点应放在由形象思维向抽象思维的过渡上。教师可以通过列举生活实例、加强实验教学、制作模型教具等方法帮助学生掌握抽象的概念，在大量直观、形象的事实或实物的基础上，引导学生通过物理思维总结出结论，在此过程中不断地提升学生的思维能力。通过这样的过程并不断积累，当学生对抽象思维经历多了并达到熟悉的程度，其科学思维能力自然而然会由量变到质变，实现由形象思维向抽象思维的过渡。到了高中阶段，学生更加擅长抽象的理论学习和推理。在教学时，教师可以将重点逐步转向抽象思维能力的培养，在理论推演、物理模型建构、应用数学知识解决物理问题等方面对学生提出更高的要求。

科学思维能力的培养是一项长期、复杂的工作，需要在整个中学阶段的物理教学中加以重视并进行系统设计。教师在教学中应做出示范，在语言上体现科学思维的特点，基于证据和逻辑阐述观点；要带领学生运用科学思维从经验和事实中得出物理知识；要鼓励学生自主思维，营造有利于学生思维发展的环境。在符合学生认知规律的基础上，有意识地从中学就注意培养和训练学生对物理问题进行深入思考的习惯和正确的思维方法，通过物理教学不断提升学生的思维水平。

第二节　促进建模能力发展的练习与复习教学

一、促进建模能力发展的问题设计原则

钱学森给模型下了这样的定义："模型就是通过对问题形象的分析，利用我们考虑得来的原理吸收一切主要的因素，略去一切不主要的因素，创造出来的一幅图画……"韦斯科夫（Weisskopf）说："什么叫模型，模型就是奥地利的

火车时刻表。奥地利的火车经常晚点，乘客问列车员：'你们为什么还要时刻表?'列车员回答：'有了时刻表你才知道火车的晚点呀!'"

物理学是一门研究物质最普遍、最基本的运动形式的自然科学。所有的自然现象都是相互联系、相互影响的，并且这些联系和影响使得物质的运动规律往往变得非常复杂。为了更加方便地研究问题，抓住物理问题的本质，物理学上常常采用理想化的方法，对实际问题进行抽象处理，构建出理想化的物理模型，这种方法我们称为物理模型法。

美国建模教学已经有近 40 年的历史，吸引了大批物理教师投身到建模教学实践中去，并形成了建模理论、建模教学模式，建模教学实验也因此被誉为美国最成功的教学改革之一。不仅在美国，建模教学在世界各地都受到了前所未有的重视。澳大利亚 2013 年颁布的《高中科学课程标准》中，更是将"模型"与"概念"和"理论"并称，给予了充分的重视。比较而言，我国的建模教学研究远远不够，且缺乏实证性研究，更缺乏与教学的结合。

在促进建模能力发展的练习与复习教学中，让学生应用模型于新情境中，解释或预测新现象，是提高学生物理建模能力的重要实践环节。

任何一个实际物理问题的发生都是客观物质在时空中从某一状态出发，在外界作用下，遵守客观规律法则，经历一个或多个过程到达时空的另一个状态。因此，对象、状态、作用、过程是构成物理问题的基本要素。物理问题解决的过程有这样几个特点：其一，构建对象模型时，尤其对联系生产、科研和生活实际的一些物理问题构建模型时，要求学生能具体问题具体分析。其二，由于研究对象与外界物质存在复杂的相互作用，尤其是弹力和摩擦力是被动力，这就要求学生能根据研究对象所处的环境和运动状态综合分析，构建作用模型。其三，相互作用突变会导致物理状态突变，学生常常对临界状态、隐含状态束手无策，这就要求学生能机智、灵活、科学地构建状态模型。其四，研究对象经历的物理过程复杂多样，并列过程、循环过程、交错过程等，这就要求学生能分解复杂的物理过程，具体问题具体分析，构建过程模型。其五，物理过程多，导致物理关系复杂，需要学生使用较多的物理关系式，这就要求学生对物理规律有系统的认识，并具有较强的应用数学处理物理问题的能力。

解题的过程，实际上是把具体情境中的有关信息与我们头脑中已有的知识、方法相互作用的过程。虽然物理问题的形式多种多样，内容也千变万化，但从总体上来看，根据我们的思维特点，解答物理问题还是有一个基本程序的，如图 3-1 所示。

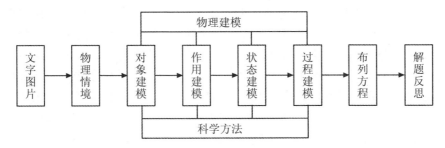

图 3-1

从文字图片到物理情境：逐字逐句，仔细审题。在充分读懂、理解题目文字叙述的基础上，抓住已给的解题信息，形成具体问题情境的大致物理轮廓，并且对解题的方向做出初步判断。理解题意是正确解答物理问题的关键。要迅速地理解题意，必须抓住题目中的关键字句，在必要时可画出草图帮助理解题意。

从物理情境到物理建模：这一环节是对实际问题进行"物理化"的过程，即建立四种基本物理模型的过程。首先，通过审题，对问题所涉及的"对象"通过抽象、近似、类比、等效、微元等方法，建立对象模型。对象模型必须依据题意对客观物体的要求和所选择的物理规律来建立。其次，考虑主要因素，忽略次要因素，建立作用模型，画出受力图。最后，通过"慢放"的策略，抓住关键状态，建立状态模型和过程模型。下面说明建模方法。

对象建模：以实物对象特定的特征和建模的目的建立的物理模型。把参与物分为研究系统和外界，外界是指系统之外的一切与系统有相互作用的物体。对于有相互作用的系统，可优先考虑选择整体法建立对象模型，然后考虑用隔离法建立对象模型；对于陌生的研究系统可考虑用等效法、类比法或理想化方法将其转化为熟悉的模型；对连续体可考虑用割补法、微元法等建立模型。

常见的对象模型可分为形状模型和结构模型。形状模型是在建模时对实体对象的形体予以抽象、简化所得到的模型，如质点、点电荷、点光源等。结构模型是在建模过程中，集中突现现实客体在结构上的最主要的、起决定作用的特征，如理想电源、纯电阻、理想变压器、理想弹簧、回旋加速器、太阳—地球—月亮模型、太阳系行星模型等。在实际问题中，往往需要把几个物理模型结合起来才能描述或解决问题。

作用建模：把研究对象所处的外界作用条件理想化，画出研究对象的受力图。对研究对象进行状态分析的同时，还要对其进行受力分析，不仅要清楚受力者，还要明确施力者，有的题目受力分析较难，其原因就是施力者情况较为复杂。例如，分析合力是恒力还是变力，如果是变力还要分析变化趋势如何；同时还要注意分析力的时间积累效果和空间积累效果。建模时要注意对作用条件的理解：如光滑表面（平面或曲面），即不考虑物体所受的摩擦力；一根绳子，若忽略其质量和伸缩性，就可以抽象成轻绳，各处拉力大小相等，不能承受压力；刚性物体和不可伸长的绳（线）弹力可突变，在弹性限度内形变的轻弹簧的弹力不能突变；均匀模型，在一定条件下，可以认为被研究物体所处的周围空间的相关物理量是均匀的，如均匀电场、均匀磁场、均匀介质等。两物体刚要分离时它们之间的弹力为零，但它们有相等的速度；缓慢移动的物体处于平衡状态时合外力为零；物体做直线运动时合外力与速度共线；物体做曲线运动时合外力指向曲线弯曲的一侧等。构建作用模型关键是应用基本物理概念和规律对题设的物理情境进行推理从而挖掘隐藏在物理情境中的条件。

状态建模：将物体所处的状态理想化后用于描述物体的状态，由此所建立的模型即为状态模型，如共点力平衡状态、热平衡状态、稳恒电流、临界状态、多值状态、不定状态等。因为任何物理事件的发生都有一个起点，所以，应先分析研究对象的初始状态（分析参照物、时刻、位置、速度、动量、能量等）。初始状态确定后，还应注意分析中间状态和终态。状态分析要特别注意临界状态、极值状态、不定状态等隐含状态的分析，并掌握常见的临界条件和极值条件。例如，"速度达到最大或最小"时加速度为零，合力为零；"向某个方向运动的位移最大"时速度减为零；"小球沿竖直的圆环内轨通过最高点"时速度 $v \geqslant \sqrt{gR}$；两物体"在同向追及问题中，它们的距离最大或最小"时速度相等；"发射卫星的最小速度"$v = 7.9 \text{ km/s}$；"卫星在轨道上运动的最大速度"$v = 7.9 \text{ km/s}$；"电源输出功率最大或外电路消耗的功率最大"时外电阻等于电源内阻；在船的划行速度大于水流速度的情况下，"船的划行速度方向垂直于河岸"时船过河时间最短；在"船的实际运动方向垂直于河岸"时船过河位移最短；"在简谐振动中，振子在最大位移处"时势能最大、动能最小或加速度最大；"在简谐振动中，振子在位移为零处"时势能最小、动能最大或加速度最小。在建模教学中要重点渗透相应的分析方法，如假设法、极限法等。

过程建模：实际物理过程在忽略某些次要因素时往往可抽象为一些理想化的变化过程，这样的模型称为过程模型。例如，力学中的匀速直线运动、自由落体运动、简谐运动、匀速圆周运动、弹性碰撞；电学中的稳恒电流、等幅振荡；热学中的准静态过程、等温过程、绝热过程、卡诺循环过程等。等效过程指用一个或多个典型的运动过程等效替代多个或一个实际的运动过程，如平抛运动由水平方向的匀速直线运动和竖直方向的自由落体运动合成。

牛顿力学告诉我们，只要知道物体的初始状态和受力情况，就可以确定物体的运动情况，即初速度和合外力决定物体的运动过程，这正是牛顿力学的魅力之一。学生应熟练掌握根据初速度、合外力及其夹角确定单一物理过程的类型，并确定第一过程的末状态。

利用运动和力的关系直接构建过程模型，见表 3-1。

表 3-1　利用运动和力的关系直接构建过程模型

力的特征		运动学特征		运动模型	典型运动模型
合力 F	F 与 v_0 夹角	加速度	速度		
零		零	保持不变	平衡状态	静止或匀速直线运动
恒力	$0°$	恒定	方向不变，增加	匀变速直线运动	匀加速直线运动
	$180°$	恒定	方向不变，减小		匀减速直线运动
	$90°$	恒定	方向改变，增加	匀变速曲线运动	平抛运动
	其他角度	恒定	大小、方向都变		斜抛运动
变力	大小不变方向与 v_0 垂直	大小不变方向改变	大小不变方向改变	匀速曲线运动	匀速圆周运动
	$F=kx$（x 为位移）	周期性变化	周期性变化	变速直线运动	弹簧振子
				变速曲线运动	单摆

第一个过程的末状态就是第二个过程的初始状态，以此类推可将整个过程分解成多个过程，注意不要忽视瞬时过程，如碰撞过程。对无相互作用的多个物体可分别进行状态分析、受力分析和过程分析。对于循环过程要重点分析一个周期的运动情况。由于运动和力息息相关，所以，要注意对力和运动情况进行逆向分析，已知运动情况可以推出物体的受力情况，已知物体的受力情况可以反推运动情况。

注意寻找相关过程间物理量的关系，主要分析时间关系、空间关系、速度关系、加速度关系、动量关系和能量关系等，并能根据具体情境列出相应的关系式。

布列方程：解决物理问题最终是要列式才能求解的，这一环节是把物理问题转化为数学问题的重要环节。这一环节主要是在建立物理模型环节的基础上通过分析、综合等手段，用符号来表示物理量，从而使符号成为物理内容的载体，把复杂的事物代码化，将物理模型对应的规律优选出来，根据物理规律列出问题中物理量之间的关系，实现物理过程的数学化。学生首先要在教师的引导下，对物理规律进行系统分类，形成系统的知识结构，明确每个物理规律的特点、成立条件、使用方法和注意事项。一般来说，典型过程用相应的物理规律和运动学公式列式；非典型过程用动能定理、守恒规律或运动的分解方法，并判断可否全程列式。研究某一时刻（或某一位置）的动力学问题应使用牛顿第二定律；研究某一过程的动力学问题，若物体受恒力作用，且又直接涉及物体运动过程中的加速度问题，应采用牛顿第二定律和运动学公式求解。对于不涉及物体运动过程中的加速度而涉及运动时间的问题，如打击一类的问题，因时间短且冲力随时间变化，则应用动量定理求解；对于不涉及物体运动过程中的加速度和时间的质点问题，无论是恒力做功还是变力做功，一般都利用动能定理求解。如果系统内只有重力和弹簧弹力等保守力做功，系统外力不做功，又不涉及运动过程的加速度和时间问题，可考虑采用机械能守恒定律求解；对于碰撞、爆炸、反冲一类的问题，有相互作用的系统问题，应首先考虑应用动量守恒定律求解。若涉及两物体相对滑动的距离或内能、电势能等其他形式的能量问题，应首先考虑用能量守恒定律建立方程。可先选择未知量所在的过程（主过程）的物理规律，然后选择相邻过程的物理规律。在分析的基础上，综合考虑对象、状态、作用、过程、关系，已知量和未知量，优选规律列式，理顺思路，布列方程。

解题反思：这一环节包括计算结果和验算结果。首先，运用数学运算规则对多个方程联立求解。其次，对结果进行讨论验证。这一过程既是对原来的问题重新审视的过程，也是对自己的解题是否成功进行评价的环节。常用的讨论验证结果的方法有数量级估算法、量纲法、特殊值法等。验算过程是将从数学问题中得到的结果代入实际问题进行检验，看是否与客观规律相符，从而促使我们对思维过程进行评价和调整。同时，对已形成的认识从另一个角度，以另一种方式进行再思考，以求得新的深入认识，这样既有利于问题的解决，又培养了自身的反思能力。反思包括对题意理解、解题方法、解题过程及解题规律的反思。

二、促进建模能力发展的题目设计说明与教学案例评析

案例1　建模过程练习（力学综合）

例题1：如图3-2所示，探究某种笔的弹跳问题时，把笔分为轻质弹簧、内芯和外壳三部分，其中内芯和外壳质量分别为 m 和 $4m$。笔的弹跳过程分为三个阶段。

第一个阶段，把笔竖直倒立于水平硬桌面上，下压外壳使其下端接触桌

面，如图 3-2(a)所示。

第二个阶段，由静止释放，外壳竖直上升至下端距桌面高度为 h_1 时，与静止的内芯碰撞，如图 3-2(b)所示。

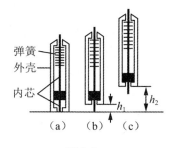

图 3-2

第三个阶段，碰后，内芯与外壳以共同的速度一起上升到外壳下端距桌面最大高度为 h_2 处，如图 3-2(c)所示。

设内芯与外壳的撞击力远大于笔所受重力，不计摩擦与空气阻力，重力加速度为 g，试求：

(1)外壳与内芯碰撞后瞬间的共同速度的大小。

(2)从外壳离开桌面到碰撞前瞬间，弹簧所做的功。

答案：①第三个阶段是碰撞结束瞬间，外壳、内芯以共同速度开始向上运动，最后到达最高位置且速度减小到零的过程。我们以两者的复合体为研究对象，此阶段可被视为物体竖直上升克服重力做功的过程。此阶段的已知量值条件相对充足，可由此入手开始计算。设共同速度为 v_2，由动能定理得

$$(4m+m)g(h_2-h_1)=\frac{1}{2}(4m+m)v_2^2-0,$$

由此得 $v_2=\sqrt{2g(h_2-h_1)}$。

②再考查第二个阶段的完全非弹性碰撞（忽略重力）。设碰撞前外壳的速度为 v_1，则 $4mv_1=(4m+m)v_2$，得 $v_1=\frac{5}{4}\sqrt{2g(h_2-h_1)}$。

③转而考查第一个阶段，此阶段是弹力与重力做功使外壳动能变化的过程。设弹簧弹力所做的功是 W，运用动能定理得 $W-4mgh_1=\frac{1}{2}(4m)v_1^2$，得

$$W=\frac{25h_2-9h_1}{4}mg。$$

例题 2：在原子核物理中，研究核子与核子关联的最有效途径是"双电荷交换反应"。这类反应的前半部分过程和下述力学模型类似。两个小球 A 和 B 用轻质弹簧相连，在光滑的水平直轨道上处于静止状态。在它们左边有一垂直于轨道的固定挡板 P，右边有一小球 C 沿轨道以速度 v_0 射向小球 B，如图 3-3(a)所示。小球 C 与小球 B 发生碰撞并立即结成一个整体 D，如图 3-3(b)所示。在它们继续向左运动的过程中，当弹簧长度变到最短时，长度突然被锁定，不再改变，如图 3-3(c)所示。然后，A 球与挡板 P 发生碰撞，碰后 A、D 都静止不动，A 与 P 接触而不粘连，如图 3-3(d)所示。过一段时间，突然解除锁

定(锁定及解除锁定均无机械损失)，如图 3-3(e)所示。已知 A、B、C 三球的质量均为 m。试求：

(1)弹簧长度刚被锁定后 A 球的速度。

(2)在 A 球离开挡板 P 之后的运动过程中，弹簧的最大弹性势能。

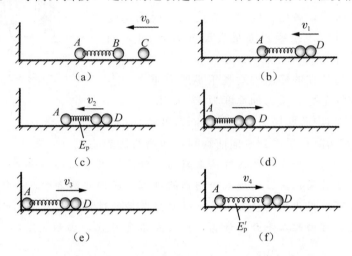

图 3-3

答案：(1)设 C 球与 B 球粘结成 D 时，D 的速度为 v_1，由动量守恒，有

$$mv_0 = (m+m)v_1 \text{。} \qquad ①$$

当弹簧压至最短时，D 与 A 的速度相等，设此速度为 v_2，由动量守恒，有

$$2mv_1 = 3mv_2 \text{。} \qquad ②$$

由①②两式得 A 的速度 $v_2 = v_0/3$。 \qquad ③

(2)设弹簧长度被锁定后，贮存在弹簧中的势能为 E_P，由能量守恒可得

$$\frac{1}{2} \times 2mv_1^2 = \frac{1}{2} \times 3mv_2^2 + E_P \text{。} \qquad ④$$

撞击 P 后，A 与 D 的动能都为零，解除锁定后，当弹簧刚恢复到自然长度时，势能全部转变成 D 的动能，设 D 的速度为 v_3，则有

$$E_P = \frac{1}{2} \times 2mv_3^2 \text{。} \qquad ⑤$$

弹簧继续伸长，A 球离开挡板 P，并获得速度。当 A、D 的速度相等时，弹簧伸至最长。设此时的速度为 v_4，由动量守恒可得

$$2mv_3 = 3mv_4 \text{。} \qquad ⑥$$

当弹簧伸到最长时，其势能最大，设此势能为 E'_P，由能量守恒可得

$$\frac{1}{2} \times 2mv_3^2 = \frac{1}{2} \times 3mv_4^2 + E'_P 。 \qquad ⑦$$

联立求解以上各式得 $E'_P = \frac{1}{36} \times mv_0^2$。

（一）题目设计说明

1. 设计意义

在学生掌握了力学部分的知识结构之后，可选择或设计一些联系实际的综合题目，让学生体会物理习题的结构，提高建模的能力，熟悉建模的程序与方法。

2. 设计目标

通过具体情境中有关信息与已有知识、方法相互作用的过程，让学生根据思维特点建立模型，使题述具体现象（或其中的局部现象）与相关的基本物理模型之间的相似性突出出来、明朗起来，进一步完成解答问题的基本程序。

3. 对象分析

在以某些仪器、设备或器具为原型的实物系统或过程描述里，通常都保留着具体现象的若干个特点。有的问题对原型的实物装置和过程基本没有进行简化，有的问题则虽然做了简化、抽象，但做得不够充分。这就导致题述具体现象与物理模型之间本质上的相似性被掩盖，使得学生难以将具体现象与物理模型进行匹配，不能从本质上对具体现象做出判断。

4. 过程分析

例题 1 中的实物系统由外壳、内芯、弹簧、桌面、地球五个构件组成。涉及的研究对象主要是外壳以及由外壳、内芯（含弹簧）结合成的复合体。题述具体过程的初始状态是笔竖直倒立于水平硬桌面上，下压外壳使笔下端接触桌面，如图 3-4(a) 所示。初看起来我们很难对系统和阶段加以分割，也找不到与题述现象相似的物理现象模型或应用模型。

题目中笔被释放后的过程可按时间分界点区分为如下三个阶段：第一个阶段是释放后，内芯保持静止，外壳竖直上升，直到与静止的内芯碰撞之前的瞬间，如图 3-4(b) 所示；第二个阶段为上升的外壳与静止的内芯碰撞，外壳、内芯、弹簧结合成的复合体以共同速度开始向上运动；第三个阶段是碰撞后，内芯与外壳的复合体以共同的速度上升直到最高点（距桌面最大高度 h_2 处）。本例对具体现象的模型化处理主要从以下四个方面入手。

①对象建模：如果把外壳上端所受的弹簧推力和它所受重力的作用点都移

动到外壳的下端，那么外壳 A 和内芯 B 的形状、长度对各阶段都没有实质性影响，因此可以不考虑(舍弃)这些个别特征，把图 3-4(a)里的长管状外壳 A 逐步简化、抽象为图 3-4(b)和(c)里物体 A 常见的块状形式(即构件模型)，其中图 3-4(b)是过渡形式。与此相似，也可以把受合外力为零而处于静止状态的柱状内芯 B 逐步简化、抽象为图 3-4(c)里物体 B 常见的块状形式。

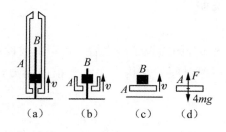

图 3-4

②状态建模：把外壳所受的外力作用点移动后，原有的内芯与外壳的位置关系，对各阶段也没有实质性影响，因此同样可以舍弃这种个别特征，把内芯与外壳的内外关系简化为外壳 A 在下，内芯 B 在上的上下关系，如图 3-4(c)所示。上述处理简化了参与物间的位置关系，从而使题目中非常陌生的实物构件、系统及过程与已知的物理模型间的相似性显现出来。

③作用建模：等效地移动某些力的作用点，忽略、简化次要的影响因素，如微小的力、质量、长度、体积等。本例在外壳与内芯碰撞"粘合"的第二阶段中，就是由于忽略了重力这个相对次要的外力，才使外壳与内芯碰撞"粘合"的过程与动量守恒过程的产生条件相匹配。

④过程建模：第一个过程是变加速直线运动，第二个过程是弹性碰撞，第三个过程是竖直上抛。

经过以上的等效简化、抽象之后，题述系统、过程与对应的已知物理模型之间的相似性便会显现出来。

例题 2 将原子核物理中研究核子与核子关联的最有效途径"双电荷交换反应"，类比成弹簧小球的力学模型。本例中具体现象的模型化处理主要是从如下六个方面入手的。

①对象建模：运动参与物有小球 A、B、C(质点)和弹簧，外界参与物有光滑的水平直轨道、垂直于轨道的固定挡板 P、地球。

②状态建模：取地面为参照系。状态 1：小球 C 沿轨道以速度 v_0 射向小球 B，小球 B 静止，弹簧原长。状态 2：C 与 B 发生碰撞后结成一个整体 D。状态 3：D 和 A 压缩弹簧到最短时 D 和 A 共速，长度突然被锁定。状态 4：A

球与挡板 P 发生碰撞，碰后 A、D 都静止不动，系统动能损失。状态5：解除锁定后 D 被弹簧弹到原长处，弹性势能转化为 D 的动能。状态6：A 和 D 共速时弹性势能最大。六个状态如图3-3所示。

③作用建模：小球 C 和 B 碰撞的过程中 CB 系统所受外力为0；D 和 A 压缩弹簧到最短的过程中 DA 系统所受外力为0，内力为弹簧弹力；解除锁定后 AD 至状态5系统受固定挡板 P 的弹力；状态5至状态6，AD 系统所受外力为0，内力为弹力。

④过程建模：过程1——CB 开始碰撞到碰撞后结合成 D 的瞬时过程；过程2——D 和 A 开始压缩弹簧到最短时被锁定的过程；过程3——被锁定后 AD 匀速运动至 A 与 P 发生碰撞后都静止不动的过程；过程4——从解除锁定至 D 被弹簧弹到原长处的过程；过程5——从 D 被弹簧弹到原长处至 A 和 D 共速弹性势能最大时的过程。

⑤关系分析：速度关系——CB 碰撞后结合成 D 共速，D 和 A 压缩弹簧长度变到最短时 DA 共速，D 和 A 拉伸弹簧长度最长时 DA 共速；能量关系——状态5时 D 的动能等于锁定时弹簧的弹性势能。动量关系——过程1、过程2、过程5动量守恒。

⑥优选规律：过程1——取 CB 为系统，动量守恒；过程2——系统动量守恒，机械能守恒；过程3——AD 动能全部损失掉，弹簧弹性势能不变；过程4——机械能守恒，弹性势能转化为 D 的动能；过程5——系统动量守恒，机械能守恒。

最后，综合六个分析结果列式，规范求解。

5. 学习困难与障碍分析及教学策略

针对学生在对象分析中所暴露的不足，教师需引导学生在分析时先对题述实物系统中的某些属性、特征或作用因素进行等效简化处理，然后再对题述具体现象与相关物理模型进行匹配。我们把这种通过等效简化处理，使题述具体现象与基本物理模型的相似性明朗起来的操作过程称为具体现象的模型化处理。

（二）教学案例与评析

（略）

案例2　建模能力及方法练习

例题1：人的心脏每跳一次大约输送 8×10^{-5} m³ 的血液，正常人血压（可看作心脏压送血液的压强）的平均值约为 1.5×10^4 Pa，心跳约每分钟70次。

据此估测心脏平均功率约为多少？

答案：$P = \dfrac{W}{t} = \dfrac{pV}{t} = \dfrac{1.5 \times 10^4 \times 8 \times 10^{-5} \times 70}{60}$ W $= 1.4$ W。

例题 2：电荷量 Q 均匀分布在半径为 R 的圆环上。求在圆环轴线上距圆心 O 点距离为 x 处的 P 点的电场强度。

答案：$E = \dfrac{kQx}{\sqrt{(R^2 + x^2)^3}}$。

例题 3：电磁流量计广泛应用于测量可导电流体（如污水）在管中的流量（在单位时间内通过管内横截面的流体的体积）。为了简化，假设流量计是如图 3-5 所示的横截面为长方形的一段管道，其中空部分的长、宽、高分别为图中的 a、b、c，流量计的两端与输送液体的管道相连接

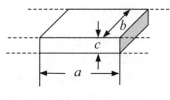

图 3-5

（图中虚线）。图中流量计的上下两面是金属材料，前后两面是绝缘材料，现于流量计所在处加磁感应强度为 B 的匀强磁场，磁场方向垂直于前后两面。当导电流体稳定地流经流量计时，在管外将流量计上下两表面分别与一串接了电阻 R 的电流表的两端连接，I 表示测得的电流值。已知流体的电阻率为 ρ，不计电流表的内阻，求流量。

答案：$Q = \dfrac{I}{B}\left(bR + \rho \dfrac{c}{a}\right)$。

（一）题目设计说明

1. 设计意义

此案例涉及几个典型的生活实例（血液流动、带电圆环、磁流体发电）。通过对这些实际问题的理想化处理来建构模型，是一种重要的物理模型建构思想，对学生物理观念、科学思维的培养均具有重要意义。

2. 设计目标

通过具体生活情境创设问题，把复杂问题简单化，摒弃次要条件，抓住主要因素，在建立理想化模型的基础上，让学生体会中学物理常用的几种建模方法，提高科学思维，发展建模能力。

3. 对象分析

例题 1 涉及血液流动过程中的功率问题。例题 2 涉及均匀带电体周围的电场分布问题。例题 3 涉及电磁流量计中液体流动问题。

4. 过程分析

要想解决例题 1，学生需将血液流动问题进行加工改造，构造理想模型。

此题可训练并发展学生物理模型的类比迁移能力。

要想解决例题 2，学生需构建均匀带电体的点电荷模型，分析其周围电场分布情况。此题可培养学生模型建构过程中的科学思维方法。

通过电磁流量计中液体流动问题，学生可培养自己的归纳反思能力。

具体过程分析此处略。

5. 学习困难与障碍分析及教学策略

例题 1 表面上看是一个关于医学内容的问题，心脏的形状不规则，无法根据功率的基本定义求解，此题似乎无从下手，教师可利用分组讨论突破难点（如何把心脏每跳一次推动输送的那部分血液建模）。

对于例题 2，学生可能不会求解此处的场强，教师可引导学生通过一定的物理分析，把带电体转化为点电荷模型——将带电圆环无限等分，每一份看成"点电荷"，对实际问题进行加工改造。

电磁流量计工作时液体匀速流动，教师可以从力与运动的关系来引导学生设计模型。

（二）教学案例与评析

1. 教学案例

（1）例题 1 的教学过程

教师：本题表面上看是一个关于医学内容的问题，心脏的形状不规则，无法根据功率的基本定义求解，此题似乎无从下手，分组讨论如何把心脏每跳一次推动输送的那部分血液建模。

学生：将原问题转换成我们所熟悉的问题来解决。可以把实际问题加工改造成这样一个模型——把心脏每跳一次推动输送的那部分血液视为一长为 L、横截面积为 S 的液柱（图 3-6）。

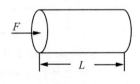

图 3-6

教师：根据模型如何计算心脏每推动血液一次做的功？

学生：设血液柱受到心脏的推力为 F，每次心脏推动液柱前进的位移也为 L。这样，由压强公式得 $F = pS$，心脏每推动血液一次做的功为 $W = FL = pSL = pV$（V 即为心脏跳动一次输送血液的体积）。

教师：如何计算心脏的平均功率？

学生：$P = \dfrac{W}{t} = \dfrac{pV}{t} = \dfrac{1.5 \times 10^{4} \times 8 \times 10^{-5} \times 70}{60}$ W $= 1.4$ W。

(2)例题2的教学过程

问题1：电场强度能不能用 $E = k\dfrac{Q}{r^2}$ 来计算？

学生：不能，因为带电圆环不能被看作点电荷。

问题2：如何把带电体转化为点电荷模型？

如图3-7所示，我们可以先将带电圆环无限等分，每一份所对的圆心角为 $\Delta\theta$。这样，每一份就可以看成"点电荷"了。

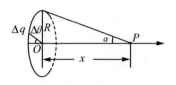

图3-7

问题3：每一份电荷我们称为电荷元，怎样求出电荷元的电荷量？

学生：其电荷量为 $\Delta q = R\Delta\theta\dfrac{Q}{2\pi R} = \dfrac{\Delta\theta Q}{2\pi}$。

问题4：如何求每个点电荷在 P 点产生的电场强度？

学生：元电荷在 P 点产生的场强沿 x 的分量如下。

$$\Delta E_x = k\frac{\Delta q}{r^2}\cos\alpha = k\frac{\Delta\theta Q}{2\pi(R^2 + x^2)} \cdot \frac{x}{\sqrt{R^2 + x^2}}。$$

问题5：如何求带电圆环在轴线上距圆心 O 点距离为 x 处的 P 点的电场强度。

学生：根据对称性和电场强度的叠加原理得

$$E = \sum\Delta E_x = k\frac{kQx}{2\pi\sqrt{(R^2 + x^2)^3}}\sum\Delta\theta = k\frac{Qx}{2\pi(R^2 + x^2)}2\pi = \frac{kQx}{\sqrt{(R^2 + x^2)^3}}。$$

教师：由此可见，此带电圆环在轴线 P 点产生的场强大小相当于带电圆环带电荷量集中在某一点时在轴线 P 点产生的场强大小，方向沿轴线。

(3)例题3的教学过程

例题3是几个模型的叠加，教师通过讲解、设问，让学生将模型综合，认识层层递进。

模型1：导电流体稳定地流经流量计时，相当于带电物体同时受电场力和磁场力作用而平衡，有 $\dfrac{qE}{c} = qvB$。

模型2：导电流体相当于一个长方体电阻，电阻为 $r = \dfrac{\rho c}{ab}$。

模型3：导电流体在磁场中流动相当于长度为 c 的金属棒以速度 v 垂直切割磁感线，电动势为 $E = Bcv$。

模型4：电磁流量计工作时与串接了电阻 R 的电流表相连接，形成了一个电流恒定的闭合电路，电流为 $I=E/(R+r)$。

最后根据流量的概念 $Q=Sv=bcv$，可以求出 $Q=\dfrac{I}{B}\left(bR+\rho\,\dfrac{c}{a}\right)$。

2. 案例评析

例题 1：主要用了理想化方法。

理想化方法是构建物理模型最主要的一种方法。它是将要研究的物理现象加以简化，抓住主要因素，忽略次要因素，即将其理想化，找出它们在理想状况下所遵循的基本规律，并构建出相应的物理模型。

例题 2：主要用了微元法。

微元法是指在构建物理模型时，将待建物理对象或物理过程视为由许多微小体或元过程组成，而所研究的物理对象或物理过程整体所遵循的物理规律，可通过积分来得到。

例题 3：主要用了叠加法。

叠加法是指在构建物理模型时，利用已经建立起来的物理模型来构建新的物理模型。例如，利用质点模型（摆球）和刚体模型（摆线，不计拉伸形变），便可构建出单摆模型。有些物理问题就是将几个经典模型叠加起来，从而形成一个新的物理模型，在解题时，就要逆着组合的方向，将原先叠加起来的几个模型分解开来。

从"情境"到"模型"是解题的关键环节。首先通过对问题信息的提取与组合，了解清楚物理现象，接着就是将实际问题转化为物理问题的过程，也就是建立物理模型的过程。构建物理模型，必定要采用一定的方式、方法，采用了恰当的方式、方法，将收到事半功倍的效果。一般来讲物理模型的构建，有理想化、微元、叠加、类比、等效等方法。

三、促进建模能力发展的题组设计说明与教学案例评析

案例 3 状态建模练习（核心概念）

例题 1：如图 3-8 所示，半径为 R 的半圆槽固定在水平地面上。质量为 m 的小球，以一定速度从 A 点无摩擦地沿半圆槽向上运动，通过最高点后落在水平地面的 B 点，且 $AB=2R$。求小球在半圆槽最低点 A 的速度和在最高点对槽的压力。

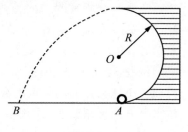

图 3-8

答案：设小球从半圆槽最高点平抛出的速

度为 v，则有 $2R=vt$，$2R=\dfrac{1}{2}gt^2$。解得 $v=\sqrt{gR}$。

可见，小球在最高点对半圆槽的压力为零。

根据机械能守恒定律，设小球在轨道最低点的速度为 v_0，则有 $\dfrac{1}{2}mv_0^2=mg \cdot 2R+\dfrac{1}{2}mv^2$。

所以，最低点的速度最小值为 $v_0=\sqrt{v^2+4gR}=\sqrt{5gR}$。

例题 2：如图 3-9 所示，弹簧台秤的秤盘质量和弹簧质量都不计。盘内放一物体 Q 处于静止，Q 的质量 $M=12$ kg，弹簧的劲度系数 $k=800$ N/m。现在给 Q 施加一个竖直向上的力 F，使 Q 从静止开始向上做匀加速直线运动。已知在头 0.2 s 内 F 是变力，在 0.2 s 后 F 是恒力（g 取 10 m/s^2），则 F 的最小值是多少？最大值是多少？

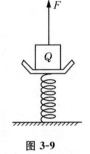

图 3-9

答案：由于不计秤盘的质量，可以将物体和秤盘看成一个整体。

未施加向上的力 F 前，物体处于平衡状态。设弹簧压缩量为 x_1，则有 $Mg=kx_1$。

物体做匀加速直线运动，a 为恒量，物体和秤盘受重力 Mg、弹簧向上的弹力 kx_1、向上的拉力 F，物体向上运动，弹力减小，外力 F 增大，相互调节，才能保证合力不变，加速度不变。0.2 s 后 F 为恒力，则弹力必然为零，所以，在 $t=0.2$ s 时刻，物体与秤盘恰好分离，由于秤盘质量不计，弹簧应恰好恢复到原长。

物体在 0.2 s 内上升的高度 $h=x_1=\dfrac{1}{2}at^2$。

由已知条件可得 M、k、t 的值，由上两式可求 x_1，则得 $a=7.5$ m/s^2。

当弹簧压缩量为 x 时，由牛顿第二定律，得 $F+kx-Mg=Ma$。

从上式分析可知：$t=0$ 时，$x=x_1$，则 F 最小，有 $F_{min}=Ma$。$t=0.2$ s 时，F 应为最大，且 $F_{max}-Mg=Ma$。

将 $a=7.5$ m/s^2 代入得 $F_{min}=90$ N，$F_{max}=210$ N。

例题 3：如图 3-10 所示，绝缘细杆上，有一个质量为 m、带电量为 $+q$ 的小球。小球与杆的动摩擦因数为 μ，置于磁感应强度为 B 的匀强磁场中，且杆与水平方向夹角为 θ，小球由静止开始下滑。求小球下滑过程中的最大加速度和最大速度。

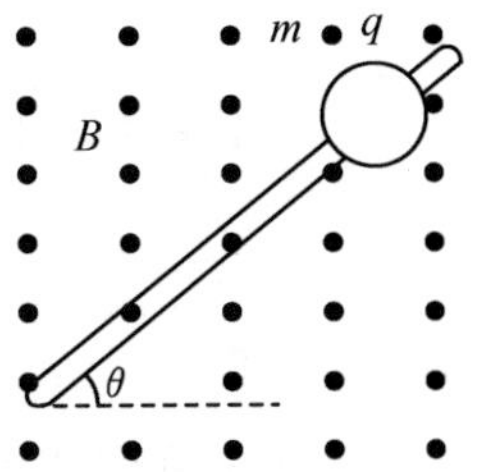

答案：小球滑动后，受到重力(mg)、支持力(F_N)、摩擦力$(f=\mu F_N)$和洛伦兹力$(F=qvB)$的作用。

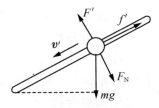

图 3-10

洛伦兹力随速度的增大而增大；支持力$(F_N=mg\cos\theta-qvB)$及摩擦力均随速度的增大而减小，加速度$\left(a=\dfrac{mg\sin\theta-f}{m}\right)$随速度的增大而增大。

当F_N恰好等于零时，摩擦力$f=\mu F_N=0$，此时加速度恰好达到最大值，此时小球受到的合力为$mg\sin\theta$。所以，小球的加速度最大值为$a_{\max}=g\sin\theta$。

当$F_N=0$时，有$mg\cos\theta=qBv_0$，这时小球的速度$v_0=\dfrac{mg\cos\theta}{qB}$。

当小球的速度增至$v'>v_0$后，相应的洛伦兹力也增至$F'=qBv'>mg\cos\theta$。

于是，细杆对小球的弹力反向，垂直于杆向下，如图 3-11 所示。这时，摩擦力为
$$f'=\mu F_N=\mu(qv'B-mg\cos\theta)\text{。}$$

f'随v'的增大而增大，小球受到的合外力$(mg\sin\theta-f')$随v'的增大而减小，即小球做加速度减小的变加速运动。

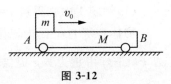

图 3-11

当加速度恰好为零时，速度达到最大值，根据平衡条件得
$$mg\sin\theta=f'=\mu(qBv_{\max}-mg\cos\theta)\text{，}$$

解得 $v_{\max}=\dfrac{(\sin\theta+\mu\cos\theta)\cdot mg}{\mu qB}$。

例题 4：如图 3-12 所示，质量$M=16$ kg 的平板车静止在光滑水平面上，一个质量$m=4$ kg 的物体以$v_0=5.0$ m/s 的水平初速度从车的 A 端滑向 B 端。若物体与车之间的动摩擦因数$\mu=0.5$，试问：

图 3-12

(1)如果物体未从 B 端滑出，其最终速度是多少？

(2)如果物体不从 B 端滑出，车的最小长度应为多少？

答案：(1)根据动量守恒定律有
$$mv_0=(m+M)v\text{，}$$

则物体最终的速度

$$v = \frac{mv_0}{m+M} = 1 \text{ m/s}.$$

（2）设车的最小长度为 L，由系统能量守恒得

$$\frac{1}{2}mv_0^2 = \frac{1}{2}(m+M)v^2 + \mu mgL,$$

解得 $L = 2$ m。

（一）题组设计说明

1. 设计意义

状态建模是建模能力培养的难点之一。临界状态是指在一种运动形式（或者物理过程和物理状态）转变为另一种运动形式（或者物理过程和物理状态）的过程中，存在的分界状态点。物理现象中存在着大量的临界状态，这是从量变到质变的规律在物理模型中的生动表现。

2. 设计目标

通过一组实例，学生对状态模型进行有效的过程、状态分析，找出可能存在的临界状态，利用已知规律分析临界状态或极值问题，提升物理思维能力。

3. 对象分析

在具体问题中，模型分析时出现的分界状态点，通常以临界和临界状态的形式出现在不同的问题中。例如，力学中的临界速度、临界加速度、临界力、平衡位置，电磁学中的临界电压、临界电阻、临界电流、发电机的中性面，几何光学中的全反射临界角，光电效应中的极限频率，链式反应中的铀块的临界体积等。

4. 过程分析

（1）例题 1 中临界量 $v = \sqrt{gR}$ 的应用说明。

物体在竖直平面内以半径 R 做圆周运动，如果通过最高点时所需的向心力 F_N 正好由重力 mg 提供，则相应速度为 v'。由 $mg = m\dfrac{v'^2}{R}$，得 $v' = \sqrt{gR}$。这时物体和与其接触的物体无径向接触力。利用这一临界状态和相应的临界量，可以极为简便地解决物体在竖直平面内做圆周运动的各种临界问题。

（2）例题 2 中临界量 $F_N = 0$ 和 $F_T = 0$ 的应用说明。

弹力与摩擦力都是接触力，其产生条件之一就是物体必须相互接触。如果彼此接触的物体有相互作用力，那么，当发生分离时，接触力必然为零。这类临界问题的特点就是物体彼此处于若即若离的刚好分离状态，相应的临界量就

是弹力 $F_N = 0$，此时的摩擦力 $F_f = 0$。

柔软体(如绳、链)只能产生沿柔软体本身的拉力。当柔软体刚好处于拉直的自然状态时，对外的拉力和内部各处的张力均为零，即 $F_T = 0$。

(3)例题 3 中临界量 $a = 0$ 或 $F_合 = 0$ 的应用说明。

物体在做加速度随时间不断减小的变速直线运动时，其运动速度最终会达到一个稳定值，即收尾速度。然后，开始以收尾速度做匀速直线运动。当加速度方向与速度方向相同时，收尾速度最大；当加速度方向与速度方向相反时，收尾速度最小。但是，不论达到哪一种收尾速度，其临界量都是加速度为零或者受到的合外力为零，即 $a = 0$ 或 $F_合 = 0$。

物体处于上述收尾速度恒定的动平衡状态或瞬时加速度为零的状态时，具有一系列的重要特点：在电动式导轨问题中，电源功率等于可动边的机械功率与焦耳热功率之和，即 $P_电 = P_机 + P_热$；在发电式导轨问题中，外力的机械功率等于回路的电功率，即 $P_机 = P_电$。

(4)例题 4 中临界量相对速度 $v = 0$ 的应用说明。

两个运动物体的相对速度为零，即处于相对静止状态，是一种常见而重要的临界状态。这种临界状态具有如下物理意义。

第一，当彼此滑动的物体相对速度为零时，将停止相对滑动，且滑动摩擦力变为零。

第二，当同方向运动的物体相对速度为零时，将不会发生碰撞；或者虽然接触，沿运动方向却无弹力作用。

第三，当两个发生弹性碰撞的物体相对速度为零时，形变达到最大，弹性势能最大。

第四，当两段有效长度相同的导体，在匀强磁场中沿同方向切割磁力线，且相对速度为零时，所构成的回路中无感应电流。

研究、掌握和应用"相对速度为零"这一临界状态的基本规律，可以使解决问题的思路和步骤变得更为简捷。在许多情况下，抓住"相对速度为零"这一突破口，问题就能迎刃而解。

在相对滑动的过程中，摩擦力使物体减速而使车加速，直到物体和车速度相等，保持相对静止为止。这就是物体不会从车上滑出的条件。可见，上述相互作用过程可等效为完全非弹性碰撞。

5. 学习困难与障碍分析及教学策略

通常情况下，解决临界问题有两种基本方法：演绎法和临界法。

演绎法是以原理、定理或者定律为依据，先找出所研究问题的一般规律和一般解，然后分析、讨论其特殊规律和特殊解，即采用从一般到特殊的推理方法。

临界法是以原理、定理或者定律为依据，直接从临界状态和相应的临界量入手，求出所研究问题的特殊规律和特殊解。

（二）教学案例与评析

1. 教学案例

具体过程如上。

2. 案例评析

本案例选取了四个实例，学生通过对状态建模（小球竖直圆周运动、弹簧物块组合、力电综合分析、板块运动）的过程分析，体会临界条件的重要性，目标是让学生利用临界法对一般情况进行分析、讨论和推理，即采用从特殊到一般的推理方法解决问题，从而培养学生的科学思维、科学态度与责任。

第三节　促进推理能力发展的练习与复习教学

一、促进推理能力发展的试题设计原则

物理练习与复习教学中，怎样的试题选取或设计能够指向促进学生的物理推理能力发展？为解决这个问题，我们首先明确物理推理能力的要素、物理推理能力的一般分类，以及不同类型的推理能力会对应怎样的教学策略；其次在这些理论基础上，明确选取或设计促进推理能力发展的试题原则；最后通过具体案例进行详细解读。

（一）推理能力的构成要素

李鸿彬在课题"高中物理推理能力结构及有效培养策略之研究"中介绍，物理推理能力有以下三个要素。

一是前提要素，即明确问题情境，并提炼出物理模型。这一过程常常会用到整体法、隔离法、等效法、割补法等物理思想方法，且需要忽略一些无关或次要因素，抓住主要因素。

二是核心要素，即要准确理解与把握相关概念、规律。

三是关键要素，即在由已知判断做出新判断及得到结论时，推理方法的选取与应用。

（二）推理能力的分类[①]

根据推理的不同形式及推理过程中采取的不同方法，可将推理能力分为不同的类型。基于文献综述及前文的分析，本部分内容将推理能力分为以下四类。

第一类是逻辑推理能力，即对于一些较复杂的问题情境，人们通过收集整理信息、处理信息、运用经验和基础知识进行思维的推理与判断，从而得出正确结果的能力。

第二类是演绎推理能力，即根据已知的一般性规律，使用基本概念、原理、理论或模型，通过分析而做出假设、得出个别性结果的能力。

第三类是归纳推理能力，即从个别性的推断经过归纳形成概念、原理、理论、模型等的过程。物理归纳推理是以观察、实验所获得的事实证据为基础，以思维判断为依据而进行的，有时亦需要结合恰当的逻辑推理。考查归纳推理能力的试题对学生的推理能力发展有较大的促进作用，学生需要准确获取有效信息，进行合理概括与适当逻辑推断，从而得出最准确的结论。

第四类是类比推理能力，即根据两个或同类对象有部分属性相同，从而推出它们的其他属性也可能相同。

（三）选择或设计发展推理能力试题的原则

在明确推理能力要素和分类的基础上，接下来我们需要分析促进学生推理能力发展的题目或题组需满足什么条件。

基于对推理能力的研究综述，总结出此类题目或题组应满足的特点。

第一，提供了一定的问题情境，学生可以从情境中提炼出相应的物理模型。

第二，学生可以获取一些有用信息，尤其是解决问题的关键信息，但允许一些无效信息的存在（目的是培养学生对有效信息或证据的收集能力）。

第三，问题的解决需要经历一些推理思维过程，如类比推理、归纳推理、演绎推理、逻辑推理等。

第四，问题的解决需基于学生认知水平范围内的知识（包括物理概念、规律），或学生能基于已有知识经过推理过程后获取或发展的知识。

---

① 李鸿彬. 物理推理思维的构成要素与层次结构分析[J]. 物理教师，2013(1).

二、促进推理能力发展的题目设计说明与教学案例评析

案例 1 促进推理能力发展的题目设计与说明

（一）题目设计与说明

1. 促进逻辑推理能力发展的题目设计与说明

例题 1：蹦极运动中，长弹性绳的一端固定，另一端绑在人身上，人从几十米高处跳下。将蹦极过程简化为人沿竖直方向的运动。从绳恰好伸直，到人第一次下降至最低点的过程中，下列分析正确的是（　　）。

A. 绳对人的冲量始终向上，人的动量先增大后减小

B. 绳对人的拉力始终做负功，人的动能一直减小

C. 绳恰好伸直时，绳的弹性势能为零，人的动能最大

D. 人在最低点时，绳对人的拉力等于人所受的重力

答案：A。

例题 2：带电粒子 a、b 在同一匀强磁场中做匀速圆周运动，它们的动量大小相等，a 运动的半径大于 b 运动的半径。若 a、b 的电荷量分别为 q_a、q_b，质量分别为 m_a、m_b，周期分别为 T_a、T_b。则一定有（　　）。

A. $q_a < q_b$ 　　　　B. $m_a < m_b$ 　　　　C. $T_a < T_b$ 　　　　D. $\dfrac{q_a}{m_a} < \dfrac{q_b}{m_b}$

答案：A。

①设计意义。

这两道题均有助于培养学生的逻辑推理能力。例题 1 是培养学生物理逻辑推理能力的试题的一种类型，它更多的侧重定性的逻辑推理。例题 2 是比较常见的用于培养学生逻辑推理能力的试题，加入了量化比较，即定量地进行逻辑推理。

②设计目标。

学生通过对这类试题的分析，能够利用或基于知识对物理过程或现象进行推理分析、解释说明，逐步实现逻辑推理能力的发展。

③对象分析。

学生容易分析不清例题 1 所涉及的运动过程，误认为速度会一直减小，动能一直变小，或错误地认为最低点时人处于平衡状态，受力平衡。对于例题 2，一部分学生会找不到入手点，或者不会利用已知条件"匀速圆周运动""动量大小相等"进行逻辑分析。

④过程分析。

例题 1 所涉及的推理过程如下：首先，明确试题描述的问题情境，将蹦极简化为人在竖直方向运动的直线运动模型；其次，获取有效信息，分析从绳恰好伸直，到人第一次下降至最低点的过程中的各种物理量的大小变化；再次，明确本题所涉及的具体概念和规律为牛顿运动定律、动量定理和功能关系；最后，调用已有知识进行思维的推理判断。

即学生应有如下的逻辑推理过程：首先对人进行受力分析，在绳拉直后到人运动到最低点，绳对人的拉力始终存在且竖直向上，所以根据动量定理可判断绳对人的冲量始终向上，另外可以判断拉力始终做负功；然后分析人的运动过程，人先加速后减速，所以最低点时拉力大于重力，速度先增大到最大，后减小至零，可判断人的动量先增大后减小，动能也先增大后减小，所以绳恰好伸直时动能并非最大。

例题 2 所涉及的思维过程如下：首先，明确所描述的问题情境，即带电粒子在匀强磁场中做匀速圆周运动，进而提炼相应模型；其次，获取处理问题的有效信息，即同一匀强磁场，a、b 动量大小相等，圆周运动的半径 a 大于 b；最后，运用已有的相应知识，展开分析与推断，由匀速圆周运动得 $qvB = m\dfrac{v^2}{r}$，所以动量 $mv = qBr$；由 a、b 动量相等及半径 $r_a > r_b$ 的已知条件得 $q_a < q_b$；由于未知速度大小关系，所以无法判断 BCD 中比较的正误。

⑤学习策略。

在教学中，以上两类代表性的试题既可应用在新课教学后的新知识练习中，也可安排在单元或专项复习里。在物理练习与复习教学中，选取针对具体物理知识内容的、类似以上例题 1 和例题 2 类型的试题，能够促进学生逻辑推理能力的发展。

2. 促进演绎推理能力发展的题目设计与说明

例题：如图 3-13 所示，实线表示某静电场的电场线，虚线表示该电场的等势面。下列判断正确的是（　　）。

A. 1、2 两点的场强相等

B. 1、3 两点的场强相等

C. 1、2 两点的电势相等

D. 2、3 两点的电势相等

答案：D。

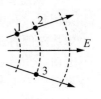

图 3-13

①设计意义。

该例题考查学生的演绎推理能力，它既可作为学生初次学习电场内容的练习题，亦可作为电场专题的复习题。

②设计目标。

检查学生能否根据电场中电场线和等势面的分布特点和规律，通过分析，对电场中各点的场强大小和电势的高低做出准确的判断。

③对象分析。

部分学生不清楚电场线与等势面在分布上的关系，从而做出错误判断；或者没有理解如何根据电场线的分布判断场强的大小，如何根据等势面比较电势高低。

④过程分析。

学生在处理这道题目时，需完成以下思维过程：首先，明确试题所描述的情境——一般简单静电场，直接提炼点电荷激发的静电场的对象模型；其次，从题目中获取可用信息——电场线与等势面的分布，1、2、3 三点的分布位置；最后，运用所掌握的相关概念和规律进行分析判断，检验假设与得出结果——静电场中，电场线的疏密描述了场强的大小，等势面描述了电势的高低关系，沿着电场线的走向电势逐渐降低，从而判断选项所提的四种假设是否正确，得出正确答案 D。

⑤教学策略。

在教学中，通过类似例题的练习，引导学生对电场线与等势面的分布关系进行分析判断，让学生逐渐熟悉与理解电场线、等势面的分布规律，根据分布快速判断场强、电势的大小，让学生在分析问题的过程中促进演绎推理能力的发展，即能根据一般规律，使用一些原理、理论或模型进行分析，得出个别结果。

3. 促进归纳推理能力发展的题目设计与说明

例题：利用图 3-14 所示的装置做如下实验：小球从左侧斜面上的 O 点由静止释放后沿斜面向下运动，并沿右侧斜面上升。斜面上先后铺垫三种粗糙程度逐渐降低的材料时，小球沿右侧斜面上升到的最高位置依次为 1、2、3。根据三次实验结果的对比，可以得到的最直接的结论是(　　)。

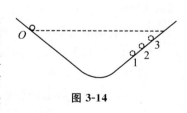

图 3-14

A. 如果斜面光滑，小球将上升到与 O 点等高的位置

B. 如果小球不受力，它将一直保持匀速运动或静止状态

C. 如果小球受到力的作用，它的运动状态将发生改变

D. 小球受到的力一定时，质量越大，它的加速度越小

答案：A。

①设计意义。

该题的设计指向学生归纳推理的培养与发展，即要求学生能够从个别性的推断经过归纳形成概念、模型等。

②设计目标。

该题要求学生在四个选项均没有逻辑错误的前提下，能够基于题目中所给的实验事实，准确获取有效信息，进行合理的概括与适当的逻辑推断，从而得出最准确的结论。

③对象分析。

一方面，学生容易忽略题干中所给的事实信息，或者问题的要求，而粗糙地进行作答，即缺乏提取关键信息的能力；另一方面，在基于已知条件进行推理归纳时，容易出现归纳偏差，从而错选选项。

④过程分析。

首先，明确问题情境，即改变斜面粗糙程度对小球运动情况的影响，提炼小球在粗糙斜面上做匀变速运动的运动模型。其次，从情境中获取关键信息，即斜面粗糙程度逐渐降低，则小球释放后沿斜面上升的位置高度逐渐升高，但却均低于原始释放高度。最后，需要进行归纳与推断，同时对各选项的描述内容进行判断，判断它能否从已知信息中得到，本题中虽然选项 BCD 的描述均无科学错误，但却不是题干信息能推断的最直接的结论。基于所给条件，可以进一步推断，若斜面粗糙程度继续降低，小球上升的高度将继续增加，因此可以归纳为若斜面光滑，小球将上升到与出发点等高的位置，从而得出正确答案 A。

⑤教学策略。

在进行通过一系列实验现象或个别推断而归纳得出结论的物理练习或复习教学中，该类型的试题设计与运用能够培养学生良好阅读与提取信息的能力，能够促进学生归纳推理与逻辑推理能力的发展。

4. 促进类比推理能力发展的题目设计与说明

例题：若把电场跟重力场类比，电场强度 E 与下列物理量的意义比较接近的是(　　)。

A. 重力的功　　　　　　　　B. 重力加速度

C. 重力势能　　　　　　　　D. 重力

答案：B。

①设计意义。

该题的设计指向学生类比推理能力的培养与发展，即要求学生能根据电场与重力场的类比，理解这两种场中相似的物理量。

②设计目标。

要求学生能够认识到电场与重力场相似，然后根据电场中描述电场强弱分布的物理量的特点，类比分析重力场中用什么物理量能够对应描述重力场的强弱分布。

③对象分析。

类比时，学生要对两种相似物体的共性特点有较高的认识，能够发现与理解电场与重力场在分布上的共同点，从而能根据物理量所描述的物理意义进行类比理解。

④过程分析。

首先，明确问题情境，即电场与重力场比较，要用到对应的两个对象模型；其次，提取有效信息，即电场强度的物理意义及重力场中具有相似物理意义的物理量；最后，调用已有的物理知识，运用类比法进行推理分析。电场中电场强度表示电场的强弱和方向，或者说成表示电荷在电场中某点所受电场力的大小和方向，类似地，在重力场中表示物质在某高度所具有重力大小和方向的物理量是重力加速度。

⑤教学策略。

在关于场的教学中，引导学生将电场与引力场进行对比、类比学习，既能加深学生对场的各种性质或物理量的理解，又能逐渐培养学生的类比推理能力。

(二)教学案例与评析

指向促进学生推理能力发展的教学，在教学中需要引导学生展示出问题所涉及的具体推理过程，即鼓励学生将头脑中的想法与分析外显化，最好通过交流表达出对问题情境的解读与模型的提炼，以及所用的物理概念或规律，并展示归纳、演绎等推理过程。

1.教学案例①

如图 3-15 所示，相距为 l 且平行放置的光滑导电轨道，与水平面的夹角为 α，轨道间有电阻 R，处于磁感应强度为 B、方向竖直向上的匀强磁场中。

---

① 高鹏涛. 高中物理教学中学生推理能力培养策略的研究[J]. 新课程(上), 2014(6).

一根质量为 m、电阻为 $\dfrac{R}{4}$ 的金属杆 ab 由静止开始沿导电轨

道下滑。设下滑过程中 ab 杆始终与轨道保持垂直，且接触

良好，导电轨道有足够的长度，且电阻不计，求 ab 杆沿轨

道下滑可达到的最终速度。

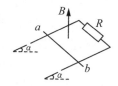

图 3-15

该案例选自一节物理新课教学的练习课，教学活动设计
如下。

首先，保证学生对教学活动参与的主动性，让学生分析与描述问题。学生
分析问题情境，获取有效信息，了解物体运动过程——金属杆由静止开始运
动，导体将切割磁感线，产生感应电流，所以金属杆在安培力和重力的作用下
运动。其次，鼓励学生用准确的语言，具体描述物体的运动变化情况，尽量详
细地展示推理过程。例如，该教师让学生采用"如果……那么……"的描述方
式。在最初时间内，金属杆速度小，根据法拉第电磁感应定律，则产生的感应
电流较小。如果感应电流较小，那么安培力就会较小；如果安培力小，那么合
力就沿斜面向下，则速度就会越来越大；如果速度越来越大，那么据前面的分
析，安培力就会越来越大，合力就会越来越小，那么速度增加得就比较慢；如
果速度达到一定时，安培力与重力的分力大小相等，那么合力就为零，速度就
不会变化，之后物体就做匀速运动。最后，学生根据这样的推理过程，很完整
地剖析与解答了该问题。

2. 案例评析

对这一问题，学生通过使用"如果……那么……"的语句展示了详细的推理
过程，每一小步骤的分析都会体现出逻辑思维过程是否缜密，理论依据是否充
实。各小步骤的逻辑分析组合起来就完成了对这道试题的严密推理。在练习与
复习教学活动中，鼓励学生主动参与这样的推理展示过程，长此以往，物理推
理能力将会得到很大发展。

因此，在物理练习与复习教学中，需根据能促进学生推理能力发展的练习
题目，让学生自主基于已有知识开启思维的大门，用合理的推理来探究与分析
问题，并通过严密的语言表述等方式主动展示自己的推理过程，通过积极参与
探究、交流、展示等环节，达到复习知识与培养推理能力的并行。

三、促进推理能力发展的题组设计说明与教学案例评析

在针对多个内容整合或某一知识全面深入研究的物理练习与复习教学过程
中，关于促进推理能力发展的题组选取与设计，在满足以上单个试题需满足的

特点外，整个题组还应满足以下特点。

第一，明确题组设计的目的，明确题组中各题目所描述的问题情境，可以整体连续统一，也可以逐渐复杂化。

第二，各问题的解决均需要学生经历一些物理思维过程，如控制变量、归纳、演绎、逻辑推理等，整个题组的思维过程可以是递进或并列的。

第三，整体问题的解决需基于学生认知水平范围内物理概念、规律的综合应用或一个知识的逐渐深化理解，即该题组整体考查学生的知识整合情况。

案例 2　促进推理能力发展的题组设计与说明

例题：图 3-16 中的虚线表示电场的等势线，一物体从 A 点向 B 点移动，该物体所带电量为 $+1$ μC。

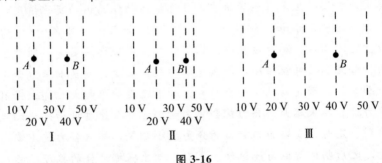

图 3-16

（1）比较三种情况下电荷运动所做的功。（　　　）

A. 第Ⅰ种情况做功最多

B. 第Ⅱ种情况做功最多

C. 第Ⅲ种情况做功最多

D. 第Ⅰ种和第Ⅱ种情况下做功相同，但第Ⅲ种情况下做功最多

E. 三种情况做了同样的功

（2）比较三种情况下电场里 B 点的场强大小。（　　　）

A. Ⅰ＞Ⅲ＞Ⅱ　　　　B. Ⅰ＞Ⅱ＞Ⅲ　　　C. Ⅲ＞Ⅰ＞Ⅱ　　　D. Ⅱ＞Ⅰ＞Ⅲ

E. Ⅰ＝Ⅱ＝Ⅲ

（3）第Ⅲ种情况下，带电量为 $+1$ μC 的物体在 A 点和 B 点所受的电场力方向（　　　）。

A. 在 A 点力的方向向左，在 B 点也向左

B. 在 A 点力的方向向右，在 B 点也向右

C. 在 A 点力的方向向左，在 B 点向右

D. 在 A 点力的方向向右，在 B 点向左

E. 两处都没有受到电场力

答案：（1）E。（2）C。（3）A。

（一）题目设计与说明

1. 设计意义

该题组共设计了三道小题，三道小题共用一个大题干。学生通过该题组的练习能达到在整合练习或复习场强、电势差、电势能和电场力等描述静电场的具体知识中，促进物理推理能力，尤其是演绎推理与逻辑推理能力的发展。

2. 设计目标

该题要求学生能够根据电场的等势线分布，了解电势的高低变化，然后能够根据电荷在电场中的运动规律，比较分析电荷做功的大小情况、在各点的电场力情况等，同时能够根据等势线的分布特点，推理判断各点电场的强弱变化情况。

3. 对象分析

对于该题，学生的常见典型错误有：在用等势面描述电场强弱分布时，容易错误类比电场线的分布来分析电场强弱及变化；在根据等势线的不同分布分别判断电荷运动时电场力所做的功时，会错误地根据等势线的疏密分布判断力做功的大小。

4. 过程分析

首先，明确整个题组的问题情境均处于静电场之中，且用等势线的分布进行描述，提炼带电物体在电场中的状态模型等；其次，明确每一小题所需推断的问题，以及用于解决该问题而必须从已知条件中提取的关键信息，即需要明确各图等势线的疏密分布特点；再次，能根据各问题运用相应的物理知识进行分析判断、推理检验等思维活动；最后，得出结果。具体为：（1）小题要求学生能基于功能关系，得出电荷做功的多少取决于电荷量与电势差的多少，结合三种情况下电势差相等进而推断电荷在三种电场分布下做功一样多；（2）小题要求学生在同一个情境下，分析判断三种等势线的分布所描述的 B 点场强大小，基于等势线越密则场强越大，从而顺利推断出 C 选项的描述正确；（3）小题要求学生根据等势线的分布推断正电荷在电场中的受力方向，基于电场力的定义可以推断出 A 选项的描述正确。

5. 教学策略

在对多个物理量进行的整合复习中，类似以上题组形式的试题设计既可以让学生整合知识，逐渐形成知识体系，加深对物理量或物理规律的理解，又能让学生在整合与理解的过程中促进推理能力的发展，从而做到理解物理概念规律与发展物理推理能力的并行。

（二）教学案例与评析

1. 教学案例①

该题组选自一节物理复习课，由问题1和问题2共两题组成，用于整合复习"物体做曲线运动的条件"与"运动的合成与分解"，属于促进学生推理能力发展的题组类型。

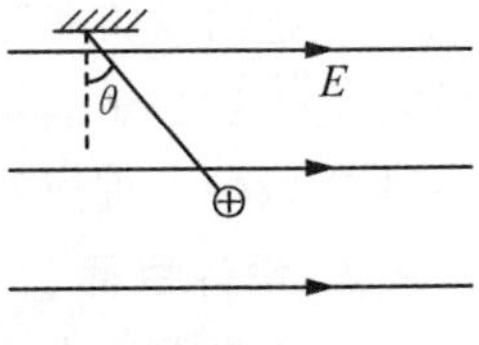

问题1：一个带电小球静止在匀强电场中，如图3-17所示。现将绳子突然剪断，小球将做什么运动？

学生1：曲线运动。（大多数学生也这么认为）

学生2（补充）：类平抛运动。

图 3-17

教师示意学生2：请到黑板上画一下轨迹。学生2上台板画轨迹 a。（图3-18）

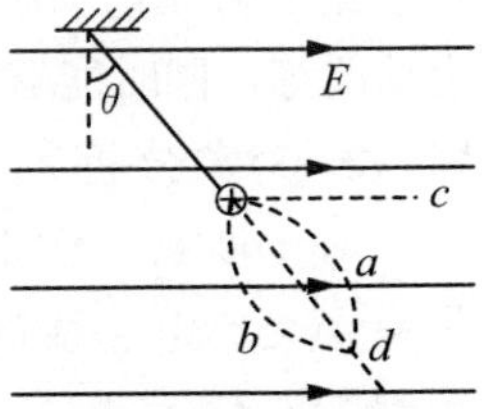

学生3（提出异议）：不对。（学生3上台板画轨迹 b）

学生4：我觉得应该是直线运动。

教师示意学生4：请你也到黑板上画一下轨迹。学生4上台板画轨迹 c。

众学生：不会吧，小球是受到重力的。

图 3-18

学生4（觉得有些难为情）：我没有考虑重力，那么，我赞成 a 轨迹。

学生5（急切地）：是直线运动。由于受重力、电场力的合力作用，小球应沿合力方向做匀加速直线运动。（不等教师示意，直接上台板画上轨迹 d）

学生议论纷纷……

该教师创设的问题情境很好地激发了学生探讨问题的积极性，也暴露了学生的问题。接下来学生基于所掌握的知识，展开了认真的推理。学生首先探讨与回顾了曲线运动的条件，$F_合$（或 a）与 v 不在一条直线上，然后进行了如下的分析。

对物体进行完整的受力分析 $F_合$
物体运动的初始状态 v ｝条件判断

如果 $F_合$ 与 v 不共线，那么物体做曲线运动，且合力指向曲线的内侧。

如果 $F_合$ 与 v 共线，那么物体做直线运动。

最后，在教师的引导下，学生用严谨的语言描述了整个推理过程：绳子剪断前，小球受力平衡，那么重力与电场力的合力沿绳方向，并与绳子拉力等大

----

① 韩耀强. 高中物理复习课教学内容和策略的选择[J]. 物理教师，2013(1).

反向；绳子剪断瞬间，绳子拉力突变为零，而重力与电场力的合力不变，此时小球初速为零。故小球的确沿轨迹 d 做初速度为零的匀加速直线运动。此时，教师抛出了该题组的第 2 个问题。

问题 2：如图 3-19 所示，一个带电小球从距离水平方向匀强电场高 h 处静止释放，小球将做怎样的运动？参与了怎样的分运动？

学生进行了激烈的讨论交流。经过问题 1 的辨析过程，学生对问题 2 的分析准确率大大提高，并能用精练的语言描述问题 2 的整个分析过程，展示严密的推理过程：小球进入电场前，只受重力作用，那么做自由落体运动，速度方向竖直向下；进入电场的瞬间，立刻受到

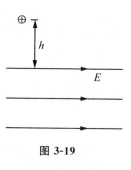

图 3-19

水平方向的电场力作用，那么此时小球受到重力与电场力的合力，合力方向不再沿竖直方向，与速度方向不再共线，所以在电场内部，小球将做初速度不为零的曲线运动。小球参与水平方向初速度为零的匀加速直线运动和竖直方向的匀加速直线运动。

2. 案例评析

该案例解决了学生在解题过程中常见的问题。一是学生了解物体做曲线运动的条件，但具体到实际问题的理解应用时，往往对这两个物理量的分析出现疏漏：受力分析不完整或将受到的某个力处理成合力；没有对物体的初速度进行理性分析。二是学生了解研究曲线运动的基本方法，即将曲线运动分解成两个方向的直线运动，但在对运动进行具体分解时却没有把握好以下两点：合运动才是物体的实际运动；要根据运动的实际效果来确定两个分运动的方向，否则分解无实际意义。该案例中，教师的情境创设与提问，调动了学生研究问题的积极性；学生通过猜测、自主分析、讨论交流等一系列探究活动，以及最后用严谨的语言描述问题的推理过程，主动体验并重新自主建构了知识，对"物体做曲线运动的条件"与"运动的合成与分解"进行整合复习，培养对物理问题进行合理推理的能力，通过问题情境实现知识的升华和能力的发展。

因此，无论设计以题目还是题组为形式的练习与复习教学活动，只有保证了学生主动参与试题的推理过程，即能够运用已学物理概念、规律等，经历演绎、归纳、逻辑推理的推理活动，且运用类似"如果（或基于事实）……那么……"等的策略，鼓励学生敢于有条理地"说出"具体的推理过程，才能让

学生在练习与复习的教学活动中，在复习与整合知识的同时逐渐发展推理能力。

总之，练习与复习课是学生不断深化知识和不断提高能力的环节。只有经过严格的试题选取与设计及有效的教学活动规划，保证学生的学习主动性，才能最大限度地达到教学效果，实现深化理解知识、发展推理思维能力的目标。

第四节　促进论证能力发展的练习与复习教学

科学论证是围绕同一论题，收集证据并运用一定的论证方法解释、评价自己及他人的观点，促进思维的交锋，最终得到双方可接受的结论的活动。①

我国的《初中科学课程标准（2011 年版）》在"实施建议"中要求教师引导学生思考事实证据和科学结论之间的关系，尊重事实，注重证据，依据客观事实和来源可靠的数据提出自己的见解。这就是论证能力的具体表现。

本节主要探讨如何围绕论证的基本要素选择和设计习题，并以习题为载体，根据学生不同阶段的认知发展水平，设计并实施相应的学习活动，开展基于论证的物理练习和复习教学，逐步提升学生的论证能力。

一、促进论证能力发展的问题设计原则和教学策略

（一）科学论证的要素

根据图尔敏的论证模式，一个完整的论证过程一般包含以下六个要素。

①主张，指论证过程中形成的结论。

②证据，指提出主张所依据的最基本的事实。

③理由，说明证据如何导出主张的推论规则，用以判断证据是否合理地解释主张。

④支持，对理由的权威性进行支援，如科学规律等。

⑤条件限制，主张适用在何种情况中。

⑥反驳，阻碍主张成立的因素。

这六个要素构成了一个完整的论证，其关系可用图 3-20 表示。

其中，证据、主张和理由是论证的基本因素，在每个论证中都必须出现。

---

① 杜爱慧. 论证式教学：一种有效的探究教学模式[J]. 教育导刊，2011(9).

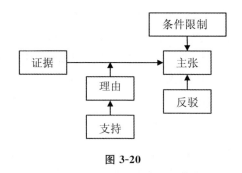

图 3-20

(二)选择或设计促进论证能力发展的题目和题组的原则

指向提升学生论证能力的试题通常围绕论证的几个要素来呈现：题目设置一定的问题情境提出明确的论题；题目给出一定的资料，要求学生通过一系列的思维活动解决问题；要求学生展示应用论据支持自己主张的论证过程；大多数的试题没有直接的公式结论可以应用，需要学生具有一定的综合分析能力和批判性思维。试题设问的角度不同、呈现的方式不同对学生论证能力层级的要求也就不一样。

据此，在选择或设计这类题目和题组时应该遵循以下几个原则。

①目标指向性明确。我们可以在很多方面（如理论的完善和修正、概念的形成和辨析、模型的建立和解释）实施科学论证，因此题目取材可以丰富多样，但题目一定要聚焦于学生论证能力的发展。题干和设问要围绕论证的六个要素，突出论证的过程。

②依据评价标准进行设计。针对不同阶段的学生，针对不同的功能，要求学生的能力水平是不一样的。例如，对于低学段的学生，仅要求达到"知道使用证据表达自己的观点"的水平，题目可以设置简单的因果论证。"能批判性地理解和使用证据，并建立证据和解释之间的关系，从多个视角审视检验结论"是高水平的论证能力的表现，指向高水平论证能力培养的习题，论据的隐蔽性、论证方式的复杂性等都应该更强。所以，首先要明确题目的评价标准和希望学生达到的能力水平，再进行设计。

③题目要充分展现学生的思维过程。题目要尽可能创设一种开放、宽松的论证情境，提供多种不同的主张、理由和证据，让学生针对主张是否合理、理由是否充分、证据是否有效以及证据来源是否可靠等，在自己头脑中运用推理等思考能力对其进行衡量、辩证，并将自己内隐的想法具体化形成外显的主张。

④题目要有利于教学活动的开展。题目的设置要相对开放，在教学过程中教师要为学生搭建对话的平台，让学生在论证时可以与教师、同伴沟通，实现思维的碰撞。学生经历像科学家一样对科学知识论证的过程，体会科学知识的产生，从而深化对科学本质的理解，提升科学素养。

（三）论证式教学的要素

要促进学生论证能力的发展，教学形式本身就应该是论证式的，课堂活动也要用论证的形式开展。论证式教学实质上是将科学领域的论证引入课堂，使学生经历类似科学家的论证过程，理解科学概念和科学本质，并促进思维发展的探究式教学模式。论证教学应具有以下几个要素。

①问题情境应具有新颖有趣的特性，学生感兴趣会更乐意参与论证活动。

②论证对学生而言存在一定的难度，教师应多给予鼓励，同时要让学生有足够的时间去思考和讨论，时间紧迫会降低学生论证的意愿。

③课堂整体以学生为中心，教师运用恰当的教学策略适时引导论证的方向并使之持续从而最后完成。

④课堂氛围民主宽容。

培养论证能力不是一蹴而就的，学生开始往往无法举出合适的证据给出合理的推理。教师要有整体的规划和全局的观念，在不同阶段选择合适的教学素材，循序渐进地进行指导和协助。

（四）论证式教学的策略

论证式的课堂可采取的策略有：利用冲突，引入论题；加强表征，充分论证；追踪论证，及时跟进。

1. 利用冲突，引入论题

呈现某种两难的问题情境，让学生搜集证据与资料，形成自己的观点与想法，并分组展开讨论或辩论活动。经历两难情境的问题辩论，学生能更深入地理解概念，提高判断和决策能力。

2. 加强表征，充分论证

科学家非常看重证据，而且要保证证据在呈现、组织及表述时具有严密性和逻辑性。学生表征问题的能力并不强，尤其在表征证据时，思维经常混乱。因此，要加强学生表征能力的培养，对学生进行定向训练，使学生最终能够把搜集的证据简明化、系统化、概念化。

3. 追踪论证，及时跟进

学生论证时往往会遇到困难，如不能举出适当的证据就直接得出结论，所举出的证据缺乏相关性，不知道怎么支持自己的主张等。教师不能急于求成，要在关键的地方给予学生适时的示范和点拨。

二、促进论证能力发展的题目设计说明与教学案例评析

案例 1 论证求解弹簧弹力冲量的方法

例题：如图 3-21 所示，一劲度系数为 k 的轻质弹簧一端固定，另一端与质量为 m 的滑块相连。滑块在光滑水平面上做简谐运动，周期为 T，振幅为 A。滑块从最大位移向平衡位置运动的过程中，在求

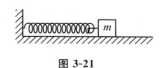

图 3-21

弹簧弹力的冲量大小时，有以下两种不同的解法，你认为哪种解法是正确的，请说明理由。

解法一：由于弹簧的弹力 F 与位移 x 成正比，所以甲同学先求出 $0 \sim \dfrac{T}{4}$ 内的平均弹力 $\overline{F}$，

$$\overline{F} = \frac{kA+0}{2}。$$

由于运动时间是 $\dfrac{T}{4}$，所以

$$I = \overline{F} \cdot \frac{T}{4} = \frac{kAT}{8}。$$

解法二：乙同学查阅资料后得到弹性势能的表达式：$E_{\text{p}} = \dfrac{1}{2}kx^2$（$x$ 为弹簧的形变量）。

设滑块到达平衡位置时的速度为 v，根据机械能守恒定律得 $\dfrac{1}{2}kA^2 = \dfrac{1}{2}mv^2$，所以，$v = A\sqrt{\dfrac{k}{m}}$。

根据动量定理得 $I = mv - 0 = A\sqrt{mk}$。

答案：解法二是正确的。因为弹簧弹力是变力，求变力的冲量可以用平均作用力乘时间，但是这里的平均作用力应该是对时间上的平均作用力。解法一中，根据 $\overline{F} = \dfrac{kA+0}{2}$ 求出的平均弹力是对空间的平均，而这两个力的大小是不相等的。解法二应用动量定理来求冲量，是正确的。

(一)题目设计说明

1. 设计意义

在这节习题课之前，学生对动量定理的内容已经有了一定的了解，也掌握了应用动量定理的基本方法。这道题在知识技能方面的教学目标是：让学生深入理解动量定理，理解动量定理在求变力冲量时的应用，理解动量定理和动能定理的区别和联系。

这道题要求学生应用动量定理，求解弹簧振子从最大位移处到平衡位置的过程中弹簧弹力的冲量，能应用物理规律求解物理量的定量关系是推理能力的表现。这道题还要求学生对不同的求解方法和结果做出解释和评价，这是探究能力的表现。

2. 设计目标

这道题不仅要求学生能正确求解力对物体的冲量，还要对他人的求解过程进行批判性地评价，分析其合理性，并从不同的视角审视结论的正确性。因此，这道题对学生的概念理解能力及分析推理能力的要求都比较高。学生更要通过论证的方式呈现自己的思维过程，这对学生论证能力的要求也非常高。

3. 对象分析

在论证这道题时，学生可能会存在以下几个方面的困难和问题。

①大部分学生能比较顺利地说出解法二是正确的。已知弹性势能的表达式，通过机械能守恒定律求解物体到达平衡位置的速度，再根据动量定理求弹簧弹力的冲量，这种方法是学生熟悉的。但由于解法一和解法二的结论不一样，可能会对一部分学生造成干扰。他们由于说不出解法一的错误所在，因此犹豫不决，无法果断地提出主张。

②认为解法一是错误的，但在对解法一进行论证时，找不到对证据的有力支撑和相应的限制条件，因此论证没有说服力。或者论证过程思维混乱，没有进行严谨的分析和推理。

③找不出解法一错误的原因，只好认为两种解法都是正确的，并编造理由说明两种结果等价。

这些都反映出学生对"平均作用力"的概念不理解，对动量定理的认识不够深入，不会从论证的要素也就是限制条件入手，通过因果论证、比较论证、反驳论证等一定的论证方式支持自己的主张。

4. 过程分析

题干中给出了论证的三个要素：主张、证据和理由。这道题针对同一个问题得到了两个结果，并且详细说明了每一种结果的求解过程，创设了一个两难情境让学生提出自己的主张。两种解法是支撑各自主张的基本事实，也就是证据。解法一是根据冲量的定义，用平均弹力来求冲量。解法二是通过动能定理求出物体在平衡位置的速度，再根据动量定理求冲量。这些物理规律就是用来说明证据支持主张的理由。

支持、条件限制和反驳这三个要素是需要通过学生的论证来呈现的，也是论证过程的核心。对于解法一，如果学生能明确，$I = \overline{F} \times \dfrac{T}{4}$ 是普遍成立的，但是 $\overline{F} = \dfrac{kA+0}{2}$ 是有条件限制的，因为弹力随空间均匀变化但随着时间并不是均匀变化的，就可以进行深入的论证。对于解法二，学生如果能明确应用动量定理求变力的冲量是普遍成立的，没有条件限定，就可以通过确立自己的主张对解法一进行反驳。

可见，这道题设置的论证要素全面，论证的关键正是学生容易混淆的概念。解法一的论证要素可以用图 3-22 表示。

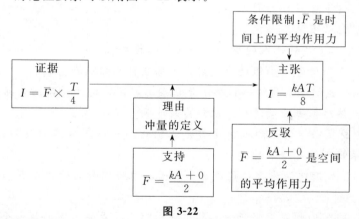

图 3-22

（二）教学案例与评析

1. 教学案例

（1）环节一：依据证据和理由提出主张

教师：请同学们思考，你支持哪种解法，你的理由是什么。

学生 1：我觉得第二种解法是正确的。

教师：你能不能用所学的知识，如有关的概念、规律进行分析？

学生 1：机械能守恒定律和动量定理。

教师：分析这个问题时，所依据的物理知识或者说证据就是机械能守恒定律和动量定理。那你能不能进一步完整地分析?

学生1:首先根据机械能守恒定律求出物体在平衡位置时的速度,然后对物体从最大位移处到平衡位置这个过程,根据动量定理就可以求出弹簧弹力的冲量。

教师:我们在提出一个主张时,一定要有支持这个主张的理由,这个理由通常就是我们所学的物理知识。

下面咱们分成四组,支持第一种解法的是1号小组,支持第二种解法的是2号小组,认为两种解法都正确的是3号小组,认为两种解法都不对的是4号小组。请把自己组的主张和理由记录在表3-2中(以2号小组为例)。

表3-2 主张表

我们的主张是	第二种解法是正确的
我们的理由是	根据机械能守恒定律求出物体在平衡位置的速度,再根据动量定理求解弹簧弹力的冲量

点评:这个环节教师引导学生学会用证据和理由支撑自己提出的主张,并用"主张表"记录下来。

(2)环节二:质疑他人的观点,修正自己的主张

教师:下面请每个小组选出一名代表陈述自己的观点。

学生2:我们组认为第一种解法是正确的,因为弹力是变力,可以先求出平均弹力,然后根据冲量的公式求弹力的冲量。

学生3:我们组认为两种解法都是正确的,一种是根据冲量的定义求的,另一种是根据动量定理求的。

学生4:我们组认为两种解法都不正确,因为弹簧的弹力是变力所以无法求出冲量。

教师:同学们都能根据所学的知识提出自己的看法。下面请每个小组把不同于本组的观点都记录在表3-3中(以1号小组为例),然后进行讨论,你们认为哪一组的论证是正确的。

表3-3 主张表

小组2的主张和理由	第二种解法是正确的,根据机械能守恒定律求出物体在平衡位置的速度,再根据动量定理求解弹簧弹力的冲量

小组3的主张和理由	两种解法都是正确的，一种是根据冲量的定义求的，另一种是根据动量定理求的
小组4的主张和理由	两种解法都不正确，因为弹簧的弹力是变力所以无法求出冲量

点评：质疑他人之前，要弄清楚他人的主张。所以要求学生认真倾听，并继续在"主张表"中记录。

教师：现在请每组的代表陈述，对别的小组提出质疑或给出肯定，对自己的看法进行坚持或修正。

学生5：我们组认为解法二一定是正确的。因为是根据机械能守恒定律和动量定理求的。

教师：我们能不能再进一步深入论证呢？为什么用机械能守恒定律和动量定理求的就一定正确，可以从这些物理规律在应用时有没有限定条件来思考。

学生5：机械能守恒定律的条件是只有重力或弹力做功，物体在运动过程中只有弹簧弹力做功，所以机械能守恒。应用动量定理可以通过动量的变化量求解变力的冲量，物体运动过程中只受弹力，所以弹力的冲量等于动量的变化量。

教师：我们在应用规律时，一定要思考它的适用条件，这样才能使我们的论证更加深入和严谨。现在我们已经明确第二种解法是正确的。

点评：引导学生用"条件限定"进行论证，对第二种解法是正确的达成共识。

学生6：我们组坚持认为两种解法都是对的。

学生7：如果两种解法都是对的，为什么结果不一样呢？

学生6：两个结果都是字母，没准具体数值是相等的。

学生7：不可能相等。

学生6：你能证明不相等吗？

教师：有没有小组能够证明两个结果肯定不相等？老师提示一下，可以运用简谐运动的周期公式。

学生7：第一种解法的结果 $I = \dfrac{kAT}{8}$，根据简谐运动的周期公式 $T = 2\pi\sqrt{\dfrac{m}{k}}$，这样就得到 $I = \dfrac{kAT}{8} = \dfrac{kA}{8} \times 2\pi\sqrt{\dfrac{m}{k}} = \dfrac{A\pi}{4}\sqrt{mk}$，和第二种解法的结

果 $I = A\sqrt{mk}$ 肯定不等。

学生6：看来可能有一种解法是不正确的。

教师：这两位同学刚才给我们展示了一场精彩的辩论过程，每位同学都能说出一定的证据支持自己的观点，后面这位同学还通过数学推理反驳了对方的观点，论证得非常充分。

点评：学生之间进行论证，并引导学生对他人的观点进行反驳，让学生初步意识到第一种解法是不正确的。

（3）环节三：通过集体论证达成共识

教师：同学们现在初步达成共识，第二种解法是正确的，第一种解法是不正确的。现在我们来论证第一种解法为什么不正确。

学生沉默。

教师：反驳他人的主张，可以从证据的真实性、证据是否有限定条件、证明的过程推理是否符合逻辑等方面进行。

点评：引导学生从论证的要素进行反驳论证。

学生8：解法一中 $I = \bar{F}t$ 是冲量的定义，应该是对的。

学生9：平均力 $\bar{F} = \dfrac{kA+0}{2}$ 也是对的。

学生10：平均力 $\bar{F} = \dfrac{kA+0}{2}$ 的求法似乎有问题。

教师：同学们已经尝试对解法一进行分析并提出质疑。请大家思考以下问题。

问题1：匀变速直线运动的平均速度怎么求？

问题2：非匀变速直线运动还能用上述方法求平均速度吗？为什么？

问题3：弹簧弹力随空间的变化均匀吗？为什么？

问题4：请举例说明弹簧的弹力随时间变化不均匀。

点评：这几个问题，让学生把求平均弹力和求平均速度进行类比，便于学生理解"均匀变化"和"代数平均值"的关系。

学生11：弹簧的弹力是变力，所以可以用平均弹力和时间的乘积求弹力的冲量。这可以认为是一种论据，而且是正确的。但是在求平均弹力时，用到了 $\bar{F} = \dfrac{kA+0}{2}$。弹力和形变量成正比，所以这种算法可以求弹簧的平均弹力，但是这是弹力随空间变化的平均值，而如果要用平均弹力求冲量，这个弹力应该是在时间上变化的平均值。所以第一种解法在论证的过程中偷换了概念，导致结果是不成立的。

教师：弹簧弹力是变力，求变力的冲量可以应用动量定理，这是我们寻找到的论据。所以要想办法求出物体在平衡位置的速度。物体从最大位移向平衡位置移动的过程中，弹性势能转化成动能，根据机械能守恒定律可以求出速度，这就是论证过程。解决力学问题可以从力和运动、动量和能量等角度去分析。第一种解法，没有分清平均作用力的概念，所以导致错误。力在空间上的积累和力在时间上的积累对物体的运动状态的变化效果是不同的。

点评：从知识、认识问题的角度以及论证方法等方面加以总结。

2. 案例评析

论证就是用一个或一些真实性已经被断定的判断（证据）通过逻辑推理（理由）来确定另一个判断（主张）真实性的思维过程。任何一个论证都包含证据、主张和理由这三个要素。在物理论证的过程中，证据一般都是已知的基本概念和规律，比较容易确定。而论证过程要通过科学建模、分析推理、批判反驳错误观点等一系列思维活动来完成，并最终把这个过程通过文字叙述或口头表达等方式外显出来。可见，论证能力和物理学科核心素养中科学思维所涉及的科学推理、科学论证、质疑创新三个要素是密不可分的，论证能力是思维能力的核心。所以对论证能力的培养也应该是对思维能力的综合提升。在进行物理练习和复习教学时，应该充分挖掘习题的功能，设计相应的学生活动，培养学生严谨、有序、深刻的思维。

指向培养学生论证能力的教学的基本特征是教学过程是一个不断提出问题、解决问题的过程。在这个过程中，学生所学习的知识不是从教师那里直接获得的，而是通过一系列的思维活动自己形成的。教师的作用就是设计问题和学生活动，推进学生思维能力的发展。

在这个教学案例中，教师并不是一味地讲解，而是从学生的认知出发，引导追问，使得学生的思维层层深入。教师的归纳和总结也是对学生论证方法的点拨。

为了保证论证过程有序、有效展开，在论证之前，教师给学生规定基本的规则，如发言的内容必须针对主题、要尽量表达自己的想法、尊重他人的发言等。教师要鼓励学生说出自己的任何想法，要保证无论是持赞成还是反对立场的学生均有机会参与讨论。

通常，师生之间和学生之间的交流问话只停留在单一的问答上，很少有机会进行多种观点之间的争论与交锋，学生对别人提出的观点漠不关心，缺乏质疑、挑战别人的意愿，甚至不知道如何去反驳别人。因此，在这一阶段教师要鼓励学生积极反驳，要有不服输的论证态度。教师要教给学生反驳的方法：可以针对对方的理由、证据等提出反驳，如理由、证据的来源是否可信，是否有科学依据，提出的证据是否支持主张，证据能否支持理由，证据是否适用于所有的情况，有没有反例，是否需要加上限定词，是否需要搜集更多的证据等。教师应引导学生从学过的知识或者所搜集的数据中寻找科学证据来维护自己的立场或反驳他人的观点，从而提高论证的品质，提升反驳的说服力。

三、促进论证能力发展的题组设计说明与教学案例评析

案例 2　三种论证方式

例题 1：课堂上教师给同学们布置了这样一个题目。假设地球是一半径为 R，质量分布均匀的球体。一矿井深度为 d。已知质量分布均匀的球壳对壳内物体的引力为零。求矿井底部和地球表面处的重力加速度大小之比。

李明同学的思考过程如下：由等式 $GM = gR^2$（G 为引力常量，M 为地球质量，R 为地球半径，g 为地球表面处的重力加速度）变形后得到 $g = \dfrac{GM}{R^2}$，则矿井底部的重力加速度 g' 与地球表面处的重力加速 g 大小之比 $\dfrac{g'}{g} = \dfrac{R^2}{(R-d)^2}$。你认为李明的答案是否正确？

答案：李明的答案不正确。设地球密度为 ρ，地球质量为 $M = \rho \dfrac{4}{3}\pi R^3$，所以 $g \propto R$，$g' \propto R'$，$\dfrac{g'}{g} = \dfrac{R-d}{R}$。

例题 2：请证明静止在水平桌面上的物体所受到的重力和它对桌面的压力大小相等。

答案：物体静止在水平桌面上，处于平衡状态其合力为零，因此物体所受的重力和支持力大小相等。物体所受的桌面对它的支持力和它对桌面的压力是一对作用力与反作用力，根据牛顿第三定律，它们大小相等。因此，物体所受到的重力和它对桌面的压力大小相等。

例题 3：比较摩擦力和弹力做功，说明为什么不存在与摩擦力对应的"摩擦力势能"的概念。

答案：弹力做功与实际路径无关，只与初末位置有关，所以可以定义一个由物体之间的相互作用力（弹力）和相对位置决定的能量——弹性势能。而摩擦力做功与实际路径有关，所以不可以定义与摩擦力相对应的"摩擦力势能"。

（一）题组设计说明

反驳论证、因果论证、比较论证是比较典型的论证方式。上面一组习题具

体说明了如何引导学生利用上述论证方式。

1. 设计意义

这组试题可以在力学阶段性复习中使用。学生已经初步掌握了完整的力学知识，需要对力学的概念和规律进一步深入理解。例题1突出对万有引力定律的应用。例题2突出应用牛顿运动定律分析问题。例题3突出对物理概念的理解。公式的适用条件、基本规律的应用和对物理概念的本质理解等都是学生进一步学习时需要提升的内容。这组习题从这几个方面给学生上位的引导。

例题1要求学生通过分析推理建立井底的重力加速度和地球表面处的重力加速度之间的定量关系，考查了学生的分析推理能力。例题2要求学生应用牛顿运动定律分析实际问题，考查了学生的应用能力。例题3要求学生通过弹力做功和摩擦力做功的类比，解释为什么不存在摩擦力势能的概念，考查了学生的探究能力。

2. 设计目标

在论证能力的层级要求上，例题1要求的论证能力水平为"能基于证据质疑物理结论"。例题2要求的论证能力水平为"能使用证据并提出自己的观点"。例题3要求的论证能力水平为"能建立证据与解释之间的关系"。可见通过这三道题的练习，学生的能力水平逐渐提高。

3. 对象分析

学生对于物理学习的困难一般表现在：生搬硬套公式，不会定性分析，害怕解释说明，知识学习基于记忆而不是理解。

对于例题1，学生往往机械地套用公式，不去分析公式中各个物理量的确切含义，也没有关注题干中给出的信息"质量分布均匀的球壳对壳内物体的引力为零"，认真思考这个条件的意义。加上题目中给出的李明同学的解题过程，看上去分析得很有道理，这就更加干扰了学生的思路。

对于例题2，几乎所有的学生都知道这个结论，但要通过分析说明这个结论的正确性，学生往往找不到证据和结论之间的逻辑关系，无法进行严谨的推理。

例题3选自2015年北京高考物理试题23题中的一问，得分率比较低。学生不会从做功与势能关系的角度思考势能概念，也就是不理解势能的概念是如何建立起来的。不会建立概念之间的联系，是学生对概念理解的障碍点之一。

4. 过程分析

例题1可以采取反驳论证的方式。通过揭露和驳斥错误的论点来确立自己的论点就是驳论。驳论的作用在于"破"，即辨别是非，驳斥错误的观点，同时树立正确的观点。

例题 2 可以采取因果论证的方式。因果论证，是通过分析事理，揭示论点和论据之间的因果关系来证明论点。因果论证可以用因证果，或以果证因，还可以因果互证。在物理问题中，结果通常是一个现象，原因往往是解释现象的物理规律。

例题 3 可以采取比较论证的方式。比较论证是一种由个别到个别的论证方法。我们通常把它分为两类：一类是类比法；另一类是对比法。类比论证是根据两个对象在某些属性上的相同或相似，推论两者在其他属性上也有相同或相似。对比论证则是一种求异的思维方式，它侧重于从事物相反或相异属性的比较中来揭示需要论证的论点的本质。

（二）教学案例与评析

1. 教学案例

（1）反驳论证，辨析公式。

教师：你同意李明同学的说法吗？

学生 1：同意，根据公式就可以得出答案啊。

学生 2：好像不对，求井底重力加速度的时候，地球质量变了。

学生 1：井底再深和地球半径相比可以忽略，你看近地卫星离地面高度 200 km，和地球半径比不也忽略了吗？

教师：学生 2 对公式中的"M"提出质疑，学生 1 通过以前学过的近地卫星半径的计算予以了反驳。我们在使用公式时，不仅要重视公式所反映的物理量之间的关系，更要关注公式中各个物理量的确切含义。

点评：引导学生抓住公式中物理量的含义进行论证。

学生 3：我觉得李明的做法是不对的，因为考虑到地球自转，在井底万有引力并不等于重力。

教师：你分析得很有道理，那你认为比值应该是多少？

学生 3：井底的角速度和地球表面的角速度相等，所以加速度之比应该为 $\dfrac{g'}{g} = \dfrac{R-d}{R}$。

教师：这位同学从公式的适用条件方面提出了质疑。还有其他看法吗？

学生 4：我觉得这道题 g 指的是地球表面的重力加速度，这时万有引力等于重力，这个公式可以用，所以李明的解法没错。

教师：这位同学从题目条件入手，再次论证了公式的适用条件。你们认为谁说的有道理？

点评：引导学生抓住公式的适用条件进行论证。

教师：刚才那位同学提到题目的条件，请大家再次审题，看看有没有什么条件是你没注意到的？

学生：老师，这个条件"已知质量分布均匀的球壳对壳内物体的引力为零"好像没用。

教师：大家思考一下给出的这个条件是否有用。

点评：引导学生关注题干信息，帮助学生突破难点。

学生：我知道了，求矿井底部重力加速度实际上可以转化为求一个半径为 $R-d$ 的球体表面的重力加速度。设该处的重力加速度为 g'，地球质量为 M'，$g'=\dfrac{GM'}{R^2}$。

教师：现在我们找到了公式的适用条件和物理量的含义，正确地使用了公式。那么，该如何进一步论证呢？

学生：题目还说了地球是一个"质量分布均匀的球体"，所以各处的密度应该相同。

教师：这位同学主动从题干中分析出了有用信息。

学生：设地球密度为 ρ，地球质量为 $M=\rho\dfrac{4}{3}\pi R^3$，所以 $g\propto R$，$g'\propto R'$，$\dfrac{g'}{g}=\dfrac{R-d}{R}$。所以李明同学的答案是错误的。

教师：分析得太好了，我们只有确切理解公式中各个量的含义，才能正确地使用它们。

（2）因果论证，应用规律。

教师：大家都知道静止在水平桌面上的物体所受到的重力和它对桌面的压力大小相等，你怎么证明呢？

学生：这还用证明吗？这不是明摆着的吗？

教师：很多看上去显而易见的事实往往包含了深刻的物理规律。这个问题属于比较典型的因果论证。一般因果论证的形式是"三段论"：因为 A 是……，而 B 符合 A，所以 B 是……。请同学们尝试画出这个证明过程的因果流程图。

学生：我画的这个图对吗？（图 3-23）

教师：因果论证的模式可以用图 3-24 的流程图表示。

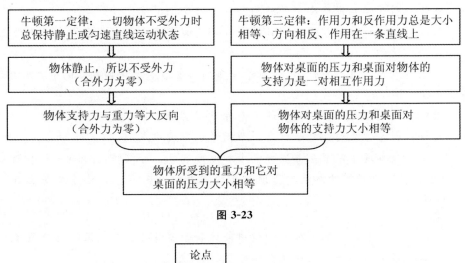

图 3-23

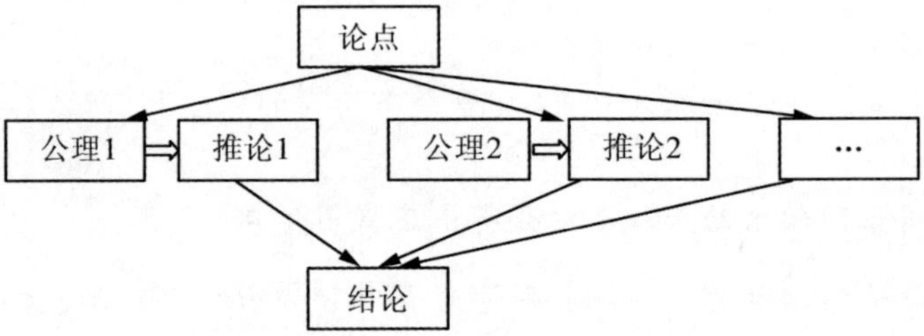

图 3-24

点评：引导学生从物体处于静止状态这个结果，分析其原因——物体所受合外力为零。让学生在寻找因果关系的过程中证明结论，熟悉因果论证的基本程序。

（3）对比论证，理解概念。

教师：对比是学习中经常使用的方法。通过对比找到事物的差别和联系，有助于掌握新知识，提高学习效率。对比论证也是一种典型的论证方式。

教师：我们可以采取对比论证的方式来说明"为什么没有摩擦力势能"。那如何对比呢？

教师：首先可以进行类比，思考我们学习过哪些不同形式的势能，和这些势能对应的力做功有什么特点。

学生：重力势能、弹性势能、分子力势能和电势能。重力、弹力做功都只与初末位置有关，与路径无关。

教师：再来进行对比，摩擦力做功和弹力做功有什么不同？

学生：弹力做功只与初末位置有关，与路径无关，而摩擦力做功和路径有关。

　　学生：势能是由相互作用与相对位置决定的能量，能引入势能的力做功都应该只和位置有关。所以没有"摩擦力势能"。

　　点评：对比论证是一种有效的论证方法，通过对比可以解决陌生情境的问题。但是学生容易忽略限制条件，盲目进行对比。这也从一方面反映出学生对概念规律的理解不够全面，缺少对具体问题的辩证分析。因此教学中要引导学生通过对比抓住本质。

2. 案例评析

　　培养学生论证能力的习题，设问比较开放，没有现成的公式可以直接套用；习题要求学生综合应用所学的知识作为论据，经过一定的论证过程来说明自己的主张；习题注重考查学生的思维过程而不是对知识结论性的记忆。

　　比如例题1，求矿井底部和地球表面处的重力加速度大小之比。学生对求重力加速度的公式是熟悉的，但这道题给出的问题情境比较新颖，如果学生简单机械地套用公式，就会出现和题目中一样错误的论证过程。所以学生首先要理解公式 $g=\dfrac{GM}{R^2}$ 中每个物理量的确切含义，根据题目所给的资料建立物理模型，井底的重力加速度就是以 $R-d$ 为半径的球体表面的重力加速度。这样就找到了反驳题干错误论证的论据：g 和 g' 对应质量不同。这样的试题可以很好地考查学生对概念或公式的理解是否深入，这种理解是通过其外在的分析论证活动外显出来的。

　　复习课教学的主要目标是帮助学生建构知识间的联系，辨析易混淆的概念，掌握基本方法，综合解决问题。复习课上，如果教师按复习知识—讲解例题—课堂总结的顺序开展教学，结果往往是学生原来会的他们不爱听，原来不会的还是不会。

　　教师通过问题设置引发学生的认知冲突，让学生在论证的过程中自己辨析迷思概念，寻找解决问题的方法，这种基于学生思维障碍的复习才是有效的。

　　论证不仅是对自然现象成因的解释，它在科学学习上还推动着认知向较高的层级发展。学生在论证的过程中常会遇到多种不同的主张、理由和证据，这些主张是否合理、理由是否充分、证据是否有效以及证据来源是否可靠等，都需要学生在头脑中运用推理等思维能力对其进行衡量、辩证，并将自己内隐的想法具体化，形成外显的主张。同时，学生在进行论证时常会与教师、同伴沟通，这也可以很好地刺激其思考。因此，学生处在一种开放、宽松的论证环境中时，可以充分发表自己的想法和主张，这不仅可以帮助他们对理论和资料做出判断，而且可以刺激他们积极发表看法或提出质疑、反驳。可见论证对于培养学生的推理、批判等高层次的思维能力有着非常重要的作用。①

在上述案例中，学生不断纠正自己的错误认识，反思自己思维不规范导致的漏洞，形成从原因到结果有理有据、严谨有序的思维习惯。

论证能力是物理学科核心素养的关键能力之一。在物理练习与复习的教学中，教师要精心选择论证的主题，组织具有实效性的论证活动，促进学生论证能力的发展。

第五节 促进质疑创新能力发展的练习与复习教学

质疑创新是科学思维的一个要素，指的是基于事实证据和科学推理对不同观点和结论提出质疑、批判，进而提出创造性见解的能力与品质。质疑创新的具体表现是具有批判性思维的意识，善于基于证据大胆质疑，能从不同角度思考问题，追求科技创新的能力。

本节主要探讨如何基于质疑创新的定义和具体表现，设计并实施相应的学习活动，开展基于质疑创新的物理练习和复习教学，逐步提升学生的质疑创新能力。

一、如何选择和设计题目发展学生的质疑创新能力

（一）质疑创新能力的具体表现

质疑创新能力的具体表现，一是具有批判性思维的意识。它是一种有意识地进行评判的心理准备状态，促使个体朝某个方向去思考，并用审视的眼光来看待问题。具体而言，涵盖了这样几种要素：独立自主、充满自信、乐于思考、不迷信权威、头脑开放、尊重他人。②

二是善于基于证据大胆质疑，能从不同角度思考问题。质疑能力就是对所看到的现象或已有结论的真实性、准确性提出疑问，对做什么和相信什么做出合理决策的能力，是指人对现存事物敢于和善于提出疑问，并能对传统理念进行争辩的能力。敢于提问、善于提问是质疑能力的重要标志。与质疑能力直接相关的思维品质是思维的批判性。③ 教师可以利用一定的问题情境，提高学生

① 杜爱慧. 论证式教学：一种有效的探究教学模式[J]. 教育导刊，2011(9).
② 彭泽平，徐辉. 守护批判品性：大学教学的超越之道[J]. 高等教育研究，2013(1).
③ 粟莉. 论教师在批判性思维培养中的角色[J]. 中山大学学报论丛，2004(4).

的质疑技能，也可以利用因果质疑、比较质疑、变换条件质疑、逆向思考质疑、联想质疑等方法，对学生的质疑提问进行指导。

随着教育教学改革的全面展开，如果学生能在所掌握的知识的基础上，对遇到的问题进行批判性思考，提出自己独到的见解，能在所质疑的对象上找到新的生长点，就可以实现科技创新的能力提升。

（二）选择和设计促进质疑创新能力发展的题目和题组的原则

什么样的题目和题组能够促进学生质疑创新能力的发展呢？此类题目和题组应该具有培养学生批判性思维能力的特点。据此，在选择和设计这类题目和题组时应该遵循以下几个原则。

1. 选题目的性明确

质疑创新的物理教学可以有很多角度，如对生活现象的原理的质疑、对概念的来源的质疑、对模型的建立方法的质疑。因此，题目取材也可以有多个角度多种来源，但题目一定要聚焦于学生质疑创新能力的发展。题干和设问要围绕批判性思维意识的培养，能够有质疑的过程或者入手点。

2. 依据质疑创新的层级水平选题或者设计

不同阶段的学生，能力水平要求是不一样的。例如，低年级的学生，一般仅要求达到"具有质疑和创新的意愿""能正确使用证据表达自己的观点或对已有的观点提出质疑"。题目设计或者选择时，依据学习的知识内容有较为明显的批判思考或者可质疑的点。高年级的学生，可以要求达到"能提出新颖、独特和有价值的观点""能批判性地理解和使用证据，从多个视角提出自己的观点，具有一定的创新能力""能批判性地理解和使用证据，并建立证据与解释之间的关系，从多个视角审视检验结论，具有创造性解决问题的能力"。学生对此类题目的批判性思考或者质疑往往需要经过一定的逻辑推理或论证，或者有更强的发散性思维。

3. 题目要可以引发学生的思维冲突

题目要尽可能创设一种基于学生已有的物理知识基础、生活经验的问题情境，让学生能够质疑、可以批判，引发学生的思维冲突。让学生针对结论是否合理、理由是否充分以及证据来源是否可靠等，在自己头脑中进行论辩，进而可以将自己的想法具体化形成主张。

4. 题目要有利于师生、学生间的互动

在教学过程中，教师要通过题目为学生搭建对话的平台，让学生在批判、质疑时可以与教师、同伴沟通，让学生的思维进行碰撞。

满足上述原则的题目，可以是原始的物理问题，可以是物理学史，可以是

联系实际但题目中涉及数据与实际脱离的题目，可以是测试过后出的反馈性题目，可以是"一题多变"性题目，还可以是需要利用计算机、数学等工具解决的题目等。培养学生批判性思维意识的题组可以以多个知识点或者某一知识点为载体。

二、促进质疑创新能力发展的题目设计说明与教学案例评析

案例 1　应用库仑定律求解问题

例题：有两个点电荷带电量分别为 $+Q$ 和 $-Q$，相距为 L，它们之间的作用力为 F。把两个点电荷上带的电量分别转移给两个半径都为 $L/5$ 的金属球，两球心间的距离仍为 L，这时两球间的作用力为 F'，则（　　　）。

A. $F' = F$　　　　　　　　　　B. $F' > F$

C. $F' < F$　　　　　　　　　D. 无法确定两力的关系

答案：B。

（一）题目设计说明

1. 设计意义

库仑定律内容是"真空中两个静止的点电荷之间的相互作用力，与它们的电荷量的乘积成正比，与它们距离的二次方成反比，作用力的方向在它们的连线上"。

学生在学习了一个物理规律后，需关注并理解规律的适用范围，是否已经正确地理解了规律的适用范围，学生自己并不清楚。通过该题目，学生对自己是否理解该规律中的"点电荷"会较为明确。

2. 设计目标

这是一道高中物理低年级学生学习新规律后的题目，该题目可以让学生达到"具有质疑和创新的意愿"这一水平。一方面，学生对于新规律的学习，本身潜意识里就会有自己可能理解不够全面的担忧。另一方面，学生可能对新规律的适用范围理解得不够全面，在处理此习题时可能会出现错误。为解决这两方面的问题，教师设计了此道练习题。

3. 对象分析

学生学习物理规律后，关注规律是否有条件限制或者适用范围，这不仅是良好的物理学习习惯，同时也为学生批判性思考问题埋下伏笔。自己有可能没有理解透彻"适用范围"，就是学生可以质疑自己的理由，同时也可以利用这一

点来强化学生批判性思维的意识。遇到问题后，去搜索头脑中的已有知识储备，利用已经学过的知识或理论来解决遇到的问题，这不仅有助于学生解决问题能力的提升，也有助于质疑能力的提升。

4. 学习困难与障碍分析及教学策略

此题中，学生容易错选 A 或者 C。错选 A，是未理解清楚库仑定律的适用条件，未理解点电荷的含义，属于规律、概念理解类错误。错选 C 的原因有两种：一种是误以为每个金属小球分得 $Q/2$ 的电荷量，而后利用

$$k\frac{\frac{Q}{2}\times\frac{Q}{2}}{L^2}=k\frac{Q^2}{4L^2}$$，选出 C，属于概念负迁移性错误；另一种出错原因主要是计算类错误，即将计算过程在头脑中简单完成，而出现错误。

错选 A 的学生，未能很好地利用已学过的"点电荷"的概念来理解库仑定律的适用范围。在库仑定律中再次遇到点电荷概念时，没有批判性地思考此处"点电荷"具体所指，没有将"点电荷"概念迁移到库仑定律适用范围中，进而推理不出该题目的正确选项。

学生在之前的学习中学到过"点电荷"这一概念，因此一部分学生有能力自己正确解答这道题目。学生通过彼此间的互助，也可以达到"能正确使用证据表达自己的观点或对已有的观点提出质疑"这一水平。

（二）教学案例与评析

培养学生的批判性思维意识和质疑能力，教师挑选出恰当的习题很重要，在教学中如何选用恰当的教学方式呈现更加重要。

1. 教学案例

教师：谁能说一说库仑定律的内容。

学生1：真空中两个静止的点电荷之间的相互作用力，与它们的电荷量的乘积成正比，与它们的距离的平方成反比，作用力的方向在它们的连线上。

点评：简单回顾库仑定律内容，加深学生对库仑定律记忆的同时，让全体学生明确库仑定律的内容，为后面利用库仑定律解题做好铺垫。

教师：板书画图，如图 3-25 所示。

教师：请思考这两种情况下库仑力大小是否相同？谁来回答一下？

点评：板书画图，目的是直观、形象地强化点电荷的概念，帮助学生批判性思考带电小球是否可以看成点电荷，取决于小球半径与两个小球球心间距离的大小关系。在图 3-25(a)中，带电小球可以看成点电荷，而在图 3-25(b)中，不能看成点电荷。

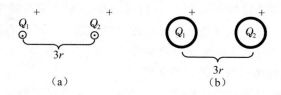

图 3-25

学生 2：不同，图 3-25(a)中两小球之间的库仑力大小为 $F=k\dfrac{Q_1Q_2}{9r^2}$，图 3-25(b)中两小球之间的库仑力比 F 要小。

教师：请说一说你的分析过程。

学生 2：在图 3-25(a)中，带电小球可以看成点电荷，可以利用库仑定律直接计算，所以代入公式就是 $F=k\dfrac{Q_1Q_2}{9r^2}$。而在图 3-25(b)中，两个带电小球不能看成点电荷，它们带同种电荷，电荷间有排斥力，故实际距离较 $3r$ 要大，所以，彼此间库仑力较 $k\dfrac{Q_1Q_2}{9r^2}$ 要小。

教师：回答得非常正确，表述也很完整，谢谢这位同学。

点评：对学生的回答给予正面、积极的评价，有助于提高学生的物理学习自信心，为学生自我质疑和质疑他人结论做好心理铺垫。

教师：有谁错选了 C？（学生举手）

教师：好的，感谢某某，请说一说你为什么会选 C。

点评：学生们能够勇于承认自己的错误本身就需要勇气，教师要给予正面肯定。

学生 3：我以为每个金属小球分得 $Q/2$ 的电荷量，而后利用 $k\dfrac{\frac{Q}{2}\times\frac{Q}{2}}{L^2}=k\dfrac{Q^2}{4L^2}$，故选 C。

教师：那么，现在你说说自己可能错在哪里了。

学生 3：小球获得了全部的电量，不是分得一半。

教师：你怎么会想到小球分得一半的电荷量呢？

学生 3：以前做过的题目中小球分得一半的电荷量，以为这道题和之前的那道题一样。

教师：是不是以前完全相同的两个金属小球，一个带电 Q，另一个不带电，接触后各自分得一半的电量这类题目导致出错的？

点评：学生此处的错误属于概念负迁移性错误。教师要辅助学生找出这种负迁移，这样才能真正让学生理解自己的出错点，明确分析问题过程中要批判性思考结论的依据，增强学生质疑的意识。

学生3：是的。

教师：谢谢某某同学。还有没有人选C，但是出错原因与某某不相同。（学生举手）

教师：好的，感谢某某，请说一说你的出错原因。

学生4：我是计算出错了！

教师：你是在卷子上列示计算的，还是在头脑中列式计算的？

学生4：头脑中。

教师：你现在在黑板上为大家列式计算一下好吗？

学生4：好的。（列出正确解答过程和结果）

教师：完全正确。某某同学很棒！我们再遇到比值计算的问题时最好动手算一算，而不应单纯在头脑中列式计算。

点评：学生此处的错误属于计算错误。许多学生对简单地计算过程喜欢口算完成，但在比值计算中往往容易出错。为此，可以让学生亲自体会自己列式计算是能对的，经过这一质疑过程，学生对比值问题要列式计算会印象较深，提高了解决问题的能力。

2. 案例评析

在物理测试的过程中，有的题目难度不大，却有较多学生出现错误。教师要充分挖掘这种题目的批判性思考和质疑的价值。不同的学生出错原因可能不同，即同样是一道题目没有答对，有可能A同学此题是概念、规律理解错误；B同学则是概念、规律理解没有问题，但是数据计算过程出错；而C同学则是审题时漏掉了一个隐含条件等。这道题从学生的易错点出发，寻找学生的"点电荷"迁移思维漏洞，利用学生学习新规律时的"忐忑"心理，及时激发学生的质疑意识，强化学生批判性思考问题的意识。

案例2　联系实际问题

例题：我们一般认为，飞船在远离星球的宇宙深处航行时，其他星体对飞船的万有引力作用很微弱，可忽略不计。此时飞船将不受外力作用而做匀速直线运动。

设想有一质量为 M 的宇宙飞船，正以速度 v_0 在宇宙中飞行。飞船可视为横截面积为 S 的圆柱体(图 3-26)。某时刻飞船监测到前面有一片尘埃云。

（1）已知在开始进入尘埃云的一段很短的时间 Δt 内，飞船的速度减小了 Δv。求这段时间内飞船受到的阻力大小。

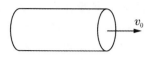

图 3-26

（2）已知尘埃云分布均匀，密度为 ρ。

a. 假设尘埃碰到飞船时，立即吸附在飞船表面。若不采取任何措施，飞船将不断减速。通过监测得到飞船速度的倒数"$1/v$"与飞行距离"x"的关系如图 3-27 所示。求飞船的速度由 v_0 减小 1% 的过程中发生的位移及所用的时间。

b. 假设尘埃与飞船发生的是弹性碰撞，且不考虑尘埃间的相互作用。为了保证飞船能以速度 v_0 匀速穿过尘埃云，在刚进入尘埃云时，飞船立即开启内置的离子加速器。已知该离子加速器是利用电场加速带电粒子，形成向外发射的高速（远远大于飞船速度）粒子流，从而对飞行器产生推力的。若发射的是一价阳离子，每个阳离子的质量为 m，加速电压为 U，元电荷为 e。在加速过程中飞行器质量的变化可忽略。求单位时间内射出的阳离子数。

答案：略。

（一）题目设计说明

1. 设计意义

学生在进行此类练习的过程中，往往不能坚持多问几个"为什么"，因此不能深入理解题目。学生问为什么的过程可形成质疑和批判的意识。

2. 设计目标

如果学生能够从原理角度推导题中给定的图像关系，这不仅能够强化学生的批判性思维意识，而且可以协助学生从结论反推的角度深入理解问题。因此，该题目可让学生达到"能批判性地理解和使用证据，并建立证据与解释之间的关系，从多个视角审视检验结论，具有创造性解决问题的能力"这一水平。

3. 对象分析

该题目考查的知识点是牛顿运动定律、动量定理与动量守恒、弹性碰撞，该题以实际问题为背景，属于偏难的题目。学生在理解了题目的正确求解过程后，往往不再多做思考。

4. 学习困难与障碍分析及教学策略

学生已经具备碰撞过程动量守恒、流体柱问题利用动量定理求解的知识储备。但是学生在该题目的求解过程中，不能清晰地从实际问题中辨认出需要的碰撞过程和流体柱模型,这是第一个困难。第二个困难是题目中直接给出的数据图形结论(图 3-27)对学生来说过于抽象,导致利用未知的图像求解未知的时间在知识迁移上存在障碍。

为了适当降低这类题目的难度,在已知条件中往往会给出结论性内容让学生直接运用。比如此题中说到图 3-27 是通过直接监测数据得到的。教师可以引导学生质疑题目这一给定已知条件的由来。如果学生每见到一个现象,都想一想原因,无论是对题目中的概念、公式、定理,还是图像,或者其他已知条件,都要知道是什么,多问几个"为什么",做到知其所以然,坚持不懈地寻根问底,那么学生不仅能加深对习题的理解,自然也可以提升批判意识和质疑能力。

(二)教学案例与评析

1. 教学案例

教师:请大家参考该题目的解答过程,思考、讨论该题目的求解思路。

该题目的正确求解过程如下。

(1)飞船的加速度 $a=\dfrac{\Delta v}{\Delta t}$。根据牛顿第二定律 $f=Ma$,飞船受到的阻力 $f=M\dfrac{\Delta v}{\Delta t}$。

(2)a. 对飞船和尘埃运用动量守恒定律得 $Mv_0=(M+\rho Sx)\dfrac{99}{100}v_0$,解得 $x=\dfrac{M}{99\rho S}$。

由 $1/v$-x 图像可知,$t=\dfrac{1}{2}(\dfrac{1}{v_0}+\dfrac{100}{99v_0})x$,解得 $t=\dfrac{199M}{19602v_0\rho S}$。

b. 设在很短的时间 Δt 内,与飞船碰撞的尘埃的质量为 m',所受飞船的作用力为 f'。

飞船与尘埃发生的是弹性碰撞,$Mv_0=Mv_1+m'v_2$,$\dfrac{1}{2}Mv_0^2=\dfrac{1}{2}Mv_1^2+\dfrac{1}{2}m'v_2^2$,解得 $v_2=\dfrac{2M}{M+m'}v_0$。

由于 $M\gg m'$,所以碰撞后尘埃的速度 $v_2=2v_0$。

对尘埃,根据动量定理 $f'\Delta t=m'v_2$,其中 $m'=\rho Sv_0\Delta t$,则飞船所受阻力 $f'=2\rho Sv_0^2$。

设一个离子在电场中加速后获得的速度为 v,根据动能定理有 $eU=$

167

$\dfrac{1}{2}mv^2$。

设单位时间内射出的离子数为 n。在很短的时间 Δt 内，根据动量定理 $F\Delta t = nmv$，则飞船所受动力 $F = nmv$，飞船做匀速运动 $F = f'$，解得 $n = \sqrt{\dfrac{2}{eUm}}\rho S v_0^2$。

点评：这是一道测试性题目，学生在求解过程中会遇到较多问题，如不清楚物理情境、不能合理建立碰撞模型、不能正确分析流体问题。让学生自己看完整解答，并讨论部分思路，一方面可以照顾到全体学生，让学生明确该题的正确求解过程，另一方面可以为学生间互助式讨论问题准备好载体，提高学生讨论的效率。

教师：哪位同学说说自己原来有的疑问是什么？

学生1：原来的疑问是不知道如何求时间。

教师：现在你能说说对时间求解过程的理解吗？

学生1：求时间可以用图像下方的面积。

教师：为什么图像下方的面积代表时间呢？

点评：辅助学生批判性思考结论对应的原因，激发学生批判性思考问题的意识。

学生1：纵横坐标相乘就是时间，所以图像下方的面积代表时间。

教师：那么图像左方的面积代表时间吗？（教师给出图3-28）

点评：运用比较质疑的方式，辅助学生批判性思考结论对应的原因，培养学生的质疑能力。

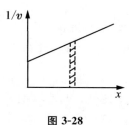

图 3-28

学生1：不知道。

教师：没有想太清楚，没关系，请坐。谁能帮帮忙，告诉大家为什么原题目中图像下方的面积代表时间？

学生2：可以利用微元的方式来分析图像的面积所代表的含义。

教师：很好的思考方式，你能到黑板上给大家画图说明你的思考过程吗？

学生 2：取一个小的微元，可以认为小微元在位移变化过程中，速度还没有发生变化，所以图像小的面积近似为矩形面积，对应时间。（学生画出图 3-29）

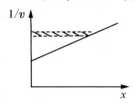

图 3-29

教师：非常好！感谢这位同学。现在大家能否说出图像左方代表时间吗？

学生：不代表时间。

教师：是的。没有明确的物理概念与这个面积对应。

点评：利用学生间互助的方式求解出问题，一方面有利于学生积极地思考问题，批判性地分析问题。另一方面，强化学生质疑、释疑的方法。

教师：求解该题目的过程中还有其他什么疑问？

学生 3：第 (2) 问的 b 中，尘埃最后的速度写成 v_0 了，没有想到用弹性碰撞的双守恒规律求解。

教师：你现在能描述一下第 (2) 问的 b 中的物理情境吗？

学生 3：飞船匀速往前走，撞到尘埃，尘埃被反弹，飞船通过发射阳离子获得反冲的力保证自身匀速运行。

教师：描述得很清楚。飞船匀速运行，尘埃与飞船发生弹性碰撞，研究弹性碰撞过程，根据动量守恒和机械能守恒，找到尘埃的速度变化。利用动量定理研究尘埃，得到尘埃所受的飞船给的力，而后获得飞船受力。飞船由于发射阳离子，研究阳离子得到阳离子受力，根据牛顿第三定律得到阳离子给飞船反冲的力。这两个力等大反向，所以飞船匀速运行。

点评：进一步明确最后一问的解题思路，为全体学生释疑。

教师：关于这道题目你还有什么疑问？

学生 3：没有了。

教师：我有一个疑问，就是题目中给出的速度倒数和位移关系是一个直线关系，理论上是否可以推导？如何来推证 $\frac{1}{v}$ 与 x 的关系呢？请大家讨论一下。

点评：培养学生对已有结论的来源进行质疑，不仅要知其然，还要问一个所以然。培养学生的批判性思维意识。

学生 4：根据 $Mv_0 = (M + \rho x S)v$，得到 $\frac{1}{v} = \frac{1}{v_0} + \frac{\rho S}{Mv_0}x$。

教师：非常好！感谢这位同学。大家从这位同学推导出的公式中还能看出什么？

学生5：由此，不仅知道了纵轴截距的由来，也知道了该图像的斜率 $k=\dfrac{\rho S}{Mv_0}$。

教师：说得很对！

2. 案例评析

上述案例的教学过程，已不再是让学生简单地接受已有结论，而是教师与学生一起进行批判性的思考和再分析。教师首先引导学生质疑图像面积代表物理量值的结论，进而激发学生在运用类比方法时要重新分析具体的使用情境，不能生搬硬套的批判意识。其次引导质疑题目中给定的图像关系的由来，辅助学生逐步形成质疑结论由来的思维习惯。

教师还可以延伸引导学生思考其他的图像面积对应的物理含义。比如，引导学生质疑分析 x 和 $\dfrac{1}{v}$ 的图像面积是否代表运动时间。学生利用微元法进行分析，会发现图 3-30 中微元阴影面积才是时间。

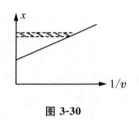

图 3-30

这样的处理，不仅进一步加深了学生对图像下方面积不一定是纵坐标和横坐标乘积的理解，同时也强化了学生对于类比法使用情境质疑的意识。

三、促进质疑创新能力发展的题组设计说明与教学案例评析

案例 3　图像问题

例题 1：一滴雨滴从空中由静止开始沿竖直方向落下，若雨滴下落过程中所受重力保持不变，且空气对雨滴阻力随其下落速度的增大而增大，则可能正确反映雨滴整个下落过程运动情况的是（　　）。

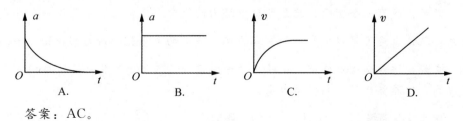

答案：AC。

例题 2：现在的物理学中加速度的定义式为 $a = \dfrac{v_t - v_0}{t}$，而历史上有些科学家曾把相等位移内速度变化相等的单向直线运动称为"匀变速直线运动"（现称"另类匀变速直线运动"），"另类加速度"定义为 $A = \dfrac{v_t - v_0}{s}$，其中 v_0 和 v_t 分别表示某段位移 s 内的初速度和末速度。当物体做"另类匀加速直线运动"时，物体运动的 v-t 图像是（　　　）。

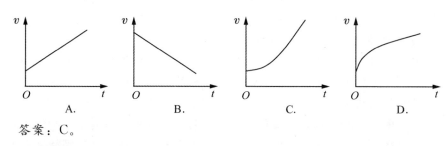

A.　　　　　B.　　　　　C.　　　　　D.

答案：C。

（一）题组设计说明

1. 设计意义

例题 1 考查的知识点是牛顿第二定律，同时还考查学生对图像的分析能力。此题要求学生在理解牛顿第二定律的基础上，做出正确的受力分析，再根据对图像的趋势分析得出结论。学生在此题目的分析过程中，一般容易得出正确选项 A 和 C，但不是非常清楚为什么一定是 A 和 C。因为有疑问，就可以从此处入手，让学生抓住自己的模糊不清之处，批判思考，有根据地质疑分析。

例题 2 是在例题 1 的基础上，重复利用例题 1 中的定量分析问题的方法就可以解决的问题。但因为是新的情境，所以有助于学生重新审视自己对于定量分析图像变化趋势是否真正理解和能够灵活运用，容易激起学生的挑战心理，便于学生真正理解前面学到的方法。

2. 设计目标

例题 1 中，学生潜意识里有疑问，后来被具体化成疑问后，需要通过思考和理解，想出办法解决问题。所以指向的质疑创新能力水平应该是"能正确使用证据表达自己的观点或对已有的观点提出质疑""能提出新颖、独特和有价值的观点"。

例题 2 是学生巩固强化例题 1 中用到的方法。所以指向的能力水平应该是"能正确使用证据表达自己的观点或对已有的观点提出质疑""能批判性地理解和使用证据"。

3. 对象分析

在例题 1 中，学生通过定性分析找出正确选项。教师引导学生质疑自己的依据，培养学生有依据地质疑自己的分析结论的能力。通过阻力与速度还是速度平方成正比，进一步激发学生运用有依据的联想，质疑已有结论，强化提升学生批判性思考的意识和质疑的能力。

例题 2 中，学生利用例题 1 中用过的方法进行分析，由于是新的情境，所以学生有一种被挑战、似乎自己可以解决的心理暗示，有意愿有动力解决这个问题。通过该习题强化学生有依据质疑的重要性，理解使用依据的必要性。

4. 学习困难与障碍分析及教学策略

学生可以分析出例题 1 中雨滴的受力情况，但是可能忽略或者不清楚阻力的表达式。此处如果学生想不到，教师需要提醒或者点拨。另一个困难在定量推导图像变化趋势上，这需要学生有较好的数学基础。因为这个回答有难度，往往也是许多学生跃跃欲试想要展现自己的时候。教师要有耐心，听学生把自己的想法说完整。如果学生的回答有漏洞，可以把机会让给其他等待回答的学生，这样便于调动所有学生的积极性。没有想清楚的学生想弄明白，而想出办法的学生想表现自己，因此，在此处给学生足够的时间和空间是较好的教学策略。

例题 2 的解决方法和例题 1 类似，学生有解决此问题的心理优势。但例题 2 的情境较新，学生需要一定的阅读和理解时间，所以教师要在学生阅读和思考上给出足够的时间。

（二）教学案例与评析

1. 教学案例

教师：请以 4 人小组为单位，交流例题 1 的解答过程，给出你认为的正确选项和分析过程。

学生全体：思考、交流。

学生 1：正确选项应该是 A、C。

教师：回答正确。理由是什么呢？

点评：培养学生有依据地说出结论的意识，增强学生质疑的意识与能力。

学生 1：对雨滴进行受力分析，雨滴受重力和空气阻力，随着速度增大阻力增大，故加速度减小。C 选项正确。

教师：很好，请把运动性质具体描述一下。

学生 1：雨滴做加速度减小的加速运动。

教师：非常准确！你能写出动力学方程吗？

点评：及时鼓励学生，向全体学生明确学生 1 说的正确的地方。

学生 1：应该是 $mg-f=ma$，

教师：非常好！请继续分析运动性质。

学生 1：因为速度增大，阻力增大，所以加速度减小。最后阻力会增大到和重力相等，加速度减小到零。所以 A 正确。

教师：说得很好！哪位同学对他的回答有疑问？

点评：提醒学生，他说的可能有不足之处，激起学生质疑的意识。

学生 2：怎么知道加速度变化曲线是下弯减小还是上凸减小。

教师：你是不是想问这两个图像的差别？（板书画出曲线，如图 3-31 所示，向全体学生明确学生 2 想要表达的意思）

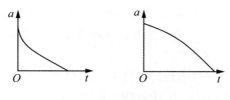

图 3-31

学生 2：是的。

学生 1：没有完全想好。就是感觉加速度应该是逐渐减小，不会突变。

教师：学生 2 问的问题很好，需要深思，谁能来解答学生 2 的问题？

教师：给大家一点时间，请小组讨论一下学生 2 的问题。

点评：肯定学生 2 的问题，发动全班同学努力攻克难关，调动学生释疑的积极性。

学生 3：老师，我有一个想法。

教师：大家安静一下，我们一起来听一听学生 3 的想法。

学生 3：问题的关键在于图像斜率随时间如何变化。如果能够推导出斜率随时间的变化关系就可以得出答案，但是我不知道怎么推导！

教师：学生 3 的解答思路很正确。下面我们就一起努力推导图像斜率随时间如何变化。题目中说阻力随雨滴下落速度的增大而增大，我们假设 $f=kv$。请大家思考、讨论一下如何推导。

点评：清除学生推导过程中的小障碍，鼓励学生自己突破思维的难点。

学生 4：根据牛顿第二定律进行推导。

对于此时的雨滴有 $mg-kv=ma$，故 $a=g-\dfrac{kv}{m}$。

加速度 a 随时间的变化率即为 a-t 图像的斜率 $k' = \dfrac{\Delta a}{\Delta t} = \dfrac{a_2 - a_1}{\Delta t}$。

整理可得 $k' = \dfrac{k(v_1 - v_2)}{m\Delta t}$。

当 $\Delta t \rightarrow 0$ 时，$\dfrac{(v_1 - v_2)}{\Delta t}$ 代表瞬时加速度 a。

因为 a 在减小（这是加速度要由 g 减为 0 的一个客观事实），故斜率 k' 在减小，所以图像应逐渐平缓，最后趋于水平。

教师：推导得非常好！我们为学生 4 鼓掌。

教师：学生 4 的推导很好，是不是就没有可以质疑的地方了呢？谁对他的推导过程有不同看法？

点评：及时肯定学生的正确之处，同时强化学生有根据释疑的意识。虽然教师肯定了学生 4 的推导，但初步看正确的内容不一定没有漏洞，培养学生勇于质疑和积极质疑的意识。

学生 5：因为空气对雨滴的阻力随其下落速度的增大而增大，是不是 $f = kv^2$ 也有可能，那么结论还是这样的吗？

教师：很好！学生 5 有了关于阻力表达式的新想法，如果 $f = kv^2$，如何解释选项呢？

学生 5：老师，我好像想明白了。根据题设无论 $f = kv$ 还是 $f = kv^2$，a-t 图的大致走势应相同，故假设 $f = kv$ 可以得出结论。

教师：是的，你说得很对！谢谢同学们齐心协力地解决了这个问题。从定性分析到定量分析再到定性分析，我们逐步厘清了这道题目的解决过程。其实定量分析图像变化趋势的解决问题的方法我们在以前用过，比如例题 2。

教师：请大家做一下例题 2。

点评：强化前一问题的解题方法，变换题目，激发学生重新分析题目的热情，促进学生提升解决问题的能力。

学生全体：做题、思考、交流。

教师：哪位同学说一下自己的选项和原因。

学生 6：应该选 C。原因是图像斜率 $k = \dfrac{\Delta v}{\Delta t} = \dfrac{v_t - v_0}{\Delta t}$，根据已知 $A = \dfrac{v_t - v_0}{s}$，变形为 $\dfrac{v_t - v_0}{\Delta t} = \dfrac{As}{\Delta t}$。

可知 A 不变，当 $\Delta t \rightarrow 0$ 时，$\dfrac{s}{\Delta t}$ 代表瞬时速度，又因瞬时速度在增大（匀加速），故图像斜率增大，故选 C。

教师：回答得非常正确。谢谢学生 6 的精彩解答。

点评：及时肯定学生的正确之处，同时再次强化学生联想质疑、有根据释疑的意识。

2. 案例评析

上述案例中学生在被支持、鼓励、肯定、赞扬等积极的氛围中，独立、主动、大胆地发现和寻找依据解决问题。在教师有意识地鼓励下，学生能享受到质疑带来的喜悦。久而久之，学生就会建立质疑的信心，思维会更加活跃，可以由被动的"要我疑"变为主动的"我要疑"。所以，在平时的教学过程中教师要时刻关注学生质疑的问题，及时给予答复，从而保护学生的质疑精神，关注学生的创新意识。

在物理教学过程当中，教师还可以引导学生变换一下条件，通过习题分析方法、规律的适用范围，引导学生质疑已有方法、规律；另外，同一个物理问题处理起来往往有多种方法，可以引导学生思考是否可以用别的方法来解决同一问题；或者引导学生改变已知条件，批判性思考对原来解题方法的理解是否深入。[①] 如果我们能长期坚持引导学生用这些方法进行质疑，不仅可以提高学生运用物理知识解决实际问题的灵活性，而且还可以提高学生的质疑能力。

所谓"教学有法，教无定法"。在教学中如何选用恰当的教学方式，更好地激发学生的质疑意识，提高学生的批判性思维能力，依据学情、校情和教师自身的情况不同，当然是仁者见仁，智者见智。但是，无论采用怎样的教学方式，笔者认为，都有共通的需要注意的地方。

首先，是"思考"与"质疑"的关系。教师一定要让学生明白，在质疑之前，必须要进行思考，找出自己对于这个问题的理解，即使感觉一无所得，但这个思考的过程尤其能培养自己独立思考的能力。然后再去质疑，这样的质疑更具有针对性。

其次，适当表扬。心理学研究表明，一个人只要体验过一次成功的喜悦，便会激起多次追求成功的欲望。同理，一个学生如果因提出一个问题而受到教师的表扬，那么他便会更加主动积极地提出各种问题。因此，教师要保护学生的质疑行为，教师要对学生提出的问题表现出足够的重视，根据具体情况，给予帮助、引导。教师要营造民主的氛围，唤起学生的主体意识，鼓励学生独立思考、积极提问。

---

① 张华. 高中化学教学中提高学生质疑能力教学对策[D]. 长春：东北师范大学，2008.

最后，在教学中培养学生的质疑创新能力。教师可以参考以下策略：创设有挑战性的问题情境；给学生创造主动探究、自主学习的空间；课堂上注意激发学生进行多方面、多角度的思考问题；积极使用小组讨论、个别学习等教学组织形式。

科学上很多重大的发明与创新，与其说是疑问的解决者促成的，不如说是疑问的寻求者促成的。伽利略对亚里士多德"自由落体定理"的质疑，才导致了他完成比萨斜塔实验；瓦特思考烧开水时壶盖为什么会跳由此发明了蒸汽机，直接推动了人类社会由农业文明进入工业文明。一切创新都始于质疑，没有质疑，将没有批判和创新。我们在教学中也应该鼓励学生不断提出新的想法，敢于质疑，勇于创新。

参考文献

［1］吴维宁. 新课程学生学业评价的理论与实践［M］. 广州：广东教育出版社，2004.

［2］郭玉英. 物理新课程教学案例研究［M］. 北京：高等教育出版社，2008.

［3］梁旭. 认知物理教学研究［M］. 杭州：浙江教育出版社，2011.

［4］袁守华. 物理解题思维的理论和方法［M］. 北京：北京师范大学出版社，2011.

［5］翟小铭，郭玉英，项宇轩. 物理建模教学例析以"静电现象的应用"教学为例［J］. 物理教师，2015(7).

［6］王全，母小勇. 模型与建模：国际物理教育新视点［J］. 外国中小学教育，2009(3).

［7］蔡燃，陈清梅，邢红军. 原始问题教学——培养创造性思维的新途径［J］. 教育理论与实践，2008(5).

第四章　促进科学探究能力发展的物理练习与复习教学

科学探究不仅是科学家探索自然规律使用的主要方法，也是学生学习的重要方式。科学探究反映了科学本质的内容。科学探究能力是学生终身发展的需要，也是时代对学生发展的需要，因此，科学探究能力培养是科学教育的重要内容。本章首先对科学探究能力进行整体概述，包括科学探究的概念界定、影响因素与发展障碍等方面的内容；其次利用教学案例分别讨论如何在物理练习与复习教学中发展学生提出问题与猜想假设、进行实验设计并获取证据、数据分析等方面的科学探究能力。

第一节　科学探究能力概述

一、概念界定

（一）探究

广义的探究是指一切独立解决问题的活动，即人们通常所说的对某个问题或现象追根究底、好奇爱问，试图弄清楚事理的行为。它既包括成人那种深思熟虑的思想实验，又包括儿童那种尝试错误的体验探索；既有自觉的，又有自发的；既有新颖独特的，又有模仿的。可以说，广义的探究是人类的天性，人皆有之。[1]

（二）科学探究

科学探究是狭义上的探究，它包括科学家的探究和学生的探究。对科学家而言，他们用科学探究研究自然界，并基于研究所获得的证据，提出种种解释，他们进行的是一种系统的调查研究活动，其目的在于发现并描述事物或事物之间的关系。学生的科学探究，指的是为获取知识、领悟科学的思想理念、领悟科学家们研究自然界所用的方法而进行的各种活动。[2]

---

[1]　冯杰. 高中物理探究实验及案例教学设计［M］. 北京：北京大学出版社，2011.
[2]　冯杰. 高中物理探究实验及案例教学设计［M］. 北京：北京大学出版社，2011.

《普通高中物理课程标准(2017年版)》特别重视科学探究。课程标准指出："科学探究"是指基于观察和实验提出物理问题、形成猜想和假设、设计实验与制订方案、获取和处理信息、基于证据得出结论并做出解释，以及对科学探究过程和结果进行交流、评估、反思的能力。"科学探究"主要包括问题、证据、解释、交流等要素。

问题，即具有科学探究意识，能在不同情境中提出可探究的物理问题，进行合理的猜测和假设，具有发现问题、提出问题的能力。

证据，即能正确设计和实施物理实验，正确使用各种科技手段和方法搜集信息，具有设计物理实验和获取证据的能力。

解释，即会使用不同方法和手段分析、处理信息，能描述、解释实验探究的结果和变化趋势，具有分析论证的能力。

交流，即具有合作与交流的意愿与能力，能准确表述和评估反思实验探究的过程与结果。

《普通高中物理课程标准(2017年版)》在"课程目标"中指出了科学探究的具体表现：具有科学探究意识，能在观察和实验中发现问题、提出合理猜想与假设；具有设计探究方案和获取证据的能力，能正确实施探究方案，使用不同方法和手段分析、处理信息，描述并解释探究结果和变化趋势；具有交流的意愿与能力，能准确表述、评估和反思探究过程与结果。例如，对自由落体运动的研究。

表现一：学生观察到同样大小的两张纸，如果一张揉成纸团后与另一张纸一起由静止释放，纸团下落得快些。这与通常所认识到的"重的物体下落得快，轻的物体下落得慢"不同。于是学生提出问题：物体下落的快慢跟什么有关呢？会不会跟空气阻力有关？如果在没有空气阻力的情况下，物体下落的情况是怎样的呢？接着学生在教师的指导下观察"牛顿管"实验，发现硬币和羽毛虽然质量不同，但是在真空管中是同步下落的。学生认识到在没有空气阻力的情况下，物体下落快慢是相同的。那么自由下落的物体有何运动规律呢？学生接着在教师的指导下利用打点计时器研究重锤的下落，通过分析从纸带上获得的数据，并通过合作、交流来寻找自由落体的运动规律。

表现二：学生发现物体下落快慢可能与空气阻力有关后，能够提出探究问题——能否在没有空气阻力的情况下观察不同物体下落的情况？并且想办法创设没有空气阻力的环境，制订探究方案。在用打点计时器研究重锤下落的运动时，能够画出 x-t 图像，并通过图像寻找规律，写出实验报告。

表现三：学生观察到同样大小的两张纸，如果一张揉成纸团后与另一张纸一起由静止释放，纸团下落得快些。学生猜想物体下落的快慢可能与空气阻力有关，并且猜测如果没有空气阻力，不同物体下落的快慢应该是相同的。接下来创设没有空气阻力的环境，观察不同物体的下落情况，验证自己的假设。在用打点计时器研究重锤下落的运动时，能够画出 x-t、v-t 图像，通过图像寻找规律，写出完整的实验报告，并交流实验探究的结果，而且在发现同学之间的结果有所不同时，反思实验过程，分析其中的原因。

表现四：学生观察到同样大小的两张纸，如果一张揉成纸团后与另一张纸一起由静止释放，纸团下落得快些。这与通常所认识到的"重的物体下落得快，轻的物体下落得慢"不同。学生猜想物体下落的快慢可能与空气阻力有关，那么是不是空气阻力越大下落的就越慢呢？学生拿来质量较小的塑料球与质量大些的一本书，让它们同时下落，发现受到空气阻力较小的塑料球与质量大些的那本书几乎同步下落。此外又进行了若干次相似的实验，最后得出结论空气阻力对物体下落是有影响的，但不能说空气阻力越大，物体下落越慢。继而猜想：如果没有空气阻力，不同物体下落的快慢应该是相同的。接下来创设没有空气阻力的环境，观察不同物体的下落情况，验证自己的假设。在研究自由落体运动规律时，能够设计出若干种方案：①打点计时器；②频闪照相；③光电门和电子计时器；④数码照相机或摄像机；⑤微型电子计算机和传感器；⑥"落棍"实验；⑦其他能测量或能比较自由落体运动位移、时间的装置。在处理数据时除了能够通过数据分析得出规律，还能够画出 x-t 或 v-t 图像，通过图像寻找到自由落体运动的规律。不仅写出完整的实验报告，并交流实验探究的结果，而且在发现同学之间的结果有所不同时，反思实验过程，分析其中可能的原因，并对实验方案的修改提出自己的看法。

表现五：学生观察到同样大小的两张纸，如果一张揉成纸团后与另一张纸一起由静止释放，纸团下落得快些。这与通常所认识到的"重的物体下落得快，轻的物体下落得慢"不同。学生猜想物体下落的快慢可能与空气阻力有关，而且空气阻力与物体本身重力相比越大，则物体下落得越慢。学生能够找来不同的实验"器材"（如树叶、乒乓球、篮球、书本等）设计简单的实验来说明"物体下落的快慢与空气阻力的关系"。在研究自由落体运动规律时，不仅能够设计出若干种方案，而且可以从中选择最优方案进行实验。当发现同学之间的结果有所不同时，反思实验过程，分析其中可能的原因，并对实验方案进行合理的修改，继续进行更深入的探究。

二、影响科学探究能力的因素

影响科学探究能力的因素主要有操作能力、观察能力和思维能力。

（一）操作能力

1. 掌握基本仪器的使用方法

掌握基本仪器的使用方法是做好物理实验的基础。中学物理实验涉及的基本仪器有：刻度尺、游标卡尺、螺旋测微器、天平、秒表、弹簧秤、电火花计时器或电磁打点计时器、电流表、电压表、多用电表、滑动变阻器、电阻箱、示波器、温度计、量筒等。教师要让学生了解这些仪器的构造、原理、用途，掌握仪器的量程、使用方法和使用规则，让学生能够熟练地、正确地读数。教师在介绍这些基本仪器的使用方法时，应抓住它们的共性来加以指导。

（1）了解仪器的使用方法，明确仪器的量程和精度。

应要求学生在使用各种基本仪器前先搞清楚仪器的量程和精度，并能估计被测对象的情况，选用适当的量程，避免超过量程毁坏仪器或量程过大造成读数不准确的情况出现。

例如，在描绘小灯泡的伏安特性曲线的实验中，被测小灯泡的规格为"2.5 V，3 W"，则选用量程为 3 V 的电压表和量程为 0.6 A 的电流表就比较合适。又如，在用单摆测重力加速度的实验中，摆线长大约 90 cm，就可以选用最小刻度是毫米的米尺测量而不应该用普通的毫米刻度尺（量程 20 cm 左右）测量；摆球直径大约 2 cm，则可以使用 10 分度或 20 分度的游标卡尺测量，没有必要选用螺旋测微器测量。

（2）使用仪器前通常要调节零点或校正零点。

应使学生养成使用基本仪器前调节零点或修正零误差的习惯。例如，电流表、电压表使用前指针是否指在零刻度，如果不是，应学会调整零点；对于螺旋测微器、游标卡尺还要学会零误差修正，让学生懂得零点是相对的，零误差修正在生产上有普遍意义。

（3）会正确读数，记录数据。要让学生掌握读数和估读的一般方法。

例如，测量长度的仪器中刻度尺和螺旋测微器都是需要估读的仪器，一般刻度尺的最小刻度是 1 mm，要估读到 0.1 mm 这一位；螺旋测微器的最小刻度是 0.01 mm，要估读到 0.001 mm 这一位，因此螺旋测微器又被叫作千分尺。另外，还要学会读数的正确姿势，养成良好的习惯。例如，从量筒上读数时视线应与液面保持水平，不能仰视或俯视，若是凹下的液面应读凹处，若是凸起的液面应读凸处。又如，电流表、电压表读数时，视线应与刻度盘垂直，并且正对指针。

(4)根据仪器的构造原理，掌握并严格遵守仪器的使用规则。

例如，欧姆表是根据闭合电路欧姆定律制成的(其内部是有电源的)，因此使用多用电表的欧姆挡测电阻时，除了注意先进行欧姆调零外，待测电阻上不应有外电路的电流通过。如要测量电路中的电阻，必须把电源断开，并把电阻的一根引线从电路上取下来测量，不允许在电路未断开的情况下用多用电表测电阻，更不能用多用电表直接测量电源的内电阻。又如，天平是根据杠杆的平衡条件制成的，因此使用前和称量时都要做到横梁平衡，同时必须严格保护刀口。再如，温度计是利用液体的热胀冷缩性质制成的，根据热平衡原理测量温度，所以测量液体温度时，温度计不能离开液体，而且要在温度计内液柱稳定时读数。

2. 根据实验要求正确安装调整仪器

要想进行物理实验，需要先把各个仪器、部件等相关设备组装起来，做到装配和连接正确无误。一般要求是：布局要合理，要便于观察和操作；实验前要检查，必要时要做全面的检查。

例如，使用天平前先调平衡，使用气垫导轨前必须先调水平位置。又如，在电学实验中要先按照原理图安排好仪器、元件的布局，连线时要从电源的一端开始沿主回路按顺序进行，其次连接支路，主回路中必须有开关(开关应先处于断开状态)，导线最好选用几种颜色，主、支回路分别用一种颜色以便于检查；电路连接好后要对其进行检查，注意电流表、电压表的正负接线柱是否连接正确，量程选择是否合理，滑动变阻器的连接是否无误等。

3. 正确记录实验数据，并进行运算和分析

正确记录、处理和分析数据是实验成功的关键。要培养学生这方面的技能，应要求学生集中精力，按实验步骤有条不紊地操作和采集测量数据。首先，要设计好数据记录表格，表格中要能填写直接测量数据、中间数据和最后数据，要明确测量量的单位。其次，读数要即时，记录要完整，要按照有效数字要求进行记录。有的实验则要求测量或操作时动作迅速、把握时机，如在测金属丝的电阻率实验中，由于被测金属丝电阻较小，操作时需要采用"点触法"迅速读数。再次，整理数据时要看看有无不合理的数据，如果有，应对该数据进行补测；运算时要注意有效数字的要求。最后，实验结束后要指导学生对实验结果进行适当的分析和讨论。例如，学生完成描绘小灯泡的伏安特性曲线的实验后，绘制出图 4-1 所示的曲线，教师可以引导学生分析以下问题：该曲线说明了什么问题？如何利用曲线测定小灯泡的电阻？小灯泡的电阻怎样变化？为什么会这样变化？

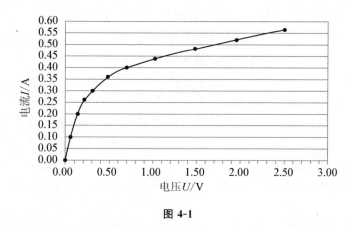

图 4-1

4. 了解并会运用科学的实验方法

在物理实验教学中，尽管每个实验的目的、要求、原理和所用的仪器有所不同，但是一些基本的测量方法总是贯穿于其中，如比较法、累积法等。如果能有机地结合这些科学方法进行实验教学，对培养学生的实验技能(能力)很有益处。

(1)控制变量法。

一些实验中往往存在多种变化因素，为了研究某些量之间的关系，可以先控制一些量不变，逐次研究某个因素的影响。例如，在验证牛顿第二定律的实验中，为了验证加速度 a 与合外力 F 及物体质量 m 三者之间的关系，可以先保持 m 不变，研究 a 与 F 的关系，再保持 F 不变，研究 a 与 m 的关系。

(2)累积法。

对于某些微小量，在现有仪器的精度内难以准确测量，若采用将这些微小量积累后求平均的方法，则能减小误差。例如，要测一页书纸的厚度，可以测几百页的总厚度，然后再除以纸张数。又如，在用单摆测重力加速度的实验中，需要测量单摆的周期，用秒表测量单摆一次全振动的时间误差很大，但可以测量 30～50 次全振动的时间 t，从而求出单摆的周期 $T = t/n$(n 为单摆全振动的次数)。

(3)留迹法。

在物理实验中，有些现象瞬息即逝，如运动物体的位置、轨迹、图像等，因此需要采取一定的方法把这些现象记录下来，然后通过观察、测量进行深入的研究。例如，在测定匀变速直线运动的加速度的实验中，通过打点计时器在纸带上打出的点迹来记录小车的位移和运动的时间，从而计算出小车在各个位置的速度并求出加速度。又如，在研究简谐运动的位移随时间变化的情况时，让摆动的漏沙摆漏出的细沙落在匀速运动的纸板上，记录下各个时刻摆的位置，从而方便地研究简谐运动的图像。

（4）替代法。

物理实验中有一些量不易直接测量，我们可以用一些容易测量的量来替代它。例如，在验证碰撞中的动量守恒的实验中，一般用小球平抛的水平位移替代小球飞出的速度。物理实验中还有一些现象不易直接观察，我们也可以利用容易观察到的现象来替代，如玻璃瓶的微小形变，我们经常用插在瓶塞上的毛细管里的液柱变化来显示。

（5）模拟法。

有时候由于物理现象比较复杂或实验技术难度较大，不易直接观察或控制，这种情况下可以改用与它有一定相似性又比较容易操作的实验来模拟，间接地进行观察和研究。例如，描绘静电场中的等势线，就是根据稳恒电流场与静电场的相似性，用稳恒电流场来模拟静电场的。

（6）外推法。

外推法主要在用图像处理实验数据中应用，就是将实验图像适当延长，使之与坐标轴相交，然后研究交点的物理意义。例如，在测电源的电动势和内电阻的实验中就是通过图像与电压轴的交点求出电动势的。

（二）观察能力

1. 使用观察工具

在观察活动中，人的感官的观察范围和精确程度都十分有限。例如，人眼无法观察到无线电波、红外线、紫外线、X射线，人也无法准确判断温度、物体速度、物体质量。因此大部分物理观察需要使用观察工具，如温度计、刻度尺、秒表、电压表、电流表等。对于这些观察工具，首先应使学生了解仪器的作用和性能；其次应让学生认识各部分的功能和作用；再次应教会学生仪器的使用方法（包括读数规则、简单的维修和保养）；最后应使学生能在实际操作中按观察需求正确使用仪器。

2. 做观察记录

观察记录包括观察的对象、时间、地点、条件、环境特点，以及记录数据。做好观察记录要注意以下几点：首先要在做观察记录前设计好表格，以便有目的地观察；其次记录时还要采用规定的术语、约定的符号、标准的计量单位；再次除了人工记录观察到的现象和数据外还可以借助摄影、计算机等手段；最后要对观察记录进行整理，并用文字语言或图像语言表达结果。

3. 掌握科学的观察方法

(1)重点观察法。

重点观察法即抓住反映事物本质的核心部分或典型现象进行观察。要引导学生依据观察的目的，区别哪些是必须观察的，哪些是不需要观察的。在观察物理现象时，引导学生根据观察提纲确定观察的重点内容，如布朗运动重点观察颗粒的运动，并且要关注大块颗粒和小颗粒的运动区别；在观察装置时，引导学生根据观察的目的确定优先观察的核心部分，如阴极射线管其核心是电子枪、偏转电极；在观察实验操作时，引导学生特别注意对关键性的、重要的及不易观察的操作进行重点观察，如在探究楞次定律的实验中，磁铁插入或拔出螺线管时电流表指针发生偏转是在比较短的时间内发生的，实验中需引导学生既要观察磁铁运动的方向，同时也要关注电表指针偏转的方向，这样才能寻找到规律。

(2)顺序观察法。

顺序观察法即先观察什么，后观察什么，要按一定顺序进行观察。一般的观察顺序为，从上到下，从前到后，从左到右(或从右到左)，从外到内等。很多学生在初学阶段进行观察时是无目的、无顺序的，教师要在教学过程中有意识地交代清楚观察对象和观察顺序，并进行规范的观察指导。例如，在对基本测量工具进行观察时，指导学生先观察仪器的测量范围，再观察刻度的特点(如刻度是否均匀、最小分度是多少等)，最后观察刻度的读数。

(3)对比观察法。

我们认识事物，往往是通过对两个事物或是两个现象的对比，或把某一现象发生前后进行比较来实现的。对比观察有利于掌握现象的特征，从而寻找其发生的原因和本质。在教学过程中，要注意引导学生对物理现象进行分析比较。例如，让学生对比羽毛和钱币在真空玻璃管和有空气的玻璃管中下落的情况，分析其现象不同的原因。再如，通电自感现象中，对比与电阻并联的灯泡和与电感并联的灯泡在通电瞬间的发光情况，进而分析电感线圈与电阻的不同点，得到通电时线圈发生自感的规律。

(4)归纳观察法。

归纳法是指在获得许多个别事物的知识的基础上，概括出事物的一般原理的方法，是从个别到一般的推理形式和思维方法。这个方法也可以运用到物理实验观察中，即通过对个别现象进行观察，得到一些个别结论后，再归纳出一般的规律，是一种由特殊到一般的认识过程。例如，探究导体的电阻跟哪些因素有关时，在预先猜测的前提下分别研究导体电阻与长度的关系、与横截面积的关系、与材料的关系，最后归纳得出电阻定律。

（5）细微观察法。

大自然的奥秘不是谁轻而易举地就能观察到的，有的奥秘表面看来并没有特别明显的特征，有的奥秘显现的机会非常少，我们只有通过全神贯注、细致入微的观察，才能发现规律，解释奥秘。中学生虽然对新鲜事物好奇心强，但由于年龄特点也容易产生急躁心理，在观察过程中经常会出现走马观花、不求甚解的情况。因此应要求学生在观察的过程中集中注意力，对于短暂的现象，教师要注意适当重复，引导学生耐心地反复观察，探寻规律。

（三）思维能力

思维能力包括以下内容。

在实验的设计过程中能灵活地运用所学的物理概念和规律，针对所研究的问题，提出一个或多个实验方案，并善于在熟悉仪器使用和实验操作规范的基础上，对实验方案的可靠性做出正确的评估，从不同的方案中选择一种恰当的可行的方案。

在实验的进行过程中能够对实验中所观察到的现象和所测量的数据进行正确的分析、概括、判断和推理，能够从不同的角度运用多种方法解决实验中出现的问题，能及时检查、评价、调节实验过程，从而修改实验方案，使实验顺利进行。

在实验结果的处理过程中能对实验现象、数据和结论用科学概念和规律进行有逻辑地分析归纳、联想、解释，能用数学辅助推理，正确处理实验结果，能从不同的角度分析实验误差，得出恰当的实验结论。

三、发展科学探究能力的障碍分析及教学策略

（一）心理障碍

1. 应试心理

在长期形成的考试制度的影响下，高考指挥棒无疑对教学起着导向作用，有些教师在教学中重理论、重计算、重记忆，而对于实验探究往往容易忽略。有的教师甚至说"做实验不如看实验，看实验不如讲实验"，有的学生也认为"高考只要求笔答，又不考实验操作，只要会做题就可以了"。因此每每遇到需要探究的问题，学生总是习惯地"只想不做"，这种应试心理严重影响了学生实验探究能力的提升。

解决策略：加强对学生实验探究能力的考查，在笔试题中针对实验操作过

程、操作细节设计好考查题目，使学生只有"真做、真想、真懂"才能完成好此类题目，促使学生更加重视实验操作的体验。

2. 应付心理

物理实验探究是学生的一种智力活动。实验探究能力的高低，不仅表现在实验结果上，而且更多地体现在实验设计和实验过程之中。完成一项探究活动，需要学生付出很多努力，而由于种种原因，有的学生在实验探究中没有获得预期的效果，为了应付老师，或者应付考试，就编造甚至抄袭实验结果。这是一种不负责任、不求甚解的应付心理，这种心理影响了学生实验探究能力的提升。

解决策略：遇到这种情况，教师既不能大惊小怪，也不可掉以轻心。教师要从情感、态度、价值观方面给学生正确的引导，告诉学生实验不会次次成功，有失败是正常的，但一定要实事求是，失败了能够认真对待，找出原因，从头再来，这才是对人生、对事业的认真与执着。

3. 紧张心理

学生刚接触实验仪器时，感到陌生，不会用，甚至不敢用，必然有些紧张；或者某些学生在独自操作时，既希望老师站在旁边指点，又怕老师站在旁边"监视"，怕因操作错误受到老师批评，而使紧张心理加强。这必然给探究能力的提升带来负面影响。

解决策略：首先，教师要加强学生科学方法和基本操作的训练，要让学生明确实验原理和仪器的使用方法，对于操作难度较大的实验或者比较复杂的仪器，可以分解操作步骤，引导学生多次进行尝试，让学生弄清要领。其次，多鼓励，多表扬，增强学生的信心。对于学生暂时出现的不足，要耐心指导，甚至可以手把手地示范，为学生心理减压。

(二)情感障碍

良好的学习习惯有利于激发学生学习的积极性和主动性。但是有部分学生每当到实验室上课就感觉新鲜，动动这，摸摸那，注意力不集中，对于需要探究的问题只停留在好奇和刺激上，持一种游戏的态度来参与。由于缺少专注的求知欲，学生难以有目的、有计划地开展观察、记录、分析等探究活动，这对提高实验探究能力产生了较大障碍。

解决策略：首先，教师要激发学生的学习兴趣。教师要以学生为主体，努力为学生创设各种物理学习情境，提高学生参与探究的积极性和主动性，让学生自觉地进行探究，提高物理学习的兴趣和爱好。例如，在安排给学生的实验中，除了考虑科学性、严谨性、合理性之外，还可以在仪器的选择和搭配上设法吸引学生，让实验产生的物理现象既有预料之中的必然性，又有意料之外的玄妙性，从而激发学生探究其中奥妙的兴趣。其次，多给机会，放手让学生有目的地自己解决问题。教师应该给学生留有思考的空间，让学生在亲自动手实践中积极动脑思考，教师要鼓励学生敢于提出观点，并根据实验来验证自己观点的正确性。例如，在探究影响摩擦力因素的实验中，可以通过小组讨论，猜猜是什么因素影响摩擦力的大小，并将猜想记录下来：①滑动摩擦力的大小和压力有关；②滑动摩擦力的大小和接触面积有关；③滑动摩擦力的大小和接触面粗糙程度有关；④滑动摩擦力的大小和两个物体的质量有关……然后教师引导学生合理地筛选猜想，据猜测和现有的实验器材，来验证观点的正确性。

（三）班额障碍

实验探究教学符合学生的认知水平和知识建构的意义，但它很大程度上依赖于教学环境，小班化教学就是顺利完成科学探究活动的必要条件之一。小班化教学可以使学生有条件动手操作，有利于学生主体参与，有利于学生机会均等地获得教师的指导和帮助，也有利于缓解紧张的学习气氛，更能有效地提高学生的交流合作能力。而目前多数中学的教学班容量较大，学生只能几个人一组进行探究，致使某些内向的学生或者"懒惰"的学生获得锻炼、实践的机会减少。因此，班额过大对学生提高实验探究能力也是一种障碍。

解决策略：第一，提高认识，建立管理机制。学校的管理部门要重视学生物理学科的探究能力的培养，制订出实验探究教学的教学计划和任务，针对班额大的情况，适当增加兼职的实验指导教师，即一个班级上实验探究课时，可以有多位物理教师参与指导，实现"实验教学小班化"。第二，提高教师的综合素养和教学能力。在实验探究教学中，教师扮演指导者的角色，因此教师更应具有扎实的理论功底、娴熟的实验技能、严谨求实的科学精神、发散性的思维能力和耐心细致的教学态度。因此，要对教师进行相关培训，帮助教师在教学中形成正确的实验探究教学观念，增强自身对于实验探究教学方式的领悟能力，提高对教材和物理知识的驾驭能力，结合物理学科的实验，引导学生在物理学科中探究物理规律。此外，还应建立奖励机制，积极引导物理教师在教学中进行探究教学。

第二节　促进问题提出与猜想能力发展的练习　与复习教学

　　物理学科作为一门科学学科，肩负着培养学生科学探究意识的重要使命，也就是要培养学生"实验探究"的能力，即能在真实情境中提出物理问题，形成猜测和假设，利用科学方法获取和处理信息，形成结论，以及对实验探究过程和结果进行交流、评估、反思的能力。"提出问题""猜想与假设"是实验探究的首要环节。人们在探究未知的科学现象之前，总是根据已经掌握的知识和经验，提出要研究的问题，再对所要研究问题中事物的因果性、规律性做出一种科学预见的假定性解释，用"问题"和"猜想"指导着探究计划的设计和研究行动的实施，引导科学研究的方向。

　　爱因斯坦曾经指出："提出一个问题往往比解决一个问题更为重要，因为解决问题也许仅是数学上或实验上的技能而已，而提出新的问题、新的可能性，从新的角度去看旧的问题，却需要创造性地想象力；而且标志着科学的真正进步。"因此，促进学生对知识的深刻认识和个体的认知发展的重要途径就是培养学生提出问题和猜想的能力。我国伟大的教育家孔子说："疑是思之始，学之端。"各个国家在建立指导教育实践的核心素养框架时也都不同程度的提及"问题提出"和"猜想"的重要性。日本"21 世纪型能力"的核心素养结构中"思维能力"处于核心地位，"发现问题"是思维能力的核心要素。在"2006 欧盟 8 项核心素养框架"之下，法国在课程结构设计中，以"不同科学内容向共同素养目标努力"为导向，强调各个学科要将"科学探究"作为研究方法将学科思想落实在各个科目的教学之中，在探究学习中，"问题"和"猜想"是动力、起点和贯穿学习过程的主线。我国《普通高中物理课程标准（2017 年版）》明确指出：在高中阶段，教师有必要对一些探究的物理问题创设一些情境，让学生在观察和体验后有所发现、有所联想，萌发出科学问题，或创设一些任务，让学生在完成任务中运用科学思维，自己提炼出应探究的科学问题；要提高学生制订探究计划的能力，就要使学生学会把探究的课题分解成几个相对独立的小问题，会思考解决每个问题的不同方法，根据现实条件筛选、优化有关方法，从而形成探究方案；教科书本身就是一个如何提出问题、分析问题和解决问题的范例。

　　在物理练习与复习的设计中，促进学生的问题提出和猜想能力发展的培养对学生有着积极的影响。首先，促进问题提出和猜想能力发展的练习与复习能充分调动学生学习物理的积极性，发挥学生的主体作用。问题意识使学生在练习与复习过程中，能主动进入自主学习的状态，并且在题目的引导下，基于原有认知进行合理猜想，然后去表达、探究、论证。其次，促进问题提出和猜想能力发展的练习与复习能够有效地激发学生学习物理的兴趣。苏联著名的教育家苏霍姆林斯基对学生的心理发展规律做过这样的论述："在人的心灵深处，都有一种根深蒂固的需要，这就是希望感到自己是一个发现者、探索者。"处于高中阶段的学生好奇心强、好问，对很多事情都刨根问底，如果在练习与复习的设计中教师能充分利用学生的这个特点，那么就能有效地激发学生的学习热情。最后，促进问题提出和猜想能力发展的练习与复习有利于培养学生的思维能力，有利于学生进行创新。教育家陶行知说："发明千千万，起点是一问。"没有疑问，就没有发现、探索、解决问题的思想、知识、方法。因此，问题和猜想是思想、知识、方法生长的源泉，是创新意识、创新思维的源泉。促进问题提出和猜想能力发展的练习与复习不仅可以强烈地激发学生的创新动机，引发学生强烈的学习兴趣和求知欲望，而且可以激励学生去发现、探索、研究、创造、不断追求真理。

一、促进问题提出与猜想能力发展的问题设计原则

要想让学生提出问题，必须先让他们发现问题。学生能否发现问题、提出问题，进而进行合理猜想，关键在于教师的引导和设计。促进问题提出与猜想能力发展的练习或复习题应以生活或社会中的常见问题作为探究的对象，引导学生结合自身认知提出问题，围绕问题进行猜想或假设，再展开探索活动，进而将问题解决。这类练习或复习题一般选择富有探索性的问题或实验为探索对象，然后按照探索问题的一般步骤逐步展开。命题内容通常涉及的范围较广，有的是生活中的日常问题，有的是教材中的小实验，有的是学习过程中遇到的身边的现象，涉及的范围几乎覆盖高中物理的全部内容，既考查学生对物理知识的应用，又考查学生对科学研究方法的理解与掌握，强调灵活运用物理知识解释试题呈现的问题，能综合考查学生的知识和能力。这类练习或复习题的设计关键在于创设问题的情境。创设物理问题情境的方法有很多，针对不同的练习或复习内容，可以选择如语言、图片、图表等方式陈述物理现象或物理事实，大自然或日常生活中与练习内容息息相关的现象、民间流传着的俗语或谚语、学生自身的体验及观察到的实验现象等都可以作为练习素材。创设情境的目的是引导学生发现问题并提出问题引发猜想，然而只有恰到好处的设问，才能揭示问题的本质；设问方法不恰当不但不能切中问题的要害，反而易使学生

感到乏味和厌烦。

常规的练习或复习题多是由教师创设问题，让学生去解决问题，那么我们如何设计促进学生问题提出和猜想能力发展的练习与复习呢？建议从以下几个角度进行思考。

（一）习题设计科学搭台，引导学生提问

下面列举几种在设计习题时的搭台方法。

1. 因果法

创设情境引导学生观察某个物理现象并进一步引导其追问产生这一现象的原因。例如，教师可以创设实验情境，让学生亲身体会由于电源有内阻而导致的一些结果，再进一步引发学生追问：电源真的有内阻吗？不同电源的内阻一样吗？怎么测量电源的内阻呢？

2. 类比法

比较同一物理规律在不同情境下的应用；比较不同概念、不同规律之间的异同；比较某一瞬间前后情况的变化；比较互相矛盾的解释、说法和理论；比较新事物和旧理论之间的矛盾和类似现象之间的异同，从中引导学生发现问题，进而培养学生分析问题的能力。例如，比较矢量的平行四边形定则在力的问题和运动的问题中的使用；比较定义方式类似的概念（如速度与加速度、电场强度与磁感应强度等）；比较动能、动量；比较动能定理、动量定理；比较临界问题中某一瞬间前后情况的变化。在上述比较中学生自主发现问题，进一步提出问题。

3. 验证法

对推理得出的结论，可以引导学生追问：能设计实验加以验证吗？对实验中发现的规律、现象，引导学生进一步追问：能从理论上加以论证、解释吗？由此培养学生的演绎推理能力。例如，借助实验探究动能定理之后，可以再通过理论加以论证。

4. 扩大法

教师引导学生追问"从特殊情况或现象中总结出的规律推广到更大范围或一般情况时还能成立吗？""这个规律具有普遍性还是只适合于某种特殊的情况？""怎样改变这个规律才可以将其应用到另外的情境中？"扩大法可发展学生思维的广度。例如，从匀变速直线运动问题的分析中得出动能定理或动量定理后，可引导学生进一步思考，这样的结论是否适用于非匀变速问题？

5. 极限法

一些现象在通常情况下出现，一些理论或规律在通常情况下成立，我们可

以引导学生追问："放到极端条件下还会出现或成立吗?""会不会出现新的问题?"这样向极端发展的问题,发展了学生思维的深度,培养了学生的极限思想。比如,现实世界是有摩擦力的,如果没有摩擦力,世界上的事物将变成什么样子?

6. 变化法

教师引导学生提出"如果原因改变,结果会怎样?"的问题。例如,引导学生提出"因为万有引力提供向心力,可以认为环绕天体围绕中心天体做匀速圆周运动,如果环绕天体受阻力使其速度降低,它的运动情况如何?"的问题,进而培养学生的迁移能力。

7. 转化法

教师引导学生提出"物体的性质会在一定条件下转化吗?"的问题。例如,引导学生提出"不受外力时物体具有惯性,受外力时物体惯性是否改变?"的问题,进而培养学生严谨的科学思维习惯。

8. 逆反法

很多物理问题是需要从正反两面反复推敲的,所以练习中,我们可以从正面给出题设,引导学生从反面提问,培养学生的可逆思想。例如,合力与分力的关系可以探究,也可以验证;动量守恒可以探究,也可以验证。从正反两个方向研究时,引导学生猜想的角度也是不同的。

9. 归纳法

在学生观察到众多相似的现象的基础上,教师引导学生提出"这些现象有共同点吗?""它们遵循什么规律?"的问题,培养学生归纳总结的意识。例如,力学实验中多个实验都用到了打点计时器,每一个实验中打点计时器的作用是有区别的,有的实验借助打点计时器记录相等时间内的位移,通过位移变化寻找运动规律(研究匀变速直线运动);有的实验借助打点计时器测速度(验证机械能守恒定律);有的实验借助打点计时器测运动的末速度(探究动能定理);但在这些实验中,不仅打点计时器的使用方法是相同的,而且数据处理过程也存在共性规律。

(二)习题设计引导思维,明确猜想方向

科学家们在纷繁复杂的自然现象面前,会根据自己丰富的知识经验和敏锐的直觉提出科学的猜想和假设,但是学生却很难做到。因此,教师在创设问题情境时,要凸显一些问题解决的方式或答案的信息,给学生的猜想假设以一定的启发和暗示,使学生在猜想和假设时有一个明确的方向。例如,在探究功与速度变化关系的相关练习的设计中,如果不对学生加以引导,而是任由学生猜

想"功"与"速度变化"之间的数学关系，那么可能性太多了，在这方面浪费了时间却不能起到培养学生思维能力的作用，这样的练习是低效的。

（三）习题设计渗透方法，引导科学猜想

1. 利用经验进行猜想

在日常生活中，学生积累了大量的日常生活经验和知识，这些经验和知识可以作为猜想的直接来源和素材。在习题设计中要充分利用学生的经验引导学生猜想，这是培养学生猜想能力的有效手段。例如，学生在生活中接触了大量的振动现象，如小鸟飞离树枝后树枝的振动，教师可以引导学生在认识这些现象的基础上猜想机械振动的特点和规律。再如，教师可以引导学生在认识生活中圆运动的现象的基础上猜想匀速圆周运动的特点和规律。

2. 运用归纳法进行猜想

习题设计可以引导学生将一些经验和事实进行归纳、总结，让学生根据物理现象和过程得出结论，然后提出猜想。例如，生活中竖直面内圆运动的实例很多，可以引导学生结合实例，在对这类运动进行归纳总结的基础上提出猜想。

3. 利用类比联想进行猜想

利用类比联想进行猜想指根据事物结构、性质、表现等方面的相似特点，进行自然联想而引发的各种猜想。例如，在"流量"问题设计中可以引导学生从"电流"定义引发思考。

4. 利用放大思想进行猜想

有些物理过程经历的时间极短，状态变化很快，不便于观察，更无法引发猜想，这时我们可以引导学生将实验过程放大，或用类似的过程（但经历时间比较长）来取代，进行观察，再进一步猜想。例如，在超重失重问题的引入时，我们可以设计这样的探究练习：我们测体重的时候要站在体重计上保持静止状态，同学们有没有想过当我们从静止下蹲时，体重计的示数将发生怎样的变化？人下蹲的过程很快，不便于观察。同学们可以在生活中寻找类似人体下蹲的运动过程，如电梯下行，该过程发生时间长，便于观察，利用放大的思想间接研究。在有些实验中，实验的现象我们很不容易观察到。我们就可以将产生的效果放大再进行研究。比如声音引起的振动很不容易观察，所以我们利用小泡沫球将现象放大。学生借助放大后的物理过程来研究相关问题，能使猜想成为可能，更易于在原有认知基础上展开猜想。

（四）习题设计正确引导，猜想转为假设

猜想是根据已有的原理知识或者经验事实，对未知的现象、问题或规律进

行理性思维作用而做出的猜测性推断。假设是根据已有的科学事实和科学原理，对所研究的现象及其规律提出的一种假定性的推测和说明，是自然科学思维的一种重要形式。

从定义可以看出，猜想的范围比假设要广泛，也更自由。如果将猜想用准确的科学语言，通过逻辑形式表达出来就成为具体的假设。要通过习题设计对学生进行正确引导，使其通过分析推理或简单的实验验证，否定或排除一些不合理的猜想，形成科学的假设，为下一环节"设计实验"奠定基础。

二、促进问题提出与猜想能力发展的题目设计说明与教学案例评析

案例 1　关于"水果电池"你知多少？

例题：同学们都知道电在我们生活中是不可缺少的。电是非常重要的，电池也是非常重要的，电池储存着电能。同学们知道吗，水果也可以制作成电池呢，用四个橙子就可以制成电压能达到 3 V 的水果电池。这样的水果电池电压比两节干电池的电压还高，可是它却不能像两节干电池一样让小灯泡（额定电压 3.8 V）发光。请同学们探究其中的原因（不考虑电路连接故障问题），从中你发现了什么问题？利用已有的知识和经验对你提出问题的可能原因，进行猜想与假设，并经过讨论、思考做出初步的论证。

答案：用电压表直接测量断路状态的水果电池，发现它的电动势的确能够达到 3 V。再将水果电池与额定电压为 3.8 V 的小灯泡串联，发现小灯泡不发光。用多用电表欧姆挡检查电路中导线及小灯泡等各个元件，发现各元件均正常，没有故障。根据学过的知识进一步猜想小灯泡不发光的原因，是加在小灯泡两端的电压和流过小灯泡的电流没有达到应有的数值，进一步推测，可能是电源内阻太大导致的。

假设水果电池的内阻很大，那就需要设计合适的电路测量水果电池的内阻，才能进一步论证该问题。例如，可以选择一个大一点的电阻箱和一个量程为 3 V 的电压表设计电路测量水果电池的内阻。设计方案很多，但一定要考虑到水果电池内阻大、电路电流小等情况，综合简便、精确、安全、可行等原则来设计电路。

（一）题目设计与说明

1. 设计意义

初中物理电学的教学中，是不考虑电源内阻的。而高中教学中，"全电路"

的概念非常重要，全电路欧姆定律更是教学的重点。经过这道练习题的引导，学生们自发的发现电源是有内阻的这一问题（发现问题），进一步提出是不是电源内阻上出现了电势降落（猜想和假设）。在解决问题的过程中，学生不仅认可了电源内阻的存在，更对全电路的电势降落有了初步的认识，相信在这一章后续的学习过程中，建立起全电路的观念对学生来说将不再是件难事儿。更重要的是通过这道题的练习培养了学生发现问题、提出问题、大胆猜想和假设的学习意识和思维能力。

2. 设计目标

本题的设计目标是通过练习与复习使学生自主发现电源有内阻，引发学生思考，并进一步提出内电压等相关问题，加深对全电路的认识，为后续的闭合电路欧姆定律的学习奠定基础；让学生在探究"与干电池电压相同的水果电池为什么不能让小灯泡发光"中发现"电池是有内阻的"，并提出"干电池也有内阻，那为什么干电池能让灯泡发光，而水果电池却不能"等问题，引发学生猜想，使学生的思维在层层递进的探究中获得发展。

3. 对象分析

本题的设计对象是高二年级的学生。以往教师在本节的教学中，内电阻的概念并不作为教学的重点来呈现，很多教师都是一带而过。但是学生在学习本节内容之前，初中的电路的学习已经使他们建立了电源没内阻的前概念，如果教学中直接给出内电阻这个概念，不免有些生硬。如果让学生在教师创设的问题情境中自主发现"电源有内阻"这个问题，学生不仅印象深刻，更对今后的全电路的认识有极大的帮助。

4. 过程分析

首先要了解学生的原有认知，经历了初中电路知识的学习，不计电源内阻这件事在学生的头脑中已经根深蒂固了，那么如何让学生适应这一新的概念？设计能够引发学生兴趣的情境，让学生在情境中自己发现问题并在解决问题的过程中发生新的认识，这显然是这道题设计的初衷。水果是同学们生活中常见的事物，但水果导电却不为学生所熟知，因此"水果"是本设计的兴趣引发点，但是如何创设"差异"情境，引发学生自主发现问题的兴趣呢？于是想到了将水果电池与普通干电池进行对比，让学生看到"普通干电池能让小灯泡发光，而水果电池却不能"这个强烈的差异，进而激发学生寻找其原因的愿望，于是学生自然就会进行猜想和假设。在这样的情境中，发现问题、猜想和假设都是学生自发的行为，所以相关能力培养也是自然实现的。

5. 教学策略

这个题目引导学生猜想的直接来源不可能是日常生活经验和知识，因为学生的原有生活经验和学习经验中没有电源内阻这个概念。所以猜想的起点只能是类比。题目引导学生将水果电池与普通干电池进行类比，电动势接近，但在闭合电路中的表现却并不相同，一个不能让小灯泡发光，一个能让小灯泡发光。学生结合欧姆定律的知识进行自然联想而引发"电源有内阻"的猜想。所以在教学中要特别注意留给学生足够的时间进行类比、联想，培养学生猜想与提问的能力。

（二）教学案例与评析

1. 教学案例

在教学过程中怎样把教师的设计思想通过跟学生的交流传递给学生从而促使学生发现问题并进一步猜想和假设，这是教学的关键。下面是促进学生发现"电源是否有内阻"这一问题并进行合理的猜想与假设的教学过程的流程图（图 4-2）。

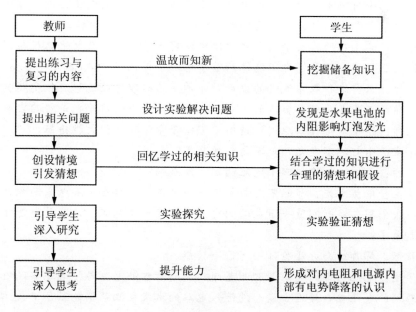

图 4-2

教师：同学们都知道电在我们生活中是不可缺少的。电是非常重要的，电池也是非常重要的，电池储存着电能。同学们知道吗，水果也可以制作成电池，用四个橙子就可以制成电压能达到 3 V 的水果电池。

实验设计：用铜片、锌片、导线将四个橙子串联起来制作水果电池（图 4-3）。

学生：设计制作水果电池。

教师：请同学们用电压表测量水果电池两端的电压，看看你制作的水果电池电压能够达到多少？

学生：用电压表测量水果电池两端的电压，发现能够达到 3 V。

图 4-3

点评：让学生自己动手制作水果电池激发学生的兴趣，让学生自己测量水果电池的电压，让他们体验自己设计制作的成功，为下面创设差异情境做铺垫。这种教学策略突出了学生在课堂中的主体地位，比教师直接告诉学生水果也能制成电池的效果更佳。

教师：同学们试着用两节干电池连接小灯泡，观察灯泡状态。

学生：两节干电池让小灯泡发光了。

教师：请同学们再用水果电池连接小灯泡，观察灯泡状态。

学生：小灯泡不发光，水果电池电压与两节干电池的电压接近，可是它却不能像两节干电池一样让小灯泡(额定电压 3.8 V)发光，为什么？

点评：学生在两次实验的差异对比中发现问题——水果电池电压与两节干电池的电压接近，可是它却不能像两节干电池一样让小灯泡(额定电压 3.8 V)发光，为什么？这种教学策略的设计对于学生的心理发展过程应该是顺其自然的，问题的产生也是顺其自然的，对"发现问题"能力的培养更是顺其自然的。

教师：猜猜看是什么原因？请同学们结合学过的知识大胆猜想。

学生：小灯泡不发光，是不是灯丝断了？

教师：再把小灯泡接回干电池两端，发光吗？

学生：依然发光，显然不是灯丝断了。可是灯泡接在水果电池两端的确不发光，我们用电流表测量一下电路的电流吧。咦？没电流，是不是电源里面的电阻太大了？

教师：那再想个办法验证一下这个猜想。

学生：电池内部的电阻怎么测量呢？先看看水果电池与灯泡连接的电路中灯泡两端的电压吧。接近零？没连入电路的水果电池两端电压 3 V 左右，连上小灯泡后电路中竟然没电压了，估计是电源里面的电阻分走了电压。

教师：同学们的这个猜测会在后续的学习中得到答案。

点评：通过这个猜想—探究—猜想的过程，学生充分调动原有认知，进行合理的猜想并想办法去验证其猜想的正确性。学生们的思维经历了这样的过程后越发的深入了，思维能力得到提升。

2. 案例评析

如果直接告诉学生电源有内阻，电源工作时在内阻上也有电势降落，能量损耗等，学生也能记住。但这种被动的学习显然没给学生留有发现问题的机会，更无须猜想，学生的思维将处于被动地接受中，失去了发展的机会。在设计的练习题的引导下，学生表现得非常积极踊跃，他们都想自己尝试做水果电池，身边没有铜片和锌片，他们就用硬币代替，有的学生还尝试用苹果或柠檬取代橙子制作水果电池。因为他们提出了"小灯泡不发光可能与水果的酸度有关""小灯泡不发光可能与水果的含水量有关"等问题。经过多次尝试，他们中有的同学想到了测量一下水果电池给小灯泡供电时小灯泡两端的电压，结果这个提议使得问题的探究有了很大转机。有的同学于是提出了"水果电池本身对电流有阻碍作用"的假设，于是他们又想办法测量水果电池的电阻……

这道题的设计达到了提升学生发现问题并进行猜想和假设的意识，更发展了学生的思维能力。

三、促进问题提出与猜想能力发展的题组设计说明与教学案例评析

案例2　高三力学实验专题复习

例题1：某实验小组采用图4-4所示的装置探究小车的加速度与所受合力的关系。

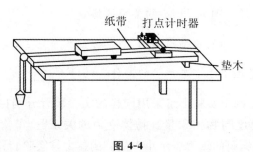

图 4-4

(1)安装实验装置时，应调整定滑轮的高度，使拉小车的细线在实验过程中保持与_____(填"桌面"或"长木板")平行。

(2)实验时先不挂沙桶，反复调整垫木的位置，轻推小车，直到小车做匀速直线运动，这样做的目的是_____。

(3)保持小车质量不变，用装有细沙的沙桶通过定滑轮拉动小车，打出纸带。图4-5是实验中打出的一条纸带的一部分，从较清晰的点迹起，在纸带上

标出了连续的 5 个计数点 A、B、C、D、E，相邻的两个计数点之间都有 4 个点迹没标出，测出各计数点之间的距离。已知打点计时器接在频率为 50 Hz 的交流电源两端，则此次实验中 AB 两计数点间的时间间隔 $T=$ _____ s，小车运动的加速度 $a=$ _____ m/s^2。

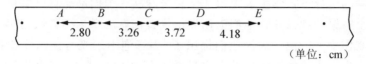

（单位：cm）

图 4-5

（4）用沙桶和沙的重力充当小车所受的合力 F，通过分析打点计时器打出的纸带，测量加速度 a。分别以合力 F 和加速度 a 作为横轴和纵轴，建立坐标系，根据实验中得到的数据描出点迹。该实验小组得到的 a-F 图像，如图 4-6 所示。

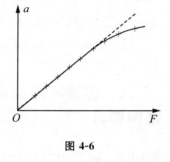

图 4-6

实验结果跟教材中的结论不完全一致。你认为产生这种结果的原因可能是 _____

_____。

（5）该实验中，若沙桶和沙的质量为 m，小车质量为 M，细线对小车的拉力为 F。则拉力 F 与 mg 的关系式为 _____，若要使 $\left|\dfrac{mg-F}{mg}\right|<10\%$，则 m 与 M 的关系应满足 _____。

答案：（1）长木板。（2）平衡摩擦力。（3）0.1、0.46。（4）沙和沙桶质量较大，没满足沙和沙桶质量远小于小车质量的条件。（5）$F=\dfrac{M}{M+m}mg$、$m<\dfrac{1}{9}M$。

例题 2：甲、乙两个实验小组采用同样的实验装置分别探究以下两个实验。实验一是"探究加速度与物体质量、物体受力的关系"；实验二是"探究动能定理"。两小组均采用钩码的重力表示小车受到的拉力，实验装置如图 4-7 所示。

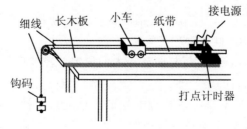

图 4-7

(1)为了顺利完成该实验，以下说法正确的是（　　　）。

A. 两实验需要平衡摩擦力时都必须将钩码通过细线挂在小车上

B. 两实验都要求钩码总质量远小于小车的质量

C. 两实验中都需要细绳与木板平行

(2)在探究实验一的过程中，甲小组进行了如下探究。

①图 4-8 是实验中得到的一条纸带。计时器打点的时间间隔为 0.02 s。从比较清晰的点起，每 5 个点取一个计数点，量出相邻计数点之间的距离。该小车的加速度 $a=$ _____ m/s²。（结果保留两位有效数字）

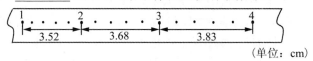

（单位：cm）

图 4-8

②在计算出各纸带的加速度后，将加速度 a 和小车质量 M 记录下来，其中几组数据记录在表 4-1 中。

表 4-1　实验数据记录表

$\frac{1}{M}/\text{kg}^{-1}$	0.50	0.67	0.80	1.00
$a/(\text{m} \cdot \text{s}^{-2})$	2.04	2.66	3.23	3.98

根据数据画出图 4-9 所示的 a-$1/M$ 图像，根据图像可以判定：当拉力 F 一定时，a 与 $1/M$ 的关系为_____关系（填"正比"或"反比"）。通过图像可知，F 的大小为_____。

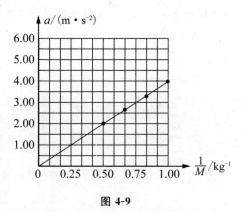

图 4-9

③在研究加速度 a 和力 F 的关系时，取了两套图示的装置放在水平桌面上。小车上都不放砝码，在没有平衡摩擦力的情况下，研究小车的加速度 a 与拉力 F 的关系，分别得到下图中 1、2 两条直线。1、2 两条直线对应的小车质量分别为 m_1、m_2，且 $m_1 < m_2$；小车与木板间的动摩擦因数分别为 μ_1、μ_2，且 $\mu_1 > \mu_2$。请判断下列图像可能正确的是（　　　）。

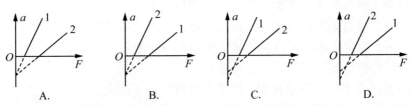

A.　　　　　　B.　　　　　　C.　　　　　　D.

（3）在探究实验二的过程中，乙小组测出小车的质量为 M，钩码的总质量为 m，已知重力加速度为 g。

①图 4-10 是实验中得到的一条纸带，其中 A、B、C、D、E、F 是连续的六个计数点，相邻计数点间的时间间隔为 T，相邻计数点间的距离已在图中标出，从打 B 点到打 E 点的过程中，拉力对小车做的功是_____，小车动能的增量是_____。（用图 4-10 中的物理量符号表示）

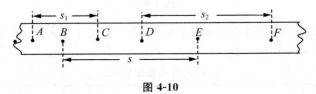

图 4-10

②经检查发现实验已平衡好小车的摩擦力，但多次实验探究结果得出：拉力对小车做的功并不等于小车动能的增量，且有一定误差，可能原因是_____。

③该实验小组分析以上误差后想做出修正，根据实验数据绘出了 Δv^2-s 图像（其中 $\Delta v^2 = v_2^2 - v_1^2$），并做出如下判断：若图像是一条经过原点的直线，则钩码的重力做功应该等于整体的动能增加量。请你分析论证该小组的判断是否正确。

答案：（1）BC。

（2）①0.16（或 0.15）。②正比、4.0 N（或 4 N）。③C。

（3）① mgs，$\dfrac{1}{2}M\left(\dfrac{s_2}{2T}\right)^2 - \dfrac{1}{2}M\left(\dfrac{s_1}{2T}\right)^2$。②不满足钩码总质量远小于车的质量这一条件。③该判断依据不正确。若对整体研究，根据 $mgs = \dfrac{1}{2}(M+m)v_2^2 - \dfrac{1}{2}(M+m)v_1^2$ 得到 $\Delta v^2 = v_2^2 - v_1^2 = 2\left(\dfrac{mg}{m+M}\right)s$。可知，$\Delta v^2$-$s$ 图像是过原点的一条直线，斜率等于 $\dfrac{2mg}{m+M}$。修正后要想根据 Δv^2-s 图像说明钩码的重力做功是否等于整体的动能增加量，不仅需看 Δv^2-s 图像是否是过原点的一条直线，还

必须看图像的斜率是否为$\dfrac{2mg}{m+M}$。

例题3：为了探究做功与物体动能变化之间的关系，小明去实验室利用气垫导轨设计了探究实验，图 4-11 为气垫导轨实验装置。由于气垫的作用，滑块在导轨上滑行时可以认为无摩擦。导轨上滑块 A 的质量为 M，细线的一端系在滑块上，另一端

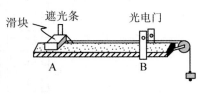

图 4-11

绕过小定滑轮并栓有一个质量可以忽略的细小挂钩。B 为光电门，当滑块通过光电门时，计时器记录下遮光条遮光的短暂时间 Δt，利用遮光条的宽度 d 除以时间 Δt，就得到了此时滑块的瞬时速度。不计细绳的质量，不计滑轮摩擦。

（1）已知通过光电门的遮光条宽度为 $d=1.0$ cm，某次光电门记录下遮光条遮光的时间为 $\Delta t=20$ ms，可得到滑块通过光电门时的瞬时测速为_____ m/s。（结果保留 2 位有效数字）

（2）小明将 1 个钩码悬挂在细小挂钩上，并认为钩码的重力就等于滑块受到的拉力。保持滑块的质量不变，每次从同一位置 $x=10.0$ cm 处由静止释放滑块，改变光电门的位置并从气垫导轨上记录下每次静止释放时光电门的位置 x_1，x_2，x_3，$\cdots$，计算出滑块移动的距离 s，利用光电门测量速度 v_1，v_2，v_3，$\cdots$，并得到速度的平方。表 4-2 为小明记录的数据。

滑块质量 $M=0.250$ kg，钩码质量 $m=0.01$ kg。

表 4-2　实验数据记录表

次数	1	2	3	4	5
x/cm	40.0	70.0	100.0	130.0	160.0
s/m	0.30	0.60	0.90	1.20	1.50
v	0.48	0.68	0.83	0.96	1.07
v^2	0.23	0.46	0.69	0.92	1.15

请你利用表 4-2 里的数据在图 4-12 所示的 v^2-s 坐标中补上第三组数据，然后作出图像。

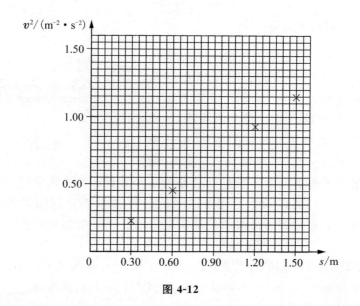

图 4-12

(3)利用同样的实验装置和方法做研究时，小睿同学为了让滑块动能更大一些，他将钩码质量增大为原来的 2 倍，则他作出的图像应为（　　）。

A. 斜率更大

B. 斜率更小

C. 斜率不变，图像位置上移

(4)小红同学做这个实验时在保持 $s = 90$ cm 一定的条件下，从两个钩码开始，每次增加一个钩码，以改变拉力做的功，她作出的图像形状应是下图中的（　　）。

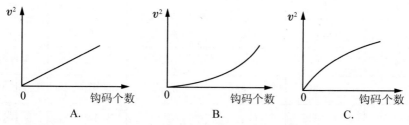

(5)根据作出的 v^2-s 图像，小波同学认为：图像是直线且过原点，就说明外力做功等于物体动能的增量。你认为他的说法是否正确？理由是什么？

答案：(1)0.50。(2)作图（图 4-13）。(3)A。(4)C。(5)不正确，除了图像是直线外，还应该看图像的斜率是否满足条件。

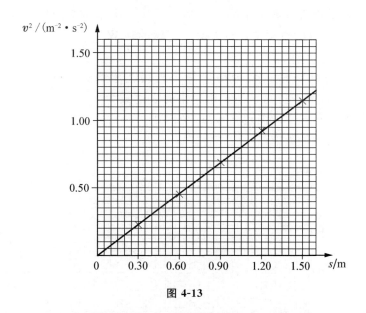

图 4-13

例题 4：用质量为 m 的重物通过滑轮牵引小车，使小车在长木板上运动，打点计时器在纸带上记录小车的运动情况。利用该装置可以完成"探究动能定理"的实验。

(1)打点计时器使用的电源是(　　)。

A. 直流电源　　　　　　　　B. 交流电源

(2)实验中，需要平衡摩擦力和其他阻力，正确操作方法是(　　)。

A. 把长木板右端垫高　　　　B. 改变小车的质量

(3)在不挂重物且(　　)的情况下，轻推一下小车。若小车拖着纸带做匀速运动，表明已经消除了摩擦力和其他阻力的影响。

A. 计时器不打点　　　　　　B. 计时器打点

(4)接通电源，释放小车，打点计时器在纸带上打下一系列点，将打下的第一个点标为 O。在纸带上依次取 A，B，C，…若干个计数点，已知相邻计数点间的时间间隔为 T。测得 A，B，C，…各点到 O 点的距离为 x_1，x_2，x_3，…，如图 4-14 所示。

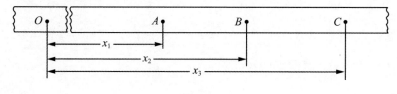

图 4-14

实验中，重物质量远小于小车质量，可认为小车所受的拉力大小为 mg。从打 O 点到打 B 点的过程中，拉力对小车做的功 $W=$_____，打 B 点时小车的速度 $v=$_____。

(5)以 v^2 为纵坐标，W 为横坐标，利用实验数据作出图 4-15 所示的 $v^2\text{-}W$ 图像。由此图像可得 v^2 随 W 变化的表达式为_____。根据功与能的关系，动能的表达式中可能包含 v^2 这个因子；分析实验结果的单位关系，与图像斜率有关的物理量应是_____。

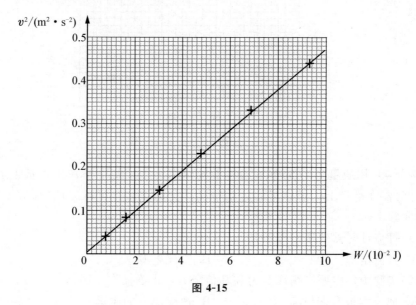

图 4-15

(6)假设已经完全消除了摩擦力和其他阻力的影响，若重物质量不满足远小于小车质量的条件，则从理论上分析，下图中能正确反映 $v^2\text{-}W$ 关系的是（　）。

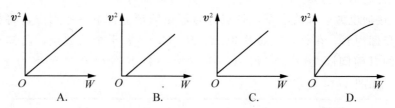

答案：(1)B。(2)A。(3)B。(4)mgx_2、$\dfrac{x_3-x_1}{2T}$。(5)$v^2=kW$，$k=(4.5\sim 5.0)\mathrm{m}^2\cdot\mathrm{s}^{-2}\cdot\mathrm{J}^{-1}$；质量。(6)A。

（一）题组设计说明

1. 设计意义

这套实验器材曾在高中阶段物理教材中出现了多次。"研究匀变速直线运动""探究加速度与物体质量、物体受力的关系""探究动能定理"这三个实验都可以借助这套实验器材来实现实验目的。所以围绕三个不同的实验目的，将三个实验进行类比，在实验原理、数据处理、误差分析等环节中，促进学生问题的提出和猜想能力的提升，这将是一个好的命题素材。

2. 设计目标

本题组在考查学生基本实验技能的基础上对学生提出问题、探究问题的能力进行了深入考查。在"探究加速度与物体质量、物体受力的关系"这个实验中经常会讨论"重物质量是否远小于小车质量"这一问题，因为如果不满足重物质量远小于小车质量这一条件，实验中"用重物的重力充当小车的拉力"就会出现明显的系统误差，进而导致数据处理错误。例如，小车质量不变时加速度与物体受力关系的图像不再是直线；小车受力不变时，加速度与小车质量倒数关系的图像也不再是直线；加速度倒数与小车质量关系的图像将不再过原点。这个系统误差在"探究动能定理"实验中依然存在，但是在处理数据时这个系统误差是否也会导致图像不再过原点或不再是直线？期待学生通过题组的练习自己提出这个问题，提出问题后学生结合学过的知识进行猜想、论证，培养相关能力。

3. 对象分析

本题组的考查对象是高三年级的学生。在高三实验复习中，仅仅就单一实验进行的复习即便再深入，对提升学生的探究能力也是有限的。探究能力是近几年高考中对学生更高层次的要求，如何培养学生的探究能力是值得每一位物理教师深入思考的问题。对力学实验中的"研究匀变速直线运动""探究加速度与物体质量、物体受力的关系""探究动能定理"这几个实验进行类比，设计相关问题促进学生提出问题并猜想，对培养学生的探究能力甚至渗透科学方法将是有效的。

4. 过程分析

这个题组的设计采取了逐层递进的方式，先借助一道关于"探究加速度与物体质量、物体受力的关系"的实验题目，引发学生关于这套实验器材使用时的一些基本问题的思考，如平衡摩擦力、重物质量远小于小车质量等问题。然后设计了一道将"探究加速度与物体质量、物体受力的关系"与"探究动能定理"这两个实验直接对比的题目，通过类比引导学生提出一系列问题：两个实验都

205

需要平衡摩擦力吗？操作方式是否相同？两个实验都要求钩码总质量远小于小车的质量吗？两个实验中都需要细绳与木板平行吗？学生在问题的引导下进一步猜想、探究。最后设计两道题引导学生对这类问题进行深入思考，提出更深层次的问题：$v^2\text{-}W$ 图像是否依然是一条过原点的直线？在这样的提问—猜想—探究—进一步提问—进一步猜想—进一步探究的过程中，学生提升了提问和猜想的能力，更培养了实验探究的能力。

5. 学习困难与障碍分析及教学策略

高三学生在复习过程中，接触到的题量很大，最低效的复习方式就是盲目做题、就题论题，没时间进行深入思考，更不会将相似问题进行类比。这时如果能寻找到类似"研究匀变速直线运动""探究加速度与物体质量、物体受力的关系""探究动能定理"这样的可以由相同的一套实验器材来实验的素材，便可以将其进行类比设计一系列题组，引导学生在深入思考的基础上提出有价值的问题，引发其合理猜想，引导其深入探究。其实，高三复习中还有许多题目可以进行这样的设计。例如，在电源的输出功率随电路外电阻变化的教学中，我们可以选择两个内阻不同的电源，让学生画图进行类比，引导学生进一步提出电路总功率随外阻变化的规律是什么样的？电源内耗功率随外阻变化的规律又是什么样的？甚至可以引导学生提出电源输出功率、内耗功率、电路总功率随路端电压变化的规律是什么样的？随电流变化规律是什么样的？在教学中，教师可以将类似问题进行归纳、汇总，发挥物理学科的思维优势，借助类比的方式设计题组，培养学生提问和猜想的能力。

（二）教学案例与评析

1. 教学案例

例题：某同学用图 4-16 所示的实验装置分别做了"研究匀变速直线运动""探究加速度与物体质量、物体受力的关系""探究动能定理"三个实验。

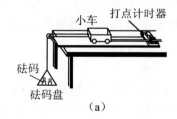

图 4-16

①该同学在"探究加速度与物体质量、物体受力的关系"实验中，平衡小车与桌面之间摩擦力的过程中，打出了一条纸带，如图 4-16(b)所示。计时器打点的时间间隔为 0.02 s，从比较清晰的点起，每 5 个点取一个计数点，量出相邻计数点之间的距离。该小车的加速度 $a=$ _____ m/s^2。（结果保留两位有效数字）

②平衡摩擦力后，将 5 个相同的砝码都放在小车上。挂上砝码盘，然后每次从小车上取一个砝码添加到砝码盘中，测量小车的加速度。小车的加速度 a 与砝码盘中砝码总重力 F 的实验数据见表 4-3。

表 4-3　实验数据记录表

砝码盘中砝码总重力 F/N	0.196	0.392	0.588	0.784	0.980
加速度 a/(m·s^{-2})	0.69	1.18	1.66	2.18	2.70

请根据实验数据在图 4-17 中作出 a-F 的关系图像。

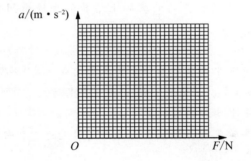

图 4-17

③分析上述图像，你能发现该同学在这项操作中可能存在什么问题吗？

④如果该同学在另外两个实验中不再重新平衡摩擦力，还会出现类似问题吗？从中你发现了什么？

【教学过程】

学生在高一阶段对本节内容已经有了一定的认识，比如每一个实验的目的、原理、器材、步骤、数据处理、误差分析等，但这三个实验使用的实验器材有相似之处。本专题的复习应该在学生已有知识的基础上通过让学生对比三个实验的异同，发现学生理解上存在的问题，使其深入理解实验，进一步激发他们探究的欲望，培养他们学习物理的兴趣。

教学目标：

(1)基础目标。复习回顾"研究匀变速直线运动""探究加速度与物体质量、物体受力的关系""探究动能定理"这三个实验的目的、原理、器材、步骤、数据处理方法、误差分析方法等;通过对比这三个实验的器材、实验步骤及数据处理方式,初步发现三个实验的相同之处和不同之处,提出相关问题,提高问题意识并产生探究问题的愿望。

(2)较高目标。在复习回顾三个实验的基础上,围绕各自实验目的,结合实验设计原则通过全面对比三个实验的器材、实验步骤及数据处理方式,在深入理解的基础上发现三个实验的相同之处和不同之处,提出相关问题,并尝试分析解决问题。

(3)拔高目标。在复习回顾三个实验的基础上,围绕各自实验目的,结合实验设计原则通过全面对比三个实验的器材、实验步骤及数据处理方式,在深入理解的基础上发现三个实验的相同之处和不同之处,提出相关问题,借助猜想和假设深入探究,设计探究方案。

教学重点:

在复习和深入理解实验目的的基础上培养学生提出问题、猜想和假设的能力。

复习引入:

教师:在高考考纲中有三个力学实验,它们分别是"研究匀变速直线运动""探究加速度与物体质量、物体受力的关系""探究动能定理"。请同学们回顾这三个实验,思考每一个实验的目的是什么。

教学目的:引导学生重视实验目的,引发学生的复习回顾的愿望。

进行新课:

(1)复习梳理旧知,在对比的基础上引导学生发现问题,激发学生的探究欲望。

教师:请同学们围绕实验目的继续回顾每一个实验是借助什么实验器材实现的,你们发现了什么。

教学目的:回顾实验设计原理,并在回忆实验所使用器材的基础上发现三个实验所用的器材相似,但实验目的不同。

(2)用复习题引导学生深入理解实验设计原理,继续发现问题。

PPT展示题目:某同学用图 4-18 所示的实验装置分别做了"研究匀变速直线运动""探究加速度与物体质量、物体受力的关系""探究动能定理"三个实验。

①该同学在"探究加速度与物体质量、物体受力的关系"实验中,平衡小车与桌面之间摩擦力的过程中,打出了一条纸带,如图 4-18(b)所示。计时器打点的时间间隔为 0.02 s,从比较清晰的点起,每 5 个点取一个计数点,量出相

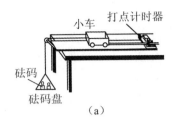
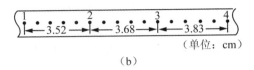

图 4-18

邻计数点之间的距离。该小车的加速度 $a=$ _____ m/s²。（结果保留两位有效数字）

②平衡摩擦力后，将 5 个相同的砝码都放在小车上。挂上砝码盘，然后每次从小车上取一个砝码添加到砝码盘中，测量小车的加速度。小车的加速度 a 与砝码盘中砝码总重力 F 的实验数据见表 4-4。

表 4-4　实验数据记录表

| 砝码盘中砝码总重力 F/N | 0.196 | 0.392 | 0.588 | 0.784 | 0.980 |
| 加速度 a/(m·s⁻²) | 0.69 | 1.18 | 1.66 | 2.18 | 2.70 |

请根据实验数据在图 4-19 中作出 a-F 的关系图像。

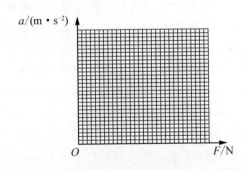

图 4-19

③分析上述图像，你能发现该同学在这项操作中可能存在什么问题吗？

④如果该同学在另外两个实验中不再重新平衡摩擦力，还会出现类似问题吗？从中你发现了什么？

教师：请同学们思考，并以小组为单位进行交流。

教学目的：从一个实验中平衡摩擦的问题引导学生围绕实验目的，深入理解实验设计原理，引发学生思考，让学生用类比的思想继续发现问题，并进一步提出问题，培养学生的思维能力。

教师：同学们发现了这三个实验使用的器材如此相似，实现的实验目的却各不相同，能否围绕实验目的继续深入思考并讨论交流。在实验设计原理、操作步骤、数据处理等几个环节中还有哪些相同点与不同点？

教师：请每个学习小组将本组同学的问题汇总并及时梳理，便于组与组间的交流。

教师：在组与组间交流时，请各组派代表发言，后面发言的同学不要重复前面同学的问题。

教学目的：引导学生围绕实验目的，深入理解实验设计原理，从实验设计原理、操作步骤、数据处理等几个环节中继续发现相同点与不同点，提出问题并培养梳理问题的能力。另外，培养学生交流、评估的能力。

用学生自己发现的问题引导学生大胆的猜想和假设，为进一步探究奠定基础。

教师：通过同学们的讨论交流，我们在对比三个实验异同点的过程中梳理出了如下几个问题。

问题1：三个实验中，小车的运动规律是有区别的，每一个实验中小车各做什么运动？

问题2：三个实验的操作中有的需要平衡摩擦力，有的不需要，为什么？

问题3：三个实验中都使用打点计时器，但需要获取的数据并不相同，每个实验需要借助纸带获取什么数据？

问题4：三个实验都要借助纸带获取数据并进行处理，但有的需要用点间距均匀增加的那部分数据，有的需要用点间距相等的那部分数据，为什么？

问题5：关于小车与砝码托盘的质量之间的关系，有的实验做了要求，有的实验没做要求，为什么？

请同学们结合实验目的对每一个问题进行合理的分析，必要时可以提出猜想或假设，再想办法验证。例如，问题5，你并不知道某一个实验为什么没有提出"砝码质量远小于小车质量"的要求，你可以假设砝码质量接近小车质量，再分析实验结果是否会受到影响。

教学目的：引导学生解决问题的时候要合理地进行猜想和假设，让学生体会这种科学研究方法。

借助题组训练引导学生深入思考，进一步引发深层次的问题，提升学生提问和猜想的能力。

拓展提升：同学们可以尝试运用这种类比的方法，将相近的几个实验放在一起进行专题复习。例如，"描绘小灯泡的伏安特性曲线""测金属丝的电阻率"和"测电源电动势和内阻"这几个电学实验，都要测电压和电流，都要用到滑动变阻器，但实验设计原理并不完全相同。同学们可以用类似这节课的复习方法对这三个实验进行专题复习。

2. 案例评析

以往的实验复习经常是按照实验目的、实验原理、实验器材、实验步骤、数据处理、误差分析、注意事项的顺序进行复习串讲，再配合成题的训练；或者反之，先通过成题训练，发现学生的问题再进行针对性的讲解。上述两种复习方式的确都能起到查漏补缺的作用，但对提升学生的实验探究能力帮助不大，而新课程更关注学生科学素养的培养和能力的提升。这就需要我们在设计复习题的时候注重促进提出问题和猜想能力的发展。上面的复习课中，教师将实验器材相近的几个力学实验放在一起进行整合，让学生们在类比中自主发现问题、提出问题、猜想与假设，再到进一步的分析与讨论，整个的探究过程由学生自主完成。这不仅促进了学生学习的自主性，更促进了他们的实验探究能力培养和物理思维能力的培养。经历了这样的过程后，学生在其他实验的复习中，会自觉地进行自主复习和整合。

在本案例中，教师通过创设的情境和设问，促使学生发现问题，明确地表述这些问题，对问题进行思考和讨论，对解决问题的方式和问题的答案提出假设。这样的设计，不仅促进了学生的自主性学习，更发展了学生的科学思维、科学探究等核心素养。

第三节　促进实验设计能力发展的练习与复习教学

针对提出的问题和猜想进行实验设计是培养科学探究能力的创造思辨阶段。实验设计是在实验之前进行的，是为实验做准备工作的，实验是对于实验设计所制订计划的实施。所以物理实验设计就是在进行物理实验之前，实验者根据一定的实验目的和要求，运用所学原理与知识，制订的实验目的、实验原理、实验方案等。

一、促进实验设计能力发展的问题设计原则

（一）对学生实验设计能力的基本要求

对学生实验设计能力的基本要求是：知道实验目的和已有条件，制订实验

方案；尝试选择实验方法及所需要的装置与器材；考虑实验的变量及其控制方法；制订计划并实施。

（二）实验设计的过程及原则

1. 实验设计的过程

（1）明确实验目的。

进行实验设计需先明确实验目的，即明确实验是为了说明什么，这是进行实验设计的前提和基础。实验目的应当简单明了，明确说明待研究量，为下一步选择实验原理奠定基础。

（2）选择实验原理。

实验原理是指实验进行所依据的原理。要对假设的验证具体化、程序化，或者说，要把实验目的演变为一个实验方案，就需要实验原理作为中间的桥梁。确定实验原理的目的在于给出下一步进行的实验方案设计的大体框架。

要想选择合适的实验原理，我们需对研究的问题进行物理模型的建构，并对其进行理论分析，确定实验变量，初步明确研究的问题。实验原理表述的内容应当是实验设计的整体思路，即实验通过……达到……的目的，同时实验原理还应当包括实验现象与结果出现的原因以及重要实验步骤设计的根据等。

（3）制订实验方案。

实验方案设计包括实验器材选择、实验步骤设计（包括实验结果记录方式设计）等内容，实验方案设计是实验设计的重要组成部分。实验方案是对实验原理的补充，是实验原理的具体化，是具有可操作性的具体实施方案。实验方案设计内容应当包括实验条件如何控制、实验注意事项及实验结束后根据实验实施情况所进行的相应改进。

实验方案的设计流程如图 4-20 所示。

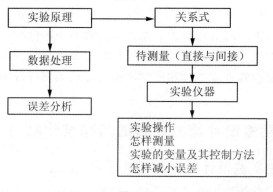

图 4-20

2. 实验设计的原则

（1）实验目的简单明了。

实验目的来源于猜想与假设。实验目的表述应当简单明了，明确说明实验变量。因此明确实验目的首先需要明确实验变量，然后根据实验变量确定实验目的。

（2）实验原理科学可行。

实验原理是设计实验的出发点，要明确做什么，怎样做。不同类型的实验，实验方法不同，仪器不同，实验的原理也不同。选择实验原理的过程一定要遵循科学性和可行性原则。实验设计应当考虑实验器材和实验条件等的限制，即实验是切实可行的，不能成为理想化实验导致无法实施。

控制实验条件是实验中的共性问题。在实验过程中要特别明确需要保证哪些条件，如何保证。

比如验证牛顿第二定律中，如何设置情境，在这个情境中物体的加速度如何测量，受力如何恒定且可以测量等。如果让物体在水平轨道上运动，就要考虑摩擦力的测量，在摩擦力不易测量的情况下如何平衡摩擦力？物体受到的拉力怎么测？直接测量还是间接测量？选择什么仪器测量加速度？打点计时器还是位移传感器？……

在这些问题的讨论上就要注意可行性，比如有的学生设计的原理是"小车在光滑的水平面上做加速运动……"这就不太有可行性，即使是气垫导轨也有阻力的影响。

再比如，平抛和碰撞中的"水平""坐标原点""重锤线""每次抛或碰前初速度相同"；单摆测重力加速度时摆球和悬线的选择、最大摆角的控制、防止圆锥摆等；探究胡克定律中应在弹力与砝码重力平衡时读数等都是在实验原理设计时应考虑清楚的问题。

（3）实验方案安全简洁。

实验方案是对实验原理的具体化，是实验设计的重点。实验方案设计包括实验器材选择、实验步骤确定等内容，在进行实验方案设计时，还需要考虑实验的安全性、实验误差如何减小、实验步骤是否简便、表格设计是否简洁直观等内容。

（三）实验设计能力培养的练习与复习教学策略

1. 注重实验设计理论知识的学习，培养实验设计的习惯

实验设计的理论对学生来说是比较抽象和难懂的。由于教材中没有系统的物理实验设计基础理论知识，教师除了在平时的教学中进行渗透外，进行理论专题课的教学可以使学生全面地了解实验设计的理论、方法和步骤，让学生顺利地进入自主设计的阶段。

例如，给学生进行实验方案内容的教学：一份完整的实验设计方案一般包括实验课题、实验原理、实验目的、实验器材、实验条件、实验假设、实验步骤(含观察实验现象并记录数据)、实验数据的分析及结论。

2. 通过实际操作，提高实验设计的实践能力

学生在进行实验设计的过程中，经常会出现在理论上可行，但实际操作却无法做到的情况。通过实验操作，学生可以发现理论和实际是有差别的，要分析原因、改进实验方法。只有通过实践检验是正确的或可行的，这个实验设计才是成功的。因此，教师在教学中要尽可能地创造条件让学生在设计好实验方案后进行实际操作，增强学生的感性认识。这样才能使他们的实验设计更加合理、更切合实际，让他们在实际操作中不断积累经验和教训，从而提高他们的实验设计能力。

3. 加强思维训练，提高实验设计的思维能力

思维品质是培养实验设计能力结构形成的核心。实验设计的过程就是科学思维的过程，思维能力是可以在实验方案设计中不断提高的，反过来思维能力的强弱又决定实验方案设计的质量。学生常将课本实验步骤生搬硬套，不能具体、深入的分析问题，反映了他们思维的僵化、不灵活。可以说，这是学生在进行实验设计时最薄弱的环节，要注意加强他们的思维训练。教师可以利用不同实验设计类型，培养学生多方面的思维品质。

①通过对照性实验设计，培养学生思维的比较性。比较是一切思维和理解的基础，是确定研究对象之间共同特征的思维过程和方法。对事物之间相同及相异方面的比较，有助于发现和揭示事物的内在本质。

②通过控制性实验设计，培养学生思维的严密性。思维的严密性，主要表现在通过细致缜密的分析，从错综复杂的联系与关系中认识事物的本质。

③通过联系性实验设计，培养学生思维的灵活性。思维的灵活性主要体现在发散性思维活动中，主要指学生从不同角度、不同侧重点对问题进行分析研究，善于从一般模式或通常的制约条件下解脱出来，积极地进行各种猜测和联想，摸索出解决问题的各种新颖途径。

④通过延伸性实验设计，培养学生思维的深刻性。思维的深刻性表现在善于透过纷繁复杂的表面现象去发现事物的本质，善于用规律去揭示现象的本质特征。物理实验所展示的现象常常是多种因素共同作用的结果，而其中表现非本质特征的现象有可能喧宾夺主，对认识物理现象的本质形成干扰，深刻性也

就显得尤为重要。

4. 注重基础，逐步提升实验设计能力

独立制订一个比较完善、可操作性强的实验方案，对学生来说难度很大。学生考虑问题往往不全面、不严密，设计的物理情境理想化、不现实，不注意控制实验条件；而且学生的语言表达能力弱，实验步骤缺少逻辑，表格设计不规范等。所以学生实验设计能力的培养不是一蹴而就的，教师一定要注重学生的基础，从最基本的题目入手，逐步提升难度。可以让学生先根据已有的实验探究方案，使用基本的实验探究器材获得数据，然后逐步提高难度，比如改变实验器材，变换实验方案，让学生补充实验步骤等，在逐步提升之后再让学生进行简单的实验方案设计。

5. 适时放手，加强讨论，展示思维过程

通过讨论、交流及质疑式、答辩式学习，伴随着问题的逐步解决，学生得到真知，提升能力。这样让学生有一个思维提升和能力形成的过程，有更多实践和讨论的机会，最后形成完整的科学探究的学习模式和理性思考问题的习惯。

物理教学中要充分重视对学生理解能力的培养，这部分习题的教学也不例外。在这个过程中，学生之间相互讨论、质疑、争论是很好的手段，学生在表达的过程中不断梳理、修正、完善自己的思路，在倾听的过程中不断思考、质疑，生发更多的观点。这样的过程既培养了学生的思维能力，又训练了他们的表达能力，让学生逐步掌握实验设计的原则，提升实验设计的能力。

二、促进实验设计能力发展的题目设计说明与教学案例评析

基于对实验设计能力的不同水平划分及描述，下面用一道题的设计与教学来说明如何循序渐进地培养学生的实验设计能力。

案例1　研究牛顿第二定律

例题：在验证牛顿第二定律的实验中，采用图 4-21 所示的装置。

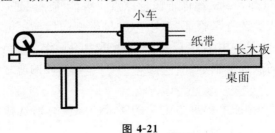

图 4-21

（1）本实验需要验证的内容分为以下两大步。

①保持小车质量不变，验证小车的＿＿＿＿＿＿＿＿＿＿＿＿＿＿＿＿＿＿。

②保持小车受到的作用力不变，验证小车的＿＿＿＿＿＿＿＿＿＿＿＿＿＿＿。

（2）该同学在实验前准备了下列辅助器材：

A．交流电源、导线　　　　B．天平（含配套砝码）　　　C．秒表

D．刻度尺　　　　　　　　E．细线、沙和小沙桶

其中不必要的器材是＿＿＿＿＿＿＿（填代号）。

（3）我们认为小车受到的合力等于砝码的重力 G，必须满足两个条件：

①＿＿＿＿＿＿＿＿＿＿＿＿＿＿＿＿＿＿＿＿＿＿＿＿＿＿＿＿＿＿＿＿＿。

②＿＿＿＿＿＿＿＿＿＿＿＿＿＿＿＿＿＿＿＿＿＿＿＿＿＿＿＿＿＿＿＿＿。

（4）安装实验装置时，应调整定滑轮的高度，使拉小车的细线在实验过程中保持与＿＿＿＿＿＿＿＿（填"桌面"或"长木板"）平行。实验时先不挂沙桶，反复调整垫木的位置，轻推小车，直到小车做匀速直线运动，这样做的目的是＿＿＿＿＿＿＿。

（5）某同学利用图 4-22 所示的实验装置及数字化信息系统获得了小车加速度 a 与钩码质量 m 的对应关系图，如图 4-23 所示。实验中小车（含发射器）的质量为 200 g，实验时选择了不可伸长的轻质细绳和轻定滑轮，小车的加速度由位移传感器及与之相连的计算机得到。根据以上内容回答下列问题。

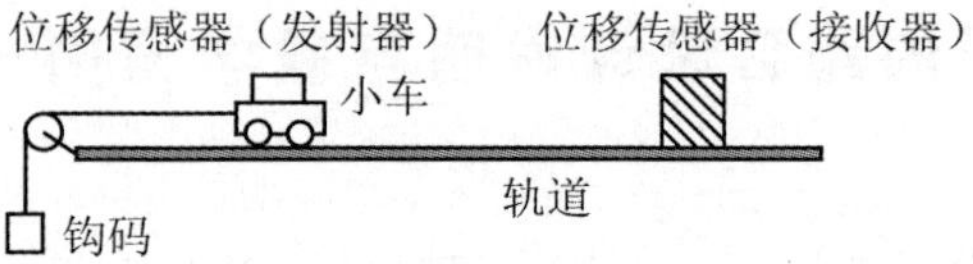

图 4-22

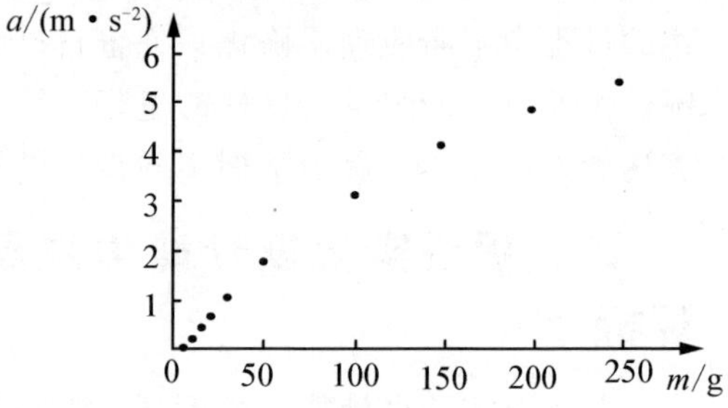

图 4-23

①根据该同学的结果，小车的加速度与钩码的质量成＿＿＿＿＿＿＿＿（填"线性"或"非线性"）关系。

②由图 4-23 可知，a-m 图像不经过原点，可能的原因是＿＿＿＿＿＿＿＿＿。

③若利用本实验装置来验证"在小车质量不变的情况下，小车的加速度与作用力成正比"的结论，并直接以钩码所受重力 mg 作为小车受到的合外力，则实验中应采取的改进措施是＿＿＿＿＿＿＿＿＿＿＿＿，钩码的质量应满足的条件是

＿＿＿＿＿＿＿＿＿＿＿＿＿＿＿＿＿＿＿＿。

（6）请设计一个验证牛顿第二定律的实验方案，写清选择的实验仪器，画

出实验装置示意图，写出实验步骤，画出处理实验数据的表格。

答案：

(1)加速度与力成正比；加速度与质量成反比。

(2)C。

(3)摩擦力可以忽略（需要适当垫起长木板的右端，以平衡摩擦力）；砝码的质量远小于小车的质量。

(4)长木板；平衡摩擦力。

(5)①非线性；②存在摩擦力；③平衡摩擦力；远小于小车质量。

(6)略。

（一）题目设计说明

1. 设计意义

"验证牛顿第二定律"研究物体的加速度与力、质量的关系，使用的方法是控制变量法。本实验可以是探究性实验，也可以是验证性实验。本实验需要研究的问题如下。

①在物体质量不变的条件下，加速度 a 与作用力 F 成正比。

②在物体受到的作用力不变的条件下，加速度 a 与物体的质量 m 成反比。

"验证牛顿第二定律"是高中物理必修内容的重点实验之一，是高中物理教学中的经典实验。这个实验研究一个物理量同时跟两个物理量有关的多元问题，所以教师要引导学生寻找研究问题的方法。另外，能够测量加速度和力的仪器较多，通过这个实验可以培养学生根据实验原理、实验器材设计实验的能力。同时这个实验能使学生更好地理解牛顿第二定律。

2. 设计目标

①选用传统的轨道、小车等实验器材进行实验，知道用砝码重力代替细线对小车拉力的条件和定性的误差分析；知道用打点计时器打出纸带求加速度的方法。

②知道测量作用力和加速度的其他方法，及每种方法对应的实验条件、数据处理和定性的误差分析；能够设计简单的实验。

③能够根据实验原理，选择合适的器材，设计实验步骤，进行实验。

设计实验题目的原则是由易到难，针对不同实验水平的学生设计题目。

3. 对象分析

本例题的设计对象是高一年级学生，本例题是学生在学习完整章之后复习所用的习题。学生在学习本节内容之前，已经具备了比较系统的力学知识，掌握了重力、弹力、摩擦力、匀变速直线运动的知识内容，比较熟练地掌握了应用牛顿运动定律和运动学公式处理力学问题的基本方法。

4. 过程分析

例题的(1)~(4)问，选择学生比较熟悉的实验装置，对实验目的、实验条件、实验器材和实验操作进行考查，学生只要做过这个实验就能够正确作答。这4问考查学生是否达到这个实验的最低层次要求。

例题的第(5)问改变了测量加速度的方法，将传统的打点计时器变成了位移传感器，增加了根据图像分析结论等内容。本问的设计考查学生对基本实验条件的掌握是否扎实。

例题的第(6)问是开放性试题，需要学生利用所学知识进行实验设计。为了不限制学生思路，没有给定实验器材，而是让学生充分发挥，自主经历完整的探究过程，培养学生开放的思维意识及系统思考的能力。在后续交流的过程中也能起到相互启发、碰撞交流的效果。

实验方案不同所对应的能力水平划分如下。

①实验方案简单、粗糙——实验设计水平低，缺乏系统思考。

②实验方案比较详细，但表达不规范，表格设计不完善——实验设计水平一般，规范性不强，认识水平单一。

③实验方案详细、可操作性强、表达规范、严谨——实验设计整体水平较高，思维严谨，有系统性思考。

5. 学习困难与障碍分析及教学策略

(1)学生学习困难和障碍分析。

①实验本身的问题给学生造成的障碍。在传统轨道小车、打点计时器的实验装置中，设小车的质量为 M，悬挂钩码的质量为 m，通过适当调节带滑轮的长木板的倾斜度，平衡掉小车所受的摩擦力。当 M 和 m 做加速运动时，可以得到：系统的加速度 $a=\dfrac{mg}{M+m}$，小车所受拉力 $F=\dfrac{Mmg}{M+m}$。当 $M\gg m$ 时，可近似认为小车所受的拉力 $F=mg$。

本设计的实验装置很简单，实验的原理比较容易理解，易被学生接受。考虑到高一学生的知识水平，他们一般把所挂重物的重力 mg 当作小车所受拉力来处理，但这样不可避免地带来了系统误差。为了减少系统误差，左边悬挂的钩码质量的可调整范围很小，测量的数据只能集中在一个很小的区域。假如小车的质量为 200 g，而钩码质量限制在 20 g 以内，那测量的数据就很少了。所以在实际的学生实验中，一般会把悬挂的钩码改成小桶和细沙，或其他质量较小而且容易调整的东西，但这会使实验测量的误差增大。实验中存在系统误差与偶然误差的双重影响，这使实验的效果和可信度大打折扣。

这个实验还是有改进方法的，既然已经知道有系统误差，不妨沿着这个思路，想办法避免系统误差。

方法 1：因为 $F=\dfrac{Mmg}{M+m}$，而 M 和 m 的质量能够在实验中测量，不妨就在 mg 前加上因子 $\dfrac{M}{M+m}$。这样就避免了系统带来的误差，当然若是验证实验这样做效果挺好，但是要是探究性质的实验就不好解释了，因为我们还不知道牛顿第二定律，无法推导出 $F=\dfrac{Mmg}{M+m}$ 关系式。

方法 2：转化研究对象。以小车和钩码组成的系统为研究对象，将问题看作连接体问题，虽然两个物体的加速度方向不同，但大小相等，不影响实验结果。则该装置的质量为 $M+m$，系统所受合外力就是 mg。验证 a 与 F 关系时，保证系统质量 $M+m$ 恒定，可以通过两物体之间的质量增减来实现。实验时可先在小车上放几个小砝码，然后逐一将小砝码移到沙桶中，以改变每次的外力，以此方法测得一系列的 F 值和 a 值；再以纵坐标表示加速度 a，横坐标表示作用力 F，根据实验结果在坐标纸上画出相应的点；如果这些点是在一条直线上，便证明了加速度与作用力成正比。验证 a 与总质量 $M+m$ 的关系时，要保证钩码重力 mg 不变，可在小车上逐一再加放小砝码，以改变每次系统的总质量，其他步骤与原来一样。这样就可以消除原实验的系统误差了。

如果是高一的探究性实验，由于学生还没有学习牛顿第一定律，很多问题还不能完全讲明白，只能定性地解释，所以学生理解起来会有困难。如果是验证性实验，学生理解起来或许会容易一些。

②实验本身需要考虑的因素较多，学生如果思维不是很严谨，就容易丢三落四。比如，实验过程中平衡摩擦力的环节，哪些地方有摩擦及怎么就说明摩擦力已经被平衡等细节学生容易分析不清。

③设计实验环节，部分学生的能力较弱，不考虑实验的控制条件，实验步骤的描述简单，叙述不清楚，语言不规范，或者对实验数据的处理、误差的分析不到位等。

（2）教学策略。

针对上述学生可能出现的问题，采取如下的教学策略。

①对实验的原理分析清楚、透彻，从实验源头上让学生理解到位。

②采用习题追问，让学生从各个方面认识问题，使思维向深度广度两个维度扩展。

③教学中采用交流研讨的方式，让学生积极参与到课堂教学中，相互启发，逐渐完善实验设计。

（二）教学案例与评析

1. 教学案例

环节一：复习实验原理，加深对传统实验的理解

问题1：研究牛顿第二定律的实验主要的研究内容是什么？

①在物体质量一定的条件下，物体的加速度 a 跟所受的作用力 F 成正比。

②在物体受到的作用力一定的条件下，物体的加速度 a 跟物体的质量 m 成反比。

③物体的加速度的方向跟作用力的方向相同。

（我们只做前两项）

采用例题中所示的装置进行实验，需要测量哪些物理量，需要哪些器材，完成例题中的第(2)问。

问题2：如图 4-24 所示，木块的质量为 M，放在光滑的水平桌面上，桌面右端安有一个定滑轮，绳的一端连在木块上，另一端绕过滑轮后连接一个小砝码，砝码的质量为 m。在木块加速运动的过程中，绳对木块的拉力大小等于 mg 吗？

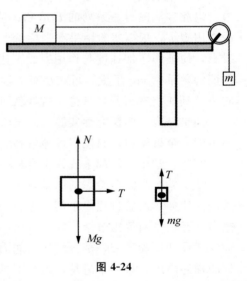

图 4-24

解：作出木块及砝码的受力分析示意图。（图 4-24）

设绳对木块的拉力大小为 T，木块的加速度大小为 a。

对木块应用牛顿第二定律：$T = Ma$。

对砝码应用牛顿第二定律：$mg - T = ma$。

上两式相加得：$mg = Ma + ma$，解出 $a = \dfrac{mg}{M+m}$。

代入 $T = Ma$ 式中，得

$$T = \frac{M}{M+m}mg。$$

结论：在木块加速运动的过程中，绳对木块的拉力大小小于 mg。

只有在满足 $M \gg m$ 的条件下，才可以认为 $T = mg$。

问题 3：真实的桌面都有摩擦，在实验中如何设法减小或消除摩擦的影响？

把桌面的右端稍微垫高一些，使得在不挂砝码的情况下木块能做匀速运动。

（实验中我们用小车代替木块）

分析例题中的第（3）问和第（4）问。

追问：

①实验中小车运动阻力的来源有哪些？

轨道平面和限位孔对纸带的阻力，所以平衡摩擦力时要把纸带系在小车后面。

②如何判断小车做的是匀速运动？

可以从纸带上打的点是否均匀来判断。

③改变物体质量以后，要不要重新平衡摩擦力？

可以不重新平衡摩擦力。因为小车质量改变时，相应的对斜面的压力也会改变，摩擦力也相应改变，对平衡的影响不大，为了实验简捷可以不重新平衡摩擦力。

④如果不平衡摩擦力或平衡摩擦力时轨道垫起的角度较大会出现什么情况？

细绳对小车的拉力不等于小车的合力，可能会造成图像不过原点。

⑤如果钩码质量不是远小于小车质量，会对实验结果造成什么影响？

当钩码质量不是远小于小车质量时，细线拉力小于钩码重力，用钩码重力代替拉力，会造成测量值偏大，图像会弯曲。

根据上述的推导 $a = \dfrac{mg}{M+m}$ 随着悬挂钩码质量的增加，$a\text{-}F(mg)$ 图像的斜率逐渐减小，所以会出现弯曲的状况。

请学生完成第（4）问。

问题 4：如何测量小车的加速度？

让小车拖着一条纸带运动，并利用电火花计时器在纸带上打点，通过测量纸带上点迹间的距离求出加速度（图 4-25）。

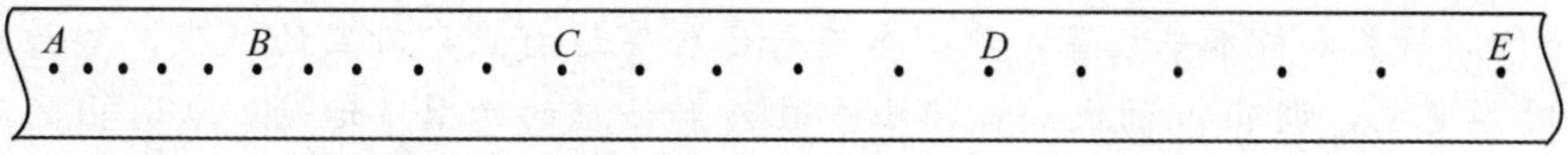

图 4-25

步骤：①标注计数点。一般采用每隔 5 个计时间隔取一个计数点，以方便计算。

②测量并记录各计数点间的距离。这是原始数据，一般都要妥善保留原始数据。

③计算某两个点的速度。一般取相隔较远的两个点为好。公式为 $\overline{v}_{0\sim t} = v_{t/2}$，如 $v_B = \dfrac{x_{AC}}{2T}$。

④计算加速度。公式为 $a = \dfrac{\Delta v}{\Delta t}$，如 $a = \dfrac{v_D - v_B}{2T}$。

注意：数据处理时一定要注意单位。

⑤怎样得出实验结论？

方法 1：通过大量实验，如果每次都满足成正比或反比的关系，就验证了牛顿第二定律。

方法 2：通过作 a-F 图像（质量 m 一定）、作 a-$(1/m)$ 图像（作用力 F 一定）得出实验结论。

作图的步骤：

第一步，在坐标纸上画出坐标轴，并选择适当的标度标出数值。（原则：尽可能使数据点占据坐标纸的大部分空间）

第二步，把各点数据都标在坐标纸上。

第三步，如果有个别的点偏离较大，而大部分点都在一条直线附近，则这个点的数据就是"错"点，应该剔除。剔除个别的错误点以后，在坐标纸上作一条直线，使各数据点尽可能均匀地分布在这条直线两侧。

第四步，如果该直线近似的是一条过原点的直线，则可验证上述两物理量成正比。

环节二：完成反馈练习，巩固学习成果

请学生们完成以下反馈练习。

练习 1：某同学欲用图 4-26 所示装置探究加速度与力、质量的关系。实验中沙和沙桶的总质量为 m，小车和砝码的总质量为 M。

实验中，为了使细线对小车的拉力等于小车所受的合外力，先调节长木板上滑轮的高度，使细线与长木板平行。接下来还需要进行的一项操作是（　　）。

A. 将长木板水平放置，让小车连着已经穿过打点计时器的纸带，给打点计时器通电，调节 m 的大小，使小车在沙和沙桶的牵引下运动，从打出的纸带判断小车是否做匀速运动

B. 将长木板的一端垫起适当的高度，让小车连着已经穿过打点计时器的纸带，撤去沙和沙桶，给打点计时器通电，轻推小车，从打出的纸带判断小车是否做匀速运动

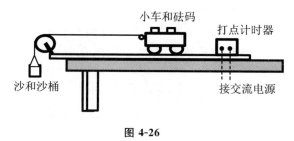

图 4-26

C. 将长木板的一端垫起适当的高度，撤去纸带以及沙和沙桶，轻推小车，观察判断小车是否做匀速运动

设计意图：从本项操作的目的出发设计，要求学生在理解实验目的的基础上进行正确操作。

问题 1：实验中要平衡的是哪些阻力？用什么力来平衡？

问题 2：如何知道阻力被平衡了？是小车做匀速运动呢？还是小车在木板上刚要开始下滑呢？

学生讨论交流。

参考答案：B。

练习 2：某同学在验证牛顿第二定律实验中，使用了图 4-27 所示的实验装置。小车质量约 300 g。实验时，因配重片数量不足改用 5 个质量为 20 g 的钩码进行实验。他首先将钩码全部挂上，用打点计时器打出记录小车运动情况的纸带，并计算出小车运动的加速度；之后每次

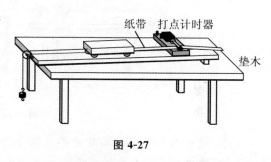

图 4-27

将悬挂的钩码取下一个并固定在小车上，重复多次实验，且每次实验前均调整垫木的位置，使小车不挂钩码时能在倾斜的长木板上做匀速直线运动。根据测得的数据，绘制出小车加速度与悬挂的钩码所受重力的关系图像。关于这一图像下列说法正确的是(　　)。

A. 可由该图像计算出小车和 5 个钩码质量之和

B. 只有当小车质量远大于悬挂钩码的质量时，该图像才是一条直线

C. 无论小车质量是否远大于悬挂钩码的质量，该图像都是一条直线

设计意图：通过实验操作体会实验原理，通过理论的推导得出这个图像反

应的物理意义。

问题：这个实验中逐渐将悬挂的钩码移到小车上，悬挂的钩码重力在减小，小车钩码质量在增加，但是两者的总质量不变，所以研究对象可以怎么选？

在这个实验中哪个物理量是不变的？哪个物理量是变化的？理论上小车加速度与悬挂的钩码所受重力是什么关系？作出的图像中斜率有物理意义吗？

学生通过讨论回答问题。

参考答案：A、C。

练习3：图 4-28(a)是用来探究加速度和力之间关系的实验装置示意图。图 4-28(b)是其俯视图。两个相同的小车，放在比较光滑的水平板上(摩擦力很小，可以略去)，前端各系一条细绳，绳的另一端跨过定滑轮各挂一个小盘，盘里可放砝码。两个小车后端各系一条细线，细线后端用夹子固定。打开夹子，小盘和砝码牵引小车运动，合上夹子，两小车同时停止。用刻度尺测出两小车通过的位移，则位移之比就等于它们的加速度之比。为了探究加速度大小和力大小之间的关系，下列说法中正确的是（   ）。

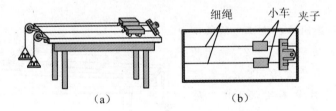

图 4-28

A. 使小盘和砝码的总质量尽可能等于小车质量

B. 若将小车放在粗糙水平板上，对实验结果没有影响

C. 位移之比等于加速度之比是因为小车的位移与加速度成正比

D. 可在两小盘内放置相同质量的砝码，在两小车内放置不同质量的砝码进行实验

设计意图：在给定的实验装置的基础上，体会理解本实验的实验原理，同时理解比较法和替代法在物理实验中的地位和作用。在上述传统实验的基础上开阔学生思路。

问题：①本实验的实验目的是什么？

当物体质量一定时，探究加速度大小和力大小之间的关系。

②实验中要保证两个小车的质量一定，如何改变两小车的受力？

改变小盘中砝码的质量。

③为什么小车通过的位移之比就是它们的加速度之比？

小车从静止开始做匀加速直线运动，根据运动学公式，在相等的时间内，物体的位移与物体运动的加速度之比相等。

参考答案：C。

环节三：对本实验进行再讨论，开阔思路，培养实验设计能力

问题：传统的实验器材存在的主要缺陷是不能直接测量绳子拉力，因而利用钩码的重力来替代小车受到的拉力 T，但这样做会引起误差。能不能直接测量小车所受的拉力呢？

学生讨论，提出改进意见：可以在小车上固定一个弹簧秤，通过弹簧秤的示数直接测量拉力。

问题：这样好不好操作呢？

学生提出方案，不断完善。

方案一：可以将细绳一端与力传感器相连并绕过定滑轮与小车相连，通过挂有钩码的动滑轮拉小车做加速运动。这样可以直接从计算机显示的图像中准确读出小车受到的拉力大小（图4-29）。

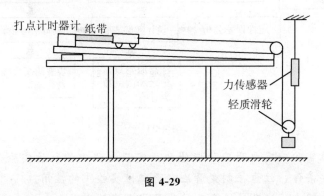

图 4-29

方案二：把打点计时器固定在长木板上，把纸带穿过打点计时器连在小车的左端。将无线数字测力计固定在小车上，小车放在长木板上。在无线数字测力计的右侧拴有一细线，细线跨过固定在木板边缘的定滑轮与一重物相连。在重物的牵引下，小车在木板上加速运动，无线数字测力计可以直接显示细线拉力的大小（图4-30）。

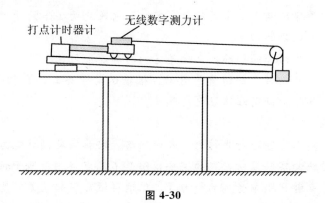

图 4-30

在上面研究的基础上完成第(6)问。

①明确实验设计的基本流程(图 4-31)。

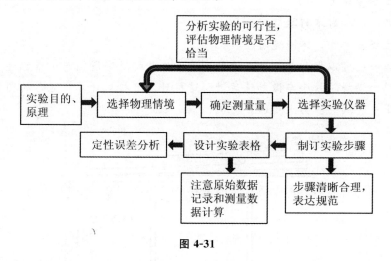

图 4-31

②验证性实验一定要明确验证什么，实验过程中控制的实验条件是什么，如何控制这些条件，注意控制变量法在验证性实验中的应用。

③确保原理中的实验情境合理，尽量减少实验误差。

学生展示研究成果，并充分讨论，发现方案中的问题，说明修改建议。

2. 案例评析

(1)教学内容由易到难，能力培养循序渐进。

本案例教学分以下三个环节。

环节一：利用传统实验装置复习实验原理及实验条件控制和实验数据处理。

环节二：完成反馈练习，巩固学习成果。

环节三：对本实验的再讨论，开阔思路，培养实验设计能力。

从最基本的实验入手，通过对实验原理、实验过程、实验细节的不断挖掘，学生不仅对本实验的实验原理和过程有了深刻的理解，而且对实验设计过程的要求有了初步的认识。精心设计的反馈题紧扣学生的问题和实验能力的培养，让学生在练习中不断思考，不断加深理解。在最后的再讨论环节，学生从教师提出的问题入手，在完善实验方案的过程中，培养思维的严密性，注重实验情境的合理性及过程的可操作性。最后让学生对实验设计的整体思路有了清晰的了解之后去完成实验设计任务，具体去应用、训练，在实际操作过程中进一步培养实验设计能力和创新能力。

（2）习题设计目标性强，教学中利用系列问题进行追问，提升学生理解的深度和广度。

例题和反馈练习题的设计意图非常明确，教师为了让设计意图落位，在教学中通过对知识深层的挖掘，设计了系列问题，在问题的讨论过程中培养学生的思维能力和水平。

（3）实验设计环节，适度铺垫，降低难度。

高一的学生实验设计能力较弱，对实验设计的流程不是很清楚，而且思路不开阔，对其他的实验方法了解较少，所以在学生独立设计实验方案之前，教师从实验本身和实验方法方面进行了适度的铺垫。为了不使学生的思维过于受限，教师的铺垫一定要适度。

三、促进实验设计能力发展的题组设计说明与教学案例评析

电学实验中因为实验仪器较多，需要考虑的因素较多，所以对学生实验能力的要求更高。下面举例说明如何在电学实验中培养学生的实验设计能力。

案例 2　测电源电动势和内电阻

例题 1：在测定一节干电池的电动势和内电阻的实验中，实验室有下列器材可供选用。

A. 干电池 2 节（每节电池的电动势 E 约 1.5 V，内电阻 r 约 1.0 Ω）。

B. 电压表 V（量程 0～3 V，0～15 V，内阻约 3 kΩ，15 kΩ）。

C. 电流表 A（量程 0～0.6 A，0～3 A，内阻约 0.5 Ω，0.1 Ω）。

D. 滑动变阻器 R（0～20 Ω）。

E. 滑动变阻器 R（0～500 Ω）。

F. 开关和导线若干。

问题：(1)伏安法测量电源电动势和内电阻实验的理论依据是什么？

(2)用图 4-32(a)和图 4-32(b)所示两种电路测出的电动势和内电阻比真实值大还是小？

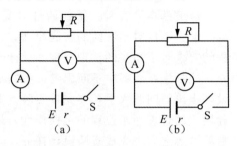

图 4-32

(3)电压表 V 选择的量程是_____，理由是_____。电流表 A 选择的量程是_____，理由是_____。滑动变阻器应选择_____，理由是_____。

(4)如果只有电流表没有电压表，怎样测量 E 和 r？还需要什么器材？能否画出实验电路图？测出的电动势和内电阻比真实值大还是小？

(5)如果只有电压表没有电流表，怎样测量 E 和 r？还需要什么器材？能否画出实验电路图？测出的电动势和内电阻比真实值大还是小？

答案：

(1)闭合电路欧姆定律 $E＝U＋Ir$。

(2)用图 4-32(a)测出的电动势准确，内电阻偏大；用图 4-32(b)测出的电动势和内电阻均偏小。

(3)0～3 V，2 节干电池的电动势大约 3 V；0～0.6 A，电路的短路电路大概 0.75 A，加上安培表电阻和滑动变阻器电阻，电路中的电流可以不超过 0.6 A；0～20 Ω，阻值过大电流不平稳，电流值跳跃较大。

(4)需要电阻箱。将电阻箱和一个电流表连成如图 4-33 所示的电路，改变电阻箱的阻值，测出两组 I、R 的数据，建立方程组：

图 4-33

$$\begin{cases} E＝I_1(R_1+r) \\ E＝I_2(R_2+r) \end{cases}$$

解方程组，可求出电动势 E 和内电阻 r 的值。测出的电动势准确，内电阻偏大。

(5)需要电阻箱。将电阻箱和一个电压表连成如图 4-34 所示的电路，改变电阻箱的阻值，测出两组 U、R 的数据，建立方程组：

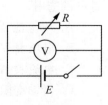

图 4-34

228

$$\begin{cases} E = U_1 + U_1 r / R_1 \\ E = U_2 + U_2 r / R_2 \end{cases}$$

解方程组，可求出电动势 E 和内电阻 r 的值。测出的电动势和内电阻均偏小。

例题 2：某学生实验小组利用图 4-35 所示电路，测量多用电表内电池的电动势和电阻"×1k"挡内部电路的总电阻。使用的器材有：多用电表、电压表（量程 5 V，内阻十几千欧）、滑动变阻器（最大阻值 5 kΩ）、导线若干。

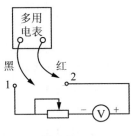

图 4-35

根据以上内容回答下列问题。

(1)将多用电表挡位调到电阻"×1k"挡，再将红表笔和黑表笔_____，调零点。

(2)将图 4-35 中多用电表的红表笔和_____（填"1"或"2"）端相连，黑表笔连接另一端。

(3)将滑动变阻器的滑片调到适当位置，使多用电表的示数如图 4-36(a)所示，这时电压表的示数如图 4-36(b)所示。多用电表和电压表的读数分别为_____和_____。

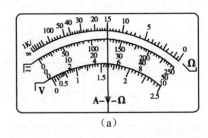

（a）

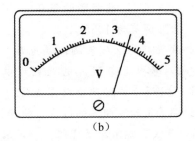

（b）

图 4-36

(4)调节滑动变阻器的滑片，使其接入电路的阻值为零。此时多用电表和电压表的读数分别为 12.0 kΩ 和 4.00 V。从测量数据可知，电压表的内阻为_____。

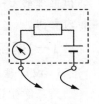

图 4-37

(5)多用电表电阻挡内部电路可等效为由一个无内阻的电池、一个理想电流表和一个电阻串联而成的电路，如图 4-37 所示。根据前面的实验数据计算可得，此多用电表内电池的电动势为_____，电阻"×1 k"挡内部电路的总电阻为_____。

答案:

(1)短接。

(2)1。

(3)15.0 kΩ,3.60 V。

(4)12.0 kΩ。

(5)9.00 V,15.0 kΩ。

例题3:某同学将铜片和锌片插入水果中制成一个水果电池,该同学利用下列所给器材测量水果电池的电动势 E 和内阻 r。

A. 电流表 G_1(内阻 15 Ω,满偏电流 2 mA)。

B. 电流表 G_2(量程 20 mA,内阻约 2 Ω)。

C. 滑动变阻器 R_1(0~1000 Ω)。

D. 电阻箱 R_2(0~9999.9 Ω)。

E. 待测水果电池(电动势 E 约 4 V,内阻 r 约 500 Ω)。

F. 开关 S,导线若干。

根据上述提供的器材设计实验步骤,画出实验电路,并设计记录数据的表格。

答案:

(1)电流表 G_1 改装成量程 0~4 V 的电压表,将电流表 G_1 与电阻箱 R_2 串联,R_2 电阻调节为 1985 Ω。

(2)改装后的电压表测路端电压,由于水果电池内阻较大,相对于电源来说,电流表可以采用内接法,电路图如图 4-38 所示,按照电路图连线。

(3)调节滑动变阻器的滑片,使其接入电路中的阻值最大;闭合开关,调节滑动变阻器,记录两块电表的读数。

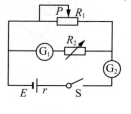

图 4-38

(4)根据表中实验数据在坐标系内描出对应点,然后作出电源的 U-I 图像,由电源的 U-I 图像求电源电动势和内电阻。

(一)题组设计说明

1. 设计意义

高二学生已具有一定的实验能力。电学实验中对实验方案设计能力要求较高,题目难度较大,要求学生要有较高的发散思维能力。测定电源电动势和内电阻是电学的重要实验之一,这个实验所包含的一些物理思想和方法都需要教师在教学中强调。在分析题目的过程中引导学生建立等效替代的思想(电流表和电阻箱可以等效为电压表，电压表和电阻箱可以等效为电流表）；在处理数据的过程中渗透变曲为直的思想。

本实验为测量性实验。因为电源的电动势和内电阻不能直接测量，但电源接在电路中，路端电压与电动势和内电阻可以通过闭合电路欧姆定律建立联系，因此，通过测量路端电压和电流，可以计算电动势和内电阻。学生可以有不同的实验方案，但实验原理大致相同。通过这个实验，学生可以更灵活地运用闭合电路欧姆定律，再一次熟悉图像法处理数据。

2. 设计目标

①在实验室常规电表的基础上，会根据所给电源和仪器选择合适的电路。

②改变实验器材，在理解实验原理的情况下，灵活处理问题。比如减少电表个数后，能够通过定值电阻或电阻箱间接地测量电压或电流；在电表量程不合适的情况下，能够对电表进行改装。

③能设计简单合理的实验方案。

3. 对象分析

学生学习完闭合电路欧姆定律之后，对闭合电路欧姆定律已经比较熟悉，给出两个不同外电阻时的端电压和干路电流能够计算出电动势和内电阻；学生已经学习了电流表、电压表的改装，基本掌握了电表的使用方法，知道如何根据电压和电流的变化范围选择量程；学生知道伏安法测电阻时，电流表内接和外接对测量结果的影响。

4. 过程分析

这几道题目是针对不同的实验水平层级设计的习题。

第1题主要考查学生对基本常规实验和简单变化的掌握情况，而且要让学生知其然还要知其所以然，所以在有的问题设计中不仅要求学生会选择，而且还要说明理由。

第2题是在第1题的基础上的实验扩展，测量多用电表内电池的电动势和内电阻。这道题要求学生了解多用电表的结构和使用方法，理解这种测量方法的实验原理，对学生的综合能力要求较高。

第3题是简单的实验设计题，将待测的电源从干电池换成水果电池。水果电池的优点是内阻较大，电池路端电压随电流变化明显，易于进行测量。但其内阻在实验过程中会有明显变化。测量前要做好充分准备，测量尽量迅速，在内阻发生较大变化前结束测量。由于内阻较大，所以选择的电路也要有变化。这道题还涉及电表的改装内容，要求学生有较高的实验设计能力。

5. 学习困难与障碍分析及教学策略

(1)学习困难与障碍分析。

①"测电源电动势和内电阻"实验，实验原理简单，就是闭合电路欧姆定律。但如果学生对公式中各个字母的含义理解不透彻，这会直接影响到后续实验电路的选择、实验误差的分析等。所以一定要让学生明确公式中的 U 指的是电源的端电压，I 是流经电源的电流。

②电学仪器的选择困难。在电学仪器的选择上遵循的原则是安全性和准确性，即电表的示数不能超量程，也不能读数太小，而且为了减小偶然误差，需要多次测量，电表的读数变化范围还要尽量大。在选择仪器或量程之前，学生要有数据估算的能力。有些实验器材由于量程不合适，学生还要掌握电表改装的知识。

在控制电路的仪器选择上，不仅要考虑如何保护电路，还要考虑如何实现方便快捷的调节。学生往往知道仪器选择的原则，但不会根据实际情况进行灵活的应用，不会进行估算。

③测量电路的设计困难。在选择仪器之后，结合实验的目的、原理设计测量电路。电路选择和仪器选择经常是综合考虑，也可以先确定测量电路再选择仪器。因为电路的选择需要考虑测量电路和控制电路两部分，要综合考虑实验目的、原理、仪器等因素，然而学生考虑问题往往不是很全面、严密，所以容易造成设计错误。

对于这个实验的设计，在原理明确的情况下，如何控制实验条件、如何选择器材来设计电路是重点和难点。另外，例题还综合了电表的改装等知识，这使题目变得更加综合，学生在某一方面能力的不足都会对实验设计产生影响。

(2)教学策略。

紧紧抓住实验原理，通过问题提高学生对实验原理的理解。

不断强化选择实验仪器的原则，让学生养成估算的习惯。

通过小组合作学习的方式，让学生在研讨交流中不断完善实验方案。

(二)教学案例与评析

1. 教学案例

环节一：在熟悉实验室常规电表的基础上，会根据所给电源和仪器选择合适的电路

问题1：伏安法测量电源电动势和内电阻实验的理论依据是什么？各物理量的具体含义是什么？

闭合电路欧姆定律，公式中的 U 和 I 指的是路端电压和干路电流，可以

通过电压表和电流表来测量。

问题 2：如图 4-39 所示的电路，哪块表的测量值有误差？产生误差的原因是什么？

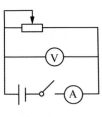

图 4-39

电压表的测量值是滑动变阻器两端的电压。因为电流表两端也有电压，所以电压表的测量值比端电压小。

问题 3：如何判断测出的电动势和内电阻比真实值大还是小？

图像法和公式法。请同学们分别用这两种方法进行判断。

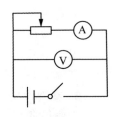

图 4-40

问题 4：如果选择图 4-40 所示的电路进行实验，结果如何呢？

问题 5：电表量程选择的依据是什么？

完成例题 1 的问题(1)～问题(3)。

例题 1 的问题(1)～问题(3)相对比较基础，教师可以根据学生情况先让学生独立完成，根据学生完成情况有重点的讲解。重点是让学生明确无论是电路选择还是误差分析，出发点都是实验原理。所以掌握实验原理是最根本、最重要的。

问题 6：只有电流表没有电压表，怎样测量 E 和 r？还需要什么器材？能否画出实验电路图？测出的电动势和内电阻比真实值大还是小？

讨论如何解决没有电压表，不能测量端电压的问题，画出电路图。

教师给出仪器，学生通过实验验证电路是否合适。

利用上面的知识分析误差。

完成例题 1 的问题(4)～问题(5)。

环节二：实验扩展，测量多用电表内电池的电动势和内电阻。

问题 7：欧姆表使用前如何调零？电流的流向如何？如何读数？读数反应的是哪部分的电阻？

欧姆表使用前一定要欧姆调零，两表笔短接，调节调零旋钮，使指针指在欧姆表表盘的最右端；红正黑负，电流从红表笔流入电表，从黑表笔流出电表；欧姆表读数等于倍率乘以表盘读数，伏特表读数要估读；欧姆表测量的是外电路的总电阻。

问题 8：根据题意画出等效电路，如何根据闭合电路欧姆定律求解电动势和内电阻？

学生完成例题 2。

环节三：能设计简单合理的实验方案

分析水果电池的特点及所给仪器能否满足测量要求，完成例题3。

设计实验方案的步骤如下。

①学生讨论实验方案。

②小组交流、修改完善方案。

③多组同时设计方案，先后对本组方案进行汇报，师生共同对比质疑。

④对各组方案逐步优化改进，最终形成两组较为成熟的创新方案。

⑤误差分析，对实验方案进行再思考及修正。

⑥总结设计实验的步骤及注意事项。

因为本题所用实验仪器不是实验室常规仪器，所以没有办法进行实验检验，可以引导学生从理论上分析或在仿真物理实验室进行实验。

2. 案例评析

实验设计能力的提升，不仅体现在学生能够独立的完成实验设计过程，更多的时候是学生能够体会出题人的实验设计思路，明确实验的步骤，及数据处理的方法等，这需要学生有较强的理解能力和分析问题、灵活处理问题的能力。所以教师在对练习和复习题目进行设置时，应该体现对这些能力的培养。

通过讨论、交流、质疑式、答辩式学习，伴随着问题的逐步解决，学生得到真知、提升能力。这样步步引导，适时放手，让学生有一个思维提升和能力形成的过程，有更多实践和讨论的机会，最后形成完整的科学探究的学习模式和理性思考问题的习惯。

学生形成比较成型的方案后，教师要突出误差分析环节的教学，强化学生的数据处理能力，提高学生批判性的思维品质。实际得到的数据总会存在这样或那样意想不到的误差甚至错误，这正是引导学生对方案本身的缺陷进行再思考，对实验操作进行再改进的机会，这也是引导学生对问题科学归因而使其发现问题、分析问题、解决问题能力得到进一步提升的最好机会。最后引导学生对方案进行比较，对数据进行修正，利用有效的数据借助图像进行科学分析，总结规律得出结论。

第四节　促进数据处理能力发展的练习与复习教学

物理学从本质上说是一门实验科学，实验是物理学的基础。物理学的理论是通过观察、实验、抽象、假说并通过实验检验而建立起来的。实验在物理学的形成和发展中处于主导地位。物理实验的目的是为了找出事物的内在规律，或检验某种规律的正确性，或探究影响事物的条件等。

在物理实验中，我们要对一些物理量进行测量，得到与之相关的数据。我们把对实验数据进行记录、整理、计算、作图和分析，去伪存真，去粗取精，得到最终结论和实验规律的过程称为数据处理。数据处理是否科学，决定科学结论能否建立与推广。它是物理实验教学中培养学生实验能力和学科核心素养的重要环节，是学生从实验数据处理中发现问题，改进、创新实验，培养学生创新能力的有效途径。

一、促进数据处理能力发展的问题设计原则

（一）实验数据处理的基本要求

物理核心素养对这一环节的基本要求如下。

①理解有效数字的概念；会用有效数字表达测量结果；能正确观察和如实记录实验现象和数据。

②理解系统误差与偶然误差、绝对误差与相对误差；知道精度和准确度的区别；能对实验误差进行初步分析。

③知道重复收集实验数据的意义；认识科学收集实验数据的重要性；会用正确的方法分析处理实验数据，得出实验结论。

（二）实验数据处理的过程及原则

1. 实验数据处理的过程

（1）实验数据采集与记录。

在实验数据处理过程中，无论选取哪种方法，我们都必须保证原始数据的正确性，在实验操作过程中，要认真地记录好原始数据。实验的原始数据是对实验定量分析的依据，是探索、验证物理规律的第一手资料。为了记录的数据清楚明了，有助于看出有关物理量之间的对应关系，在记录实验数据时，常常要设计实验数据记录表。实验数据记录表便于人们随时检查测量结果和运算是否正确，及时发现问题和分析问题，便于找出一些物理量之间的规律性的联系，提高工作效率。

严谨认真、实事求是、不弄虚作假是人们进行科学实验应具备的基本素质。在记录实验数据时，要仔细检查实验仪器仪表安装是否正确，所用量程是否合适，弄清最小刻度是多少，是否需要估读等基本信息，再根据这些信息正确读取数据，翔实记录实验数据。

实验数据是实验时得到的测量数据，因为测量结果都是包含误差的近似数

据，所以在记录数据时要注意确定数据的有效数字位数。记录的有效数字位数过少会使参加计算的数据的位数减少，会降低计算结果的应有精度，损害测量精度；有效数字位数取得过多，计算数据时就会增加不必要的工作量。

(2)实验数据的处理。

中学物理实验数据处理一般有平均值法、公式法和图像法等。

①平均值法。取算术平均值是常用的一种减小偶然误差的数据处理方法。通常，在同样的测量条件下，对于某一物理量进行多次测量的结果并不完全一样，有的偏大，有的偏小，偏大与偏小的概率相等。把多次测量的结果取算术平均值作为测量结果，可以有效地减小实验误差。例如，在测定金属电阻率的实验中，在测定金属丝的直径 d 时，用螺旋测微器在金属丝的三个不同点上分别进行测量，然后取三次测量结果的平均值作为金属丝的直径。这样做能减小偶然误差，使测量结果更准确。

②公式法。根据实验的原理，导出间接测量量与直接测量量间的关系式，根据关系式将直接测量量代入其中求间接测量量。公式法是一种常用的实验处理数据方法。例如，在测定金属电阻率的实验中，我们要测量金属丝连入电路的那部分长度 L，测量金属丝的直径 d，测量金属丝在电压 U 下对应的电流值 I，利用电阻定律和欧姆定律求得 $\rho = \dfrac{\pi d^2 U}{4IL}$，将所测得的直径 d、长度 L、电压 U、电流 I 代入公式，求得金属丝的电阻率 ρ。

③图像法。图像法处理实验数据是中学物理实验中最常用的方法之一。利用图像可以研究物理量之间的变化关系，找出物理规律；利用图像还可以探索实验室不能完成的极端实验规律。例如，在测量电源电动势和内电阻的实验中，利用图像我们可以推测出电源短路时的电流，也可以推测出电源不接外电路时的路端电压。我们可以由图像的斜率、截距、外推及求积分或面积等方法去寻找或求出某些物理量的数值。它的优越性表现为：能形象直观地表达物理量之间的变化规律，有效地减少误差，特别是能把一些在实验中记录的较大误差点(或错误数据点)剔除，帮助人们发现误差或发现错误，让人们较方便地获得未经测量或无法直接测量的物理量的数值。

利用测量数据，描点绘制图像的基本要求如下。

一是根据测量的要求选定坐标轴，一般以横轴为自变量，纵轴为因变量。坐标轴要标明所代表的物理量的名称及单位。

二是坐标轴标度的选择要合适，使测量数据能在坐标轴上得到准确地反映。为避免图纸上出现大片空白，坐标原点可以是零，也可以不是零(如测量电源电动势和内电阻的实验，如果从零开始就会造成坐标纸很大部分没有数据点）。坐标轴的分度的估读数，应与测量值的估读数（即有效数字的末位）相对应，减小在处理数据中人为增加的误差。

三是确定图像对应的数学表达式（中学阶段表达式一般为一次函数或正比例函数）。对于只研究两个变量相互关系的实验，其数学表达式可借助于图解法来确定。

四是对图像数据的处理。对于图像，我们一般研究图像的斜率、图像与坐标轴所围成的面积、图像在横纵坐标上的截距等。例如，在 v-t 图中，图像斜率即为物体加速度大小，图像与坐标轴所围成的面积即为物体位移大小，纵截距为物体的初速度。

五是将部分曲线方程改为直线方程。为了确定物理量间存在反比函数关系 $y = kx^{-1}$，直接作 y 与 x 函数关系图像，此图像是曲线，我们不能根据图像是曲线就说明两个物理量间存在反比函数关系。若作 y 与 x^{-1} 的图像，作出的图像为直线，就可说明 y 与 x 是反比关系。例如，在验证牛顿第二定律的实验中，在研究"外力一定时物体的加速度和物体的质量之间的关系"时，平衡好摩擦力，以 a 为纵坐标，M 为横坐标，连接各数据点后得到一条曲线，根据图像，不能判断实验结论是反比关系。但若以 $1/M$ 为横坐标轴，连接各数据点则基本上可以画出一条过原点的直线，即得出正确的结论：外力一定时，物体的加速度 a 与物体的质量 M 的倒数成正比，即物体的加速度 a 与物体的质量 M 成反比。通过变换，可将曲线化为直线，更直观、快捷地得出实验结果。

中学物理实验运用图像法处理数据，一般情况下绘制的图像是一条直线，图像画出后，可以用图像在坐标轴上的截距求出相应的物理量，也可以用图像的斜率或者用图像围成的面积求出相应物理量，还可以用图像反映一定的物理规律。

（3）实验误差分析。

真实值与测量值之间的差异叫误差。误差越小测量值就越接近真实值，测量越精确。实验数据处理时应该尽量减小误差，提高测量的准确性。要减小误差，就要了解误差的相关知识，学会分析误差的来源，从而在实验中尽量减弱误差对实验结果的影响，提高实验精确度。由此可见，误差分析也是实验数据处理环节中的重要一环。

误差的相关知识如下。

①真实值与平均值。真实值就是待测物理量客观存在的确定值，也称理论值或定义值。通常真实值是无法测得的。实验中，如果消除系统误差的影响，

在测量的次数无限多时，根据偶然误差的分布定律，误差偏大与偏小的概率相等，多次测量取平均，就可以获得非常接近于真实值的测量值。

②误差的分类。根据误差的性质和产生的原因，一般将误差分为系统误差和偶然误差。

a. 系统误差。系统误差又叫规律误差。它是在一定的测量条件下，对同一个被测物体进行多次重复测量，测量的结果总是大于(或小于)真实值，在条件变化时，按一定规律变化的误差。

系统误差产生的原因有测量仪器不够精良，如刻度不准、仪表零点未校正或标准表本身存在偏差等；周围环境的改变，如温度、压力、湿度、风力等对测量结果产生的影响；实验人员的习惯和偏向，如读数偏高或偏低等引起的误差。针对仪器的缺陷、外界条件变化影响的大小、个人的偏向，分别加以校正后，系统误差是可以清除的。

b. 偶然误差。偶然误差是由各种偶然因素对实验者、测量仪器、被测物理量的影响而产生的误差。偶然误差总是有时偏大，有时偏小，并且偏大偏小的概率相同。因此，可以进行多次测量，求多次测得数值的平均值，这个平均值比一次测得的数值更接近真实值。

偶然误差产生的原因随机性较强，因而无法控制和补偿。但是，倘若对某一测量值进行足够多次的测量，就会发现偶然误差服从统计规律，误差的大小或正负的出现完全由概率决定。随着测量次数的增加，多次测量结果的算数平均值就接近真实值。

③误差的表示方法。利用任何工具进行测量，总存在误差，测量结果不可能总是等于被测量的真实值。测量的质量高低以测量精确度作为指标，根据测量误差的大小来估计测量的精确度。测量结果的误差越小，则认为测量就越精确。

高中物理常见的误差表示方式有两种：绝对误差与相对误差。

a. 绝对误差。测量值 X 和真值 A_0 之差为绝对误差，通常称为误差，记为 $D = X - A_0$

b. 相对误差。衡量某一测量值的准确程度，一般用相对误差来表示。测量值绝对误差 D 与被测量的实际值 A 的百分比值称为相对误差，记为 $\delta_A = \dfrac{D}{A} \times 100\%$。

2. 实验数据处理的原则

(1)科学性原则。

实验数据处理依据的原理正确和使用的方法正确是实验数据处理的前提。

如果实验处理数据的方法不正确，实验做得再好也是徒劳的，也不会得到正确的实验结论。实验的数据处理在整个物理实验中占有相当重要的地位。数据处理过程中的任何一个环节上的失误都会影响实验结果的可靠性和实验的意义。例如，在做测定玻璃砖的折射率的实验中，我们要测量玻璃砖在几组不同入射角 i 时对应的不同折射角 r，并一一对应查表求出对应的正弦值，利用折射率公式 $n=\dfrac{\sin i}{\sin r}$ 求出几组对应的折射率 n，将这几组折射率 n 相加再除以对应组数得出玻璃砖的折射率。而不是将几组入射角相加求平均值，将所有的折射角相加求平均值，然后利用 $n=\dfrac{\sin i}{\sin r}$ 求折射率。

（2）准确性原则。

测量的目的就是最大限度地接近真实值。处理实验数据时要尽可能地应用所记录的实验数据，减小误差。不要人为地增大误差。例如，用作图法处理数据时，坐标分度要保证图上观测点的坐标读数的有效数字位数与实验数据的有效数字位数相同。对于直接测量的物理量，轴上最小格的标度应与测量仪器的最小刻度相同。

（三）促进数据处理能力发展的练习与复习教学策略

1. 将计算机处理数据与学生描点作图结合起来

在教学中，计算机的广泛应用能使实验数据处理起来非常方便，受到广大教师的欢迎，特别是一些复杂数据的计算显得更加便捷。例如，在做验证牛顿第二定律的实验中，采用计算机处理数据，教师在课前将公式和一些常量输入计算机，课上只要将测得的时间数据输入计算机，加速度的结果很快就可计算出来，再利用 Excel 作图功能，v-t 图像能马上显示出来，这样做能节省很多时间，能使课堂容量加大。这是传统教学无法比拟的。但我们也要看到，这样做时更多地注意了实验结果的得出，忽略了学生对实验数据处理的参与过程，对学生理解实验原理不利，对学生掌握处理数据的方法不利。所以我们在利用计算机处理实验数据时，也要注意与传统的实验数据处理教学相结合，要在学生学会用打点计时器等传统方法算速度，会根据实际情况确定坐标的最小刻度，会描点连线，会根据图像算加速度等之后，再结合数字实验室等先进手段，提升学生的数据处理能力，培养学生学习物理的兴趣。

2. 将误差分析和数据处理结合起来

在教学中，我们处理完实验数据，得出结论后要对实验进行误差分析，分析实验误差的来源，分析是系统误差还是偶然误差，找出减小误差的方法，提出改进实验的办法。改进和重新设计实验，再次实验，将前后两次实验数据做比较，看看改进后测量精度是否提高。这样做有利于培养学生分析问题与解决问题的能力，有利于提高学生的实验创新能力，有利于培养学生应用所学知识解决实际问题的能力。

二、促进数据处理能力发展的题目设计说明与教学案例评析

案例 1　探究弹簧弹力和弹簧伸长量的关系

例题：实验课上利用图 4-41 所示装置来探究弹簧弹力和弹簧伸长量的关系，做法如下。

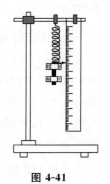

先将待测弹簧的一端固定在铁架台上，然后将最小刻度是毫米的刻度尺竖直放在弹簧一侧，并使弹簧另一端的指针恰好落在刻度尺上。当弹簧自然下垂时，指针指示的刻度数值记作 L_0；弹簧下端挂一个 50 g 的钩码时，指针指示的刻度数值记作 L_1；弹簧下端挂两个 50 g 的钩码时，指针指示的刻度数值记作 L_2……挂 7 个 50 g 的钩码时，指针指示的刻度数值记作 L_7。

图 4-41

(1)表 4-5 是某同学已测出的 7 个弹簧长度值，其中有两个数值在记录时有误，它们的代表符号分别是_____和_____。

表 4-5　实验数据记录表

代表符号	L_0	L_1	L_2	L_3	L_4	L_5	L_6	L_7
刻度数值/cm	1.70	3.40	5.10	6.80	8.60	10.3	12.1	13.80
钩码总质量/g	0	50	100	150	200	250	300	350
弹簧伸长量/cm	0							

(2)为充分利用测量数据，该同学将所测得的数值按如下方法处理，分别计算出了三个差值：$d_1 = L_1 - L_0 = 1.70$ cm，$d_2 = L_2 - L_1 = 1.70$ cm，$d_3 = L_3 - L_2 = 1.70$ cm。请你给出第四个差值：$d_4 = $_____$= $_____cm。

(3)根据以上差值，可以求出每增加 50 g 钩码时弹簧平均伸长量 ΔL，ΔL 用 d_1、d_2、d_3、d_4 表示的式子为 $\Delta L = $_____。代入数据解得 $\Delta L = $_____cm。

(4)计算弹簧的劲度系数 $k = $_____N/m。（$g$ 取 9.8 m/s^2）

(5)表 4-6 是另外一位同学设计的实验数据记录表和他所记录的实验数据。

表 4-6　实验数据记录表

测量次序	1	2	3	4	5	6	7	8
弹簧弹力大小 F/N	0	0.49	0.98	1.47	1.96	2.45	2.94	3.43
弹簧总长 x/cm	5.00	6.05	7.00	7.95	9.00	10.05	10.80	11.50

他根据实验数据在坐标纸上已描出了测量的弹簧所受弹力大小 F 跟弹簧总长 x 之间的函数关系点，由于疏忽忘了描绘第 6 次测量的数据，请你将第 6 次测量的数据对应的点描出来，并作出 F-x 图像（图 4-42）。

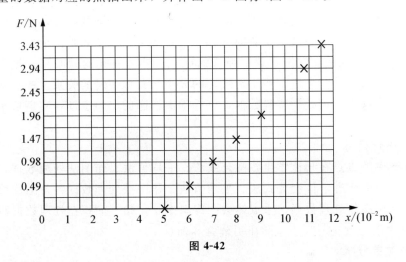

图 4-42

（6）图像跟 x 坐标轴交点的物理意义是_____。

（7）该弹簧的劲度系数 $k=$_____。（保留两位有效数字）

（8）在速度与时间（v-t）图像中，图像与坐标轴所围成的面积表示位移，在 F-x 图像中，图像与坐标轴所围成的面积表示_____。

答案：

（1）L_5 和 L_6。解析：数据记录表中 L_5 和 L_6 精确到 cm，其他数据则精确到 mm，可见使用的是最小刻度为 mm 的刻度尺，所以 L_5 和 L_6 两组数据记录有误。

（2）L_4-L_3；1.80。解析：根据前边实验数据处理的规律来处理数据。考查学生对实验原理的理解。

（3）$\dfrac{d_1+d_2+d_3+d_4}{4}$；1.73。解析：都是每增加 50 g 钩码时的弹簧伸长变化量，可以运用平均值求出 ΔL。

（4）28.32。解析：根据公式 $k=\dfrac{F}{\Delta L}$，求得 $k=28.32$ N/m。

(5)描点作图(略)。解析：按照坐标系中所绘点的分布与走向，作出一条平滑的曲线(包括直线)。

(6)弹簧的原长(没挂钩码时弹簧的长度)。

(7)42 N/m。解析：图像的斜率就是弹簧的劲度系数。

(8)外力克服弹力所做的功。

(一)题目设计说明

1. 设计意义

"探究弹簧弹力和弹簧伸长量的关系"是高中物理经典实验，学生已经知道：相同的弹簧，受到的弹力不等时，伸长量不同；不同的弹簧，受到的弹力相等时，伸长量也不相等。实验时大多数学生能猜出"弹簧伸长量与所受弹力成正比"。本节课是在学生了解了弹力的产生、弹力有无的判断和常见几种弹力的方向之后，让学生进一步了解弹力的大小与其形变量的关系。本节课的目的是让学生学会如何处理实验数据，培养学生严谨的实验态度和实事求是的科学精神。

2. 设计目标

本案例的重点在于让学生熟悉公式法、平均值法、作图法处理数据，了解作图法的一般步骤，体会公式法、平均值法、作图法处理数据各自的优势，学会如何利用图像处理数据，重点体会图像斜率、截距、面积在处理数据时如何应用。

3. 对象分析

学生掌握了弹力产生的条件及物体间有无弹力的判断方法，明确了弹力的方向，了解了弹力大小与形变量的定性关系，并且掌握了一定的实验操作技能及数据处理方法。学生可以通过分组实验，对弹簧弹力的大小与其形变量的关系做定量的研究，体会如何利用图像斜率处理实验数据。

4. 过程分析

设计例题中(1)的目的在于让学生了解有效数字位数的意义，根据有效数字位数判断基本仪器的使用是否正确，记录数据时要注意测量结果的有效数字位数。教师提示学生在用列表法处理数据时，实验记录的数据必须准确无误，有效数字一定要记录清楚，培养学生严谨求实的作风。本小题考查学生"能根据实验探究目的关注数据的特点，得到结论"。

设计例题中(2)的目的在于让学生理解实验目的，体会"增加一个钩码对应的弹簧伸长的变化量"，根据对前边数据处理的观察，发现数据特点，归纳出处理数据所用的公式。本小题考查学生"能根据变量关系对数据进行简单比较，发现其中的特点，形成结论"。

设计例题中(3)的目的首先是让学生知道应用平均值法处理实验数据要注意使用条件，其次让学生体会通过对数据取平均值可以减小偶然误差。

设计例题中(4)的目的是让学生学习用公式法处理数据，为减小实验误差经常将公式法与平均值法联合应用，体会这样处理数据的好处。本小题考查学生"能根据变量关系对数据进行简单比较，发现其中的特点，形成结论"。

设计例题中(5)的目的是让学生学会描点作图处理实验数据，使尽量多的点在线上，不在线上的点大致均匀分布在曲线的两侧，对于个别离线较远的点可以舍去。最后一组数据偏差较大，可能是超出弹簧的弹性限度后的非正常值，作图时应该舍去。让学生体会作图法通过将误差大的点或数据错误点舍去减小误差。本小题考查学生"能用简单的图像、图表等描述和分析数据，发现规律，形成结论"。

设计例题中(6)的目的是让学生体会 F-x 图像中截距表示的物理含义（当弹簧所受拉力为 0 时弹簧的长度），体会如何利用图像截距解决物理问题，思考作出的图像为什么不是正比例图像，怎样才能转化成正比例图像，让学生作图时一定要看清坐标轴表示的物理量。本小题考查学生"能用图像、图表等方式描述数据，通过量化分析和因果分析等方法发现物理规律，尝试用已有物理理论进行解释"。

设计例题中(7)的目的是引导学生利用所学的胡克定律 $F = kx$ 推导得出图像斜率就是弹簧的劲度系数；体会在求解斜率时选取较长线段，能减小相对误差，提高测量精度；体会如何利用图像斜率处理实验数据。本小题考查学生"能用简单的图像、图表等描述和分析数据，发现规律，形成结论"。

设计例题中(8)的目的是引导学生体会如何利用图像斜率处理实验数据，让学生利用已学的速度与时间图像等相关知识，探究 F-x 图像面积的物理含义，开阔思维，培养物理思想与方法。本小题能让学生学以致用，为学生今后的学习做铺垫。本小题考查学生"能用简单的图像、图表等描述和分析数据，发现规律，形成结论"。

5. 学习困难与障碍分析及教学策略

本实验数据处理过程分以下三个阶段。

第一个阶段，数据记录阶段。这个阶段要求学生设计实验记录表格，表格上要标注出测量物理量的名称、单位、次数等有效信息，记录时要根据刻度尺的最小刻度估读一位有效数字。部分学生会在测量弹簧长度读数时出现有效数字位数不对的情况，教师要及时提醒。

第二个阶段，数据处理阶段。学生会计算出每挂一个钩码弹簧的伸长量，然后根据胡克定律计算弹簧的劲度系数，学生还停留在初中物理处理数据阶段，对图像法处理数据还不是很认可。这个阶段实现学生观念上的改变是重点，要让学生能够体会出作图法处理数据的优势，能够非常直观地看出物理量间的变化规律，能够减小实验误差。但学生由于对误差理论学习的不多，对偶然误差、系统误差不能区分，对绝对误差和相对误差也不够了解，接受起来会有困难。教师可以采用让学生先根据表达式画图像，再根据图像确定表达式的方式促进学生接受。

第三个阶段，误差分析阶段。在数据处理阶段的误差主要来源是应用平均值法与公式法时无法剔除测量错误的数据点和误差较大的点，使个别数据点对实验结果影响较大；再有图像法处理数据时描点不够精确，人为增大误差。所以在用作图法处理数据时坐标的最小分度选取对学生来说是个难点，怎样选取才能不增加误差，这些对学生来说掌握起来都会比较困难。教师可以采用具体的实例，让学生体会如何在作图时不人为增大误差。

（二）教学案例与评析

1. 教学案例

环节一：复习实验原理，加深对实验过程的理解，为记录实验数据做准备

问题1：本实验研究的是弹簧弹力与弹簧伸长量的关系，应测量哪些相关物理量？

学生讨论得出：弹簧弹力大小和弹簧伸长量。

问题2：在没有弹簧秤的情况下，弹簧弹力大小如何测量？

教师引导，学生讨论得出：可以利用二力平衡的方法测量弹簧弹力大小，可以在竖直方向上往弹簧上挂钩码，利用钩码的重力等于弹力来得到弹簧弹力大小。选50 g的钩码，挂一个钩码弹簧拉力是0.49 N，挂2个弹力是0.98 N……

问题3：如何测量弹簧伸长量？

学生能很快想到在弹簧边上放刻度尺测量弹簧长度变化，只要记下不挂钩码时弹簧的长度，然后每挂一个钩码记录一次弹簧长度，就能得到弹力与伸长量之间的关系了。

环节二：组装器材，进行实验，记录数据

每2人一组，按图4-41方式组装实验器材，进行实验，记录数据。

问题1：刻度尺0刻度放在哪边？这样做有什么好处？

学生思考回答：放在上边与弹簧对齐，便于读数。

问题2：为了便于记录和数据处理，应该怎样设计表格？

学生设计表格，表格内项目应该包括弹簧原长、不同钩码个数对应的弹簧长度等。

问题3：记录弹簧长度时刻度尺读数应注意什么？

学生会回答要估读一位，教师强调有效数字位数与保留小数点位数的不同。

环节三：实验数据的处理

问题1：记录的有效数字位数是否正确？教师观察学生记录的数据，展示学生记录的有效数字位数的错误，帮助学生改正。教师引导学生完成例题中的第(1)问，帮助学生理解有效数字的概念，培养学生认真严谨的态度。

问题2：通过记录的数据能发现什么问题？你如何通过数据得出"每挂一个钩码，弹簧就伸长一段长度，伸长量近似是个定值"这一规律的？

用挂钩码后弹簧的长度减挂钩码前的长度就是挂一个钩码的伸长量。教师引导学生完成例题中的第(2)问。

问题3：挂一个钩码弹簧的伸长量到底是多少？这个值如何求？引导学生思考得出劲度系数的定义。

问题4：弹簧所受弹力与弹簧伸长量之间到底什么关系？你能根据弹簧长度确定弹簧的拉力吗？让学生根据数据规律归纳出胡克定律，得出数学表达式 $F = k(L - L_0)$。

问题5：由弹簧弹力表达式 $F = k(L - L_0)$ 追问学生，这是什么函数？你能不能画出它的图像？它的图像有什么特点？根据图像你能不能确定表达式？引出用图像法来处理数据。

问题6：怎样作图？怎样确定坐标的最小刻度才能不增大误差？教师带领学生建立坐标系，将数据点描入坐标系中，让学生体验作图过程，连线时尽可能地让数据点分布在线的两侧或穿过数据点。让学生体会这样做的好处，让学生观察并回答偏离图像较大的点在作图时对图像是否有影响。

问题7：$F\text{-}x$ 图像截距的物理含义是什么？斜率的物理含义是什么？面积的物理含义是什么？通过观察图像，学生体会如何看图像，如何用图像解决问题。

环节四：完成反馈练习，巩固学习成果

（略）

2. 案例评析

本案例考虑学生的原有认知，让学生在原有认知的基础上建构科学知识。教学目标明确，能充分发挥教师的主导作用，传授知识量大。以学生为中心，强调情境教学，构建教学情境，强调教也重视学，强调学生间"合作学习"，培养学生交流能力，学生真正参与课堂教学。学生处于主动学习状态，积极性高，创造性也得到一定的发挥。

案例 2　打点计时器纸带数据处理案例

（一）案例设计说明

1. 设计意义

本节课对学生来说有一定难度，更具有吸引力和挑战性。高中物理和速度加速度相关的实验基本都是围绕纸带数据处理来设计的。对纸带的数据处理是学生应该掌握的重要实验技能之一。在教学过程中，通过教师引导、学生自主探究、相互合作交流，学生养成良好的实验习惯和实验态度，尝试应用科学探究的方法研究物体运动，掌握纸带的数据处理方法。通过对纸带的数据处理过程，学生培养获取信息、处理信息的能力，学会处理问题的方法，领悟如何间接测量一些不能直接测量的物理量。

2. 设计目标

观察打点计时器的结构，掌握打点计时器的计时原理，学会安装和使用打点计时器。学会根据纸带上的点分析速度的变化情况，掌握测量位移和计算时间间隔的方法，并学会计算平均速度、瞬时速度及加速度。明确速度与时间图像的意义，利用描点画图像的方法，画出实验中的速度与时间的图像。通过画速度与时间图像，学生培养用图像法处理数据的能力，体验数学工具在物理中的应用。

3. 对象分析

课本对纸带数据处理是随实验逐步进行的，先是用打点计时器测速度实验，让学生学会利用纸带上的点求速度，然后是在探究小车速度随时间变化规律的实验中让学生学会利用描点作图法求小车加速度，最后在探究加速度与力、质量关系和验证机械能守恒等实验中运用。这样安排显得纸带数据处理比较零乱，不利于总结提升。本教学案例的设计是对高中纸带数据处理问题的一个总结。

4. 过程分析

利用打点计时器和纸带测定物体的速度与加速度是高中物理实验中最常用的方法。介绍打点计时器的结构，让学生观察，知道打点计时器各部分的名称，思考打点计时器为什么要用交流电源？打点周期与交流电周期有什么关系？纸带如何穿过打点计时器？对比两种打点计时器有什么不同？思考哪种打点计时器对实验的影响小，为什么？让学生了解打点计时器，学会使用打点计时器。

为什么研究纸带上的点就可以研究物体的运动情况？打点计时器是一种使用交流电的计时仪器，计时器打点频率是 50 Hz，每隔 0.02 s 打点一次。因此纸带上的点就反映了和纸带相连的运动物体在不同时刻的位置变化，研究纸带上点与点之间的间隔，就可以了解纸带在不同位置时的速度与加速度，就可以判断与纸带相连的物体的运动情况。

如何研究纸带上的点？从选取计数点，到长度测量，计算速度、加速度，引导学生学会对纸带上打的点进行数据处理，让学生掌握求纸带速度、加速度的方法。

5．学习困难与障碍分析及教学策略

（1）处理纸带的方法。标记计数点，测量位移，计算时间间隔，并且比较各种方式的优劣，从中选取合适的方法，最后讲解如何计算各计数点的速度，这样循序渐进，使学生理解起来更流畅。

（2）描点法画图。讲解坐标轴的选择方法，如何求速度，如何描点，为什么去掉差较大的点，如何利用 v-t 图的斜率求加速度。部分学生会连成折线，此时需要讲解匀变速直线运动的速度与时间图像的特点，帮助学生理解。

（3）粘贴作图法。讲解此种作图法的原理，做匀变速直线运动的物体在相邻相等的时间内位移增量相等。由于时间间隔很短，纸带上相邻计数点间的速度可以用 $v_1=\dfrac{s_1}{T}$ 表示，同理可以表示出各条纸带的速度分别为 v_2，v_3，v_4，v_5，v_6，将纸带按计数点剪断，由短到长粘贴到坐标系中。以纸带长度差 Δs 类比纸带速度差 Δv，以纸带的相等宽度类比纸带的相等时间间隔 T。则图像的横轴代表时间 t，纵轴代表速度 v，以各条纸带的顶端中点作为数据点坐标，即可作出 v-t 图像，利用斜率求加速度。学生剪纸带时要注意安全。学生能在教师的要求下完成操作，但部分学生不理解这样求加速度的原理，还需教师进一步地讲解。

（二）教学案例与评析

1．教学案例

学生课前观察打点计时器的结构，思考工作原理，根据说明书安装纸带，接通电源，练习使用打点计时器。

课上教师将打好的纸带发给学生，让学生观察纸带上的点。

教师：为什么纸带运动反映了物体的运动？从纸带上打的点我们能够得到什么信息？

学生：纸带和物体是连在一起的，纸带的运动就反映了小车的运动。从纸带上能得到时间间隔和对应的纸带位移，也就是物体对应的位移与时间间隔。

环节一：标记计数点

教师：计时点就是打点计时器在实验过程中所打出来的点，由于打点计时器的打点周期很小，一般计时点都很密集。直接用刻度尺测量相对误差会很大，不利于测量，所以一般会隔几个点选取一个点作为数据点进行数据处理，这个被选中的计时点就叫作计数点。一般每隔四个计时点选取一个计数点，这样计数点与计数点之间的时间间隔为五个 0.02 s，即 0.1 s，便于计算。

让学生在发给的纸带上指出哪些是计时点，并每隔四个计时点选取一个计数点，在纸带上标出来。

学生在纸带上标计数点，体会计数点与计时点的区别。

环节二：测量位移，计算时间间隔

教师：我们研究物体的运动，一般要描述物体在不同时刻的速度与加速度，不同时刻的位移。由于物体与纸带相连做直线运动，所以纸带上的点就能反映物体的位移大小，纸带上点与点之间的距离可以通过刻度尺测量。测量时按照基本的测量要求进行即可，但读数时要注意有效数字的位数。要求学生测量计数点间的距离，并标在纸带上。

学生动手操作，测量、读数。学生在纸带上标记位移出现下面两种方式。

(1)同一起点的测量方式，如图 4-43 所示。

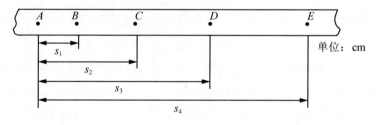

图 4-43

(2)连续式测量方式，如图 4-44 所示。

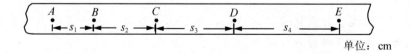

图 4-44

教师带领学生分析这两种标记位移方式的优劣。

(1)这种方式的优势在于测量的数据较大，测量时的相对误差较小，但运算时需要我们进一步转化。

（2）这种方式的优势在于各段的位移直接给出，但由于测量的长度较小，所以相对误差较大。

环节三：计算各计数点的速度

教师：对于匀变速直线运动，一段时间内的平均速度等于中间时刻的瞬时速度。对应图 4-45 有 $v_B = \dfrac{s_1 + s_2}{2T}$，就可求出 B 点瞬时速度。对于非匀变速直线运动，由于打点计时器打点周期非常小，AC 段可以近似看成匀速直线运动，由速度定义可用 $v_B = \dfrac{s_1 + s_2}{2T}$ 来计算。但需要注意的是所选的点与点的时间间隔越小，算得的速度越接近该点的瞬时速度。

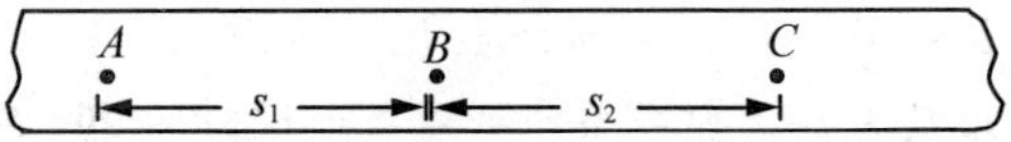

图 4-45

学生计算纸带上各计数点的速度，熟悉用纸带计算速度的方法。

环节四：计算加速度

（1）直接用公式法计算加速度。

教师：一条纸带如图 4-46 所示。

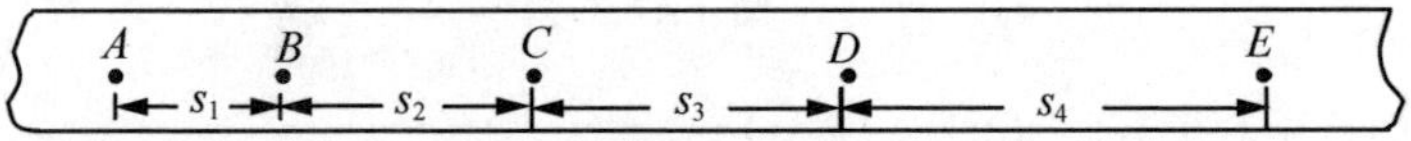

图 4-46

设纸带做匀变速运动，A 点的速度为 v_A，纸带的加速度为 a，相邻计数点间的时间间隔为 T，由匀变速直线运动的位移公式可知：

$$s_1 = v_A T + \frac{1}{2} a T^2 。$$

$$s_2 = (v_A + aT) T + \frac{1}{2} a T^2 。$$

$$s_3 = (v_A + 2aT) T + \frac{1}{2} a T^2 。$$

……

可得：

$s_2 - s_1 = s_3 - s_2 = \cdots = s_{n+1} - s_n = aT^2$。如果某条纸带经过计算满足此式子，则可判断该纸带做匀变速运动。

$s_3 - s_1 = s_4 - s_2 = \cdots = s_{n+2} - s_n = 2aT^2$。

$s_4 - s_1 = s_5 - s_2 = \cdots = s_{n+3} - s_n = 3aT^2$。

……

由此不难得出计算加速度的公式 $a = \dfrac{s_2 - s_1}{T^2} = \dfrac{s_3 - s_2}{T^2} = \cdots = \dfrac{s_{n+1} - s_n}{T^2} = \dfrac{s_m - s_n}{(m-n)T^2}$。最后将多次计算的加速度取平均值即可作为纸带的加速度。

教师带领学生分析公式法的优劣：公式法可以很简洁地测量出物体的加速度，但由于所用数据较少，所算加速度具有一定的偶然性，误差较大。为了减少偶然误差就要选取多组数据进行计算，然后将多组数据的计算结果取平均值。这样做就会增加计算量，使实验数据处理变得很麻烦。为了简化计算，通常在所给数据是偶数组时[图 4-47 所给数据是 6 组(s_1，s_2，s_3，s_4，s_5，s_6)]，从减小相对误差的角度考虑，把整条纸带看成通过时间相等的左右两部分。以 D 为分界点，AD 段的时间间隔为 $3T$，DG 段的时间间隔也为 $3T$，再利用打点计时器计算加速度的公式 $a = \dfrac{s_{n+1} - s_n}{T^2}$ 来算纸带加速度 $a = \dfrac{(s_4 + s_5 + s_6) - (s_1 + s_2 + s_3)}{9T^2}$。

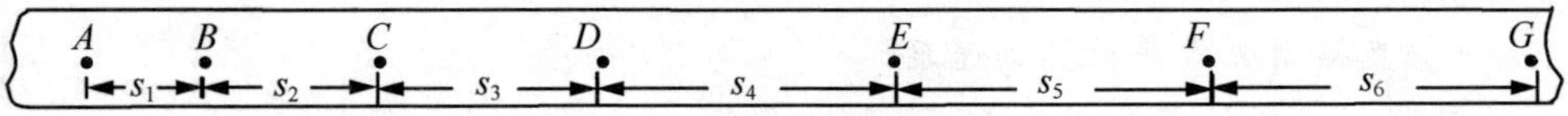

图 4-47

对 $a = \dfrac{(s_4 + s_5 + s_6) - (s_1 + s_2 + s_3)}{9T^2}$ 做进一步分析：

$$a = \dfrac{(s_4 + s_5 + s_6) - (s_1 + s_2 + s_3)}{9T^2}$$

$$= \dfrac{(s_4 - s_1) + (s_5 - s_2) + (s_6 - s_3)}{9T^2}$$

$$= \dfrac{\dfrac{(s_4 - s_1)}{3T^2} + \dfrac{(s_5 - s_2)}{3T^2} + \dfrac{(s_6 - s_3)}{3T^2}}{3}。$$

可见这样做与多次计算取平均值效果类似，能够减小实验中的误差。

学生利用公式法求纸带的加速度，体会公式法的优劣。

(2)描点作图法求加速度。

教师：对于图 4-48 利用速度公式 $v_B = \dfrac{s_1 + s_2}{2T}$，我们可以求得 B，C，D，E，F 五个点的瞬时速度。以 O 作为坐标原点，横轴为时间轴，纵轴为瞬时速度大小建立坐标系，将算得的 B，C，D，E，F 五个点的瞬时速度分别绘制到坐标系中并作出 v-t 图像，如图 4-49 所示。

图 4-48

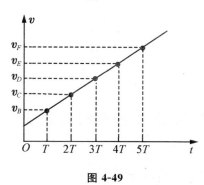

图 4-49

根据加速度定义 $a = \dfrac{\Delta v}{\Delta t} = k$，$k$ 为图像的斜率。为减小相对误差，可选取较远的两个点来求加速度，$a = \dfrac{v_F - v_B}{4T}$。此外用图像法还可求出物体的初速度。

学生：利用描点作图法，求自己手中纸带的加速度，熟悉利用图像处理数据的一般步骤，体会坐标轴单位选取对作图的影响。

环节五：粘贴作图法

教师：做匀变速直线运动的物体在相邻相等的时间内位移增量相等。由于时间间隔很短，纸带上相邻计数点间的速度可以用 $v_1 = \dfrac{s_1}{T}$ 表示，同理可以表示出各条纸带的速度分别为 v_2，v_3，v_4，v_5，v_6，将纸带按计数点剪断，由短到长粘贴到坐标系中。以纸带长度差 Δs 类比纸带速度差 Δv，以纸带的相等宽度类比纸带的相等时间间隔 T。则图像的横轴代表时间 t，纵轴代表速度 v，以各条纸带的顶端中点作为数据点坐标，即可作出 v-t 图像，如图 4-50 所示。

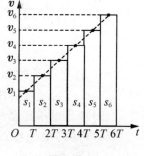

图 4-50

为减小相对误差，可选较远的两个点来求加速度，如选取 v_1 和 v_6 点时纸带加速度 $a = \dfrac{v_6 - v_1}{5T}$。

2. 案例评析

本案例教学导入方式灵活、实用，能激发学生兴趣。教学过程中相关知识衔接紧密。自主学习问题注重启发性、可操作性，有利于学生自学解决。教师指导学生归纳总结所学知识，形成系统性知识结构。所教内容，针对学生实际，从知识、能力、预设问题等方面进行分析。对学生的分析符合年龄、心理特点，了解学生有关知识储备和生活经验，设计中能体现主要的教法、学法。突出重点、破解难点的方法科学有效。教学流程的设计能遵循学科教学规律，循序渐进，体现递进性，后一步教学是前一步教学的必然发展。练习设计体现知识的综合运用，形式多样，分量与难度适中；练习设计有层次，考查知识全面；练习设计有梯度，知识拓展延伸恰如其分。

三、促进数据处理能力发展的题组设计说明与教学案例评析

案例3　图像法处理数据的应用

例题1：用打点计时器记录了被小车拖动的纸带的运动情况，在纸带上确定出 A、B、C、D、E、F、G 共7个计数点，其相邻点间的距离如图4-51所示，每隔4个点取一个计数点，已知打点计时器的打点周期为0.02 s。

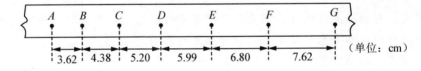

图 4-51

（1）求打点计时器打 B、C、D、E、F 点时纸带的速度。

（2）求出纸带运动的加速度。

（3）将（1）中的各点速度描绘到 v-t 图像中得到图4-52。利用图像求出纸带的加速度和 A 点的速度。

（4）某同学为了作出纸带平均速度（s/t）与时间（t）的关系图像，设计了表4-7。他计算出了各段的平均速度，通过描点绘

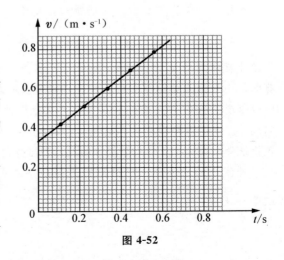

图 4-52

图，绘制出了 $\frac{s}{t}\text{-}t$ 图像，如图 4-53 所示，请根据图像求出纸带的初速度和加速度。

表 4-7　实验数据记录表

数据段	AB	AC	AD	AE	AF	AG
位移/cm	3.62	8.00	13.20	19.19	25.99	33.61
时间/s	0.1	0.2	0.3	0.4	0.5	0.6
平均速度/(m·s⁻¹)	0.36	0.40	0.44	0.48	0.52	0.56

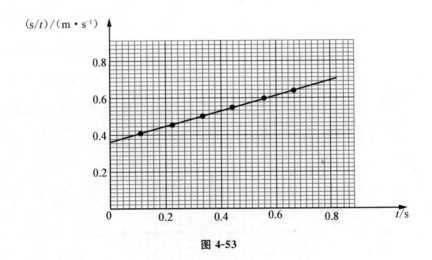

图 4-53

答案：

(1) $v_B = \dfrac{AB+BC}{2T} = \dfrac{(3.62+4.38)\times 10^{-2}}{2\times 0.1}$ m/s $= 0.400$ m/s。

同理可得 $v_C = 0.479$ m/s，$v_D = 0.560$ m/s，$v_E = 0.640$ m/s，$v_F = 0.721$ m/s。

(2) 利用公式法计算纸带加速度。选 AD 和 DG 两段用公式法 $a = \dfrac{s_{DG} - s_{AD}}{9T^2}$ 求得 $a = 0.80$ m/s²。

(3) 根据匀变速直线运动 $v\text{-}t$ 图像，v_t 与 t 存在 $v_t = v_0 + at$ 的关系，$v\text{-}t$ 图像是一次函数，图像截距就是零时刻的速度 v_0，就是纸带打 A 点时的速度，所以 $v_A = 0.32$ m/s。$v\text{-}t$ 图像斜率 k 大小就是加速度 a 的大小。所以 $a = k = 0.80$ m/s²。

(4)根据瞬时速度定义当 $t \rightarrow 0$ 时，可知图像在纵轴的截距即为纸带的初速度。根据匀变速直线运动位移公式 $s = v_0 t + \frac{1}{2} a t^2$，两边同时除以 t，得 $\frac{s}{t} = v_0 + \frac{1}{2} a t$，所以图像的斜率 k 等于加速度的 $\frac{1}{2}$。据此可以求出加速度为 0.80 m/s^2。

例题 2：用伏安法测定两节干电池组成的电源的电动势 ε 和内电阻 r。实验电路如图 4-54 所示，实验中共测出五组数据，见表 4-8。

表 4-8　实验中测得的五组数据

项目	组别				
	1	2	3	4	5
U/V	2.80	2.60	2.50	2.20	2.00
I/A	0.48	0.80	1.00	1.60	1.96

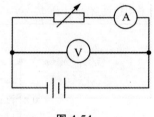

图 4-54

(1)如图 4-55 所示，在图中作 U-I 图像，根据图像求出电动势 $\varepsilon =$ _____ V，内电阻 $r =$ _____ Ω。

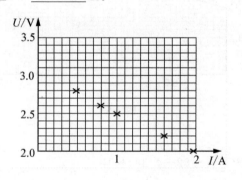

图 4-55

(2)若考虑电流表、电压表内阻对测量结果的影响，则 $\varepsilon_{测}$ _____ $\varepsilon_{真}$。

(3)某研究性学习小组利用图 4-56 所示电路测量电池组的电动势 ε 和内电阻 r。电阻箱最大阻值为 $9.999 \ \Omega$，可当标准电阻用，电流表程 $0.6 \ \text{A}$，内电阻 $r_g = 0.1 \ \Omega$，根据实验数据绘出 R-$\frac{1}{I}$ 图像，其中 R 为电阻箱读数，I 为电流表读数，如图 4-57 所示。由此可以得到 $\varepsilon =$ _____ V，$r =$ _____ Ω。

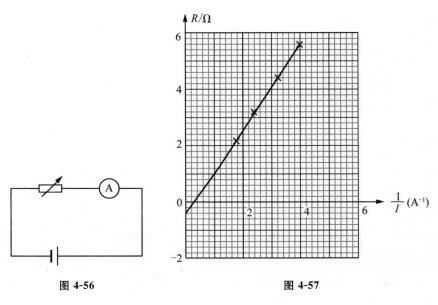

图 4-56　　　　　　　　　　　　　　　　　　　　图 4-57

答案：

(1)描点作图(略)。$\varepsilon=3.00\ \text{V}$，$r=0.5\ \Omega$。由闭合电路欧姆定律 $I=\dfrac{\varepsilon}{R+r}$
得到路端电压 U 与电流 I 的关系式 $U=\varepsilon-Ir$。可见图像与纵轴的截距就是电
源电动势，图像斜率的绝对值就是电源的内电阻。

(2)$\varepsilon_{测}$ 小于 $\varepsilon_{真}$。根据实验数据作出的 U-I 图像
如图 4-58中 a 线所示。直线 a 与 U 轴的交点表示
电源电动势的测量值，直线 a 斜率的绝对值表示内
电阻的测量值。由于电压表的分流作用，电压表测
得电压 U 就是电源的路端电压，而通过电源的电流
比电流表测得的 I 略大，满足 $\Delta I=\dfrac{U}{R_V}$ 关系(R_V 是
电压表内阻)。可见电压越大，ΔI 越大；特别是当
电压为 0 时，$\Delta I=0$。对每一个点进行修正，每一
个点的电压值不变，电流值略微变大，而且当电压
值越大，对应的调整量也越大。把经过修正的点连
接起来，如图 4-58中 b 线所示。这样直线 b 与 U

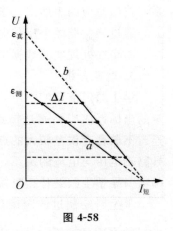

图 4-58

轴的交点表示电源电动势的真实值，图像斜率的绝对值表示内电阻的真实值。
可见，用图示电路测得的电动势和内电阻都是偏小的。

(3)$\varepsilon=1.5\ \text{V}$，$r=0.3\ \Omega$。根据闭合电路欧姆定律 $\varepsilon=I(R+r+r_g)$，解得

$R=\varepsilon \cdot \dfrac{1}{I}-(r+r_g)$。根据 $R\text{-}\dfrac{1}{I}$ 图像可知，电源的电动势等于图像的斜率，内电阻为纵轴负方向的截距减去电流表的内电阻。

(一)题组设计说明

1. 设计意义

高中物理实验数据处理多采用图像法。图像法处理数据具有如下优点：一是用图像表示相关物理量之间的关系，具有简明、直观、便于比较的特点，特别对探索物理规律是很有用的方法；二是利用实验中的有限数据作出图像后，可以从中得到无法通过实验测得的数据，还可以求出相关的其他物理量，并可结合图像对所涉及的问题进行讨论；三是它能有效地剔除一些误差较大的点或错误的数据点，减少这些点对实验结果的影响，减小误差。

本案例可让学生体会利用作图法处理数据的一些优势，体会在数据处理中是如何应用图像斜率、截距、面积的。

2. 设计目标

通过对纸带数据处理的复习，强化对打点计时器的工作原理的理解，熟悉利用打点计时器打得的纸带计算速度、利用公式计算各点的加速度、利用描点法测量纸带的加速度的方法，体会公式法计算加速度与作图法计算加速度的优劣。进一步通过作平均速度与时间的图像，启发学生通过建立横纵坐标的关系，找出对应的表达式，求解实际问题。

通过绘制路端电压与电流的图像，测量电源电动势和内电阻，体会图像截距、斜率在处理实验数据中的应用，了解如何用作图法分析误差。

3. 对象分析

学生通过前期的学习，对用图像法处理数据有了一定的了解，基本上在给定的坐标系内能够通过描点，作出图像。但会有部分学生把所有点用折线相连，不敢舍弃误差较大的点。这部分学生需要通过复习闭合电路欧姆定律，推导路端电压与电流的关系，得出 $U=\varepsilon-Ir$，进一步确定函数关系是直线。教师需引导学生归纳什么时候画直线，什么时候画折线。

学生对绘制过的图像基本能够理解与掌握，但对没有作过的图像要建立坐标轴之间的关系显得较为困难，处理数据也显得困难重重，对 $\dfrac{s}{t}\text{-}t$ 图像与 $R\text{-}\dfrac{1}{I}$ 图像理解起来较困难。这部分内容的实施关键在于教师引导，引导学生建立物理量间的关系，让学生体会图像法处理实验数据的奥妙。

4. 过程分析

设计例题 1 中(1)(2)两问的目的是让学生复习处理纸带数据的两个公式，掌握两种处理问题的方法。

一是在很短的时间内变速运动可以看成匀速运动，用匀速直线运动规律处理，即 B 点瞬时速度等于 AC 的平均速度。

二是所给纸带的数据是偶数组时，可以采用对折法来处理实验数据。

设计例题 1 中(3)问的目的在于考查学生应用图像法处理实验数据的能力，让学生理解在 $v\text{-}t$ 图中，图像的斜率大小表示加速度大小，图像截距表示初速度大小，横纵坐标与图像所围面积表示位移的大小。本小题考查学生"能用简单的图像、图表等描述和分析数据，发现规律，形成结论"的能力。

设计例题 1 中(4)问的目的在于考查学生对所学知识的迁移能力。$\frac{s}{t}\text{-}t$ 图像与 $v\text{-}t$ 图像的区别是：前者是平均速度与时间的关系，后者是瞬时速度与时间的关系。如何得到 $\frac{s}{t}$ 和 t 的关系是解题的关键。由匀变速直线运动位移公式 $s = v_0 t + \frac{1}{2}at^2$，等式两边同时除以 t，就建立了 $\frac{s}{t}$ 和 t 的关系式 $\frac{s}{t} = v_0 + \frac{1}{2}at$。$\frac{s}{t}$ 和 t 是一次函数关系，截距是初速度 v_0，斜率 k 是 $\frac{1}{2}a$。由此，可以算出加速度 $a = 2k$，计算出图像斜率就可求得加速度。

设计例题 2 中(1)的目的是让学生进一步熟悉描点作图的一般步骤，利用图像的斜率、截距解决实际问题。

设计例题 2 中(2)的目的是让学生利用图像进行误差分析，提高学生对图像的应用能力，进一步加深对图像的截距、斜率、乘积含义的理解。

设计例题 2 中(3)的目的是让学生熟悉描点作图的一般步骤，作图时注意使尽量多的点在线上，不在线上的点大致均匀地分布在线两侧，理解作图法是如何减小误差的；推导函数关系式确定图像截距、斜率、面积的物理意义，利用图像斜率和截距解决数据处理中的实际问题，体会作图法在处理数据时的优势，归纳作图法处理问题的一般思路。

(二)教学流程

第一阶段，复习图像法处理实验数据的一般方法。

教师提问：物理实验数据的处理常用哪几种方法？谈一谈这几种方法各自的优劣。

学生回答，教师总结。

第二阶段，应用上面复习的知识，解决实际的问题，通过具体题目引导学生实施。要求学生相互讨论，相互对比，并对自己的答案说出理由。教师对学生常见错误逐一指导，对最后学生解答不了的问题进行引导，帮助学生解决问题。

第三阶段，总结提升阶段。学生对应用图像法处理实验数据进行总结，包括一般步骤、图像法的优劣、怎样应用图像法处理实验数据。教师总结：应用图像法处理实验数据本质上是找图像的表达式，根据表达式来确定物理量间的内在关系。

第五章　物理练习与复习教学案例

在练习与复习教学中教师需从整体上进行教学设计发展学生的物理学科核心素养，但并非要在一节课里体现物理学科核心素养的所有要素，而是应该根据教学内容的特点侧重物理学科核心素养的不同要素。本章选择物理练习与复习教学的四个案例讨论如何从整体上在教学设计中对物理学科核心素养发展进行整体设计。这四个案例分别侧重发展物理学科核心素养的物理观念、科学思维与科学探究中的一个要素或者若干要素。

第一节　联系实际问题的复习教学

一、教学内容分析

第一，《普通高中物理课程标准（2017 年版）》对联系实际问题要求较高。要求通过物理教学，引领学生认识科学的本质以及科学、技术、社会、环境的关系，形成科学态度、科学世界观和正确的价值观，为做有社会责任感的公民奠定基础。

第二，《高考考试说明》在考核目标中指出"高考物理试题着重考查考生的知识、能力和科学素养，注重理论联系实际，注意物理与科学技术、社会和经济发展的联系，注意物理知识在生产、生活等方面的广泛应用"，这与课程标准中的"理解"和"应用"相当。

第三，联系实际问题是高三专题复习中的一个重要环节。物理知识源于生活，并为生活服务。通过对生活中物理问题的思考，学生不仅能提高对物理知识的理解，还能培养物理学科核心素养及学习物理的兴趣。此外，回归教材，注重从教材中选取素材，引导中学教学重视教材；注重基础，以中学物理的典型情境，深入考查学生的思维能力。

二、学生情况分析

第一，进入高三，学生已经学完高中物理基础知识，但受认知水平发展的限制，对物理概念和规律的理解不透彻，对物理知识结构认识不足，处理联系实际问题时不能有效地提取有用信息并建立正确的物理模型，采取有效的科学方法进行处理。

第二，由于各学科教材知识点安排顺序不同，有些需要借助数学工具才能透彻理解和掌握的知识点不能一次性落实到位。通过高三专题复习，学生可以有效完成对物理主干知识的回顾、基本概念与规律的总结、知识网络的建立等，进一步提升科学思维能力。

第三，学生理论联系实际的能力有待提高，如通过审题处理信息、构建物理模型、解决实际问题、知识迁移、类比能力等均需要加强。

三、教学重点和难点分析

本专题的教学重点是训练学生的审题能力、模型构建能力，培养学生的物理学科核心素养及物理学习的兴趣；教学难点是在具体情境的分析中如何提取信息、建构模型，选择正确的过程与状态并运用物理概念和规律规范的完成解答。

四、教学目标

通过联系实际问题，考查学生用现有知识分析问题、解决问题的能力；通过实例分析过程，进一步培养学生通过生活现象、教材背景资料、现代技术等方面的内容，完成重要信息的提取、物理模型的建构、物理概念与规律的选择……培养学生观察、思考、类比、归纳的逻辑思维能力；为每个学生提供平等参与的机会，加强师生、学生间互动，使学生在融洽的课堂氛围中都能得到不同程度的收获与鼓励。

五、教学流程

教学流程见图 5-1。

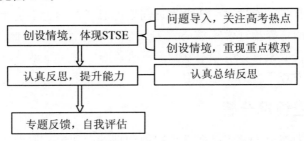

图 5-1

六、教学过程

环节一：创设情境，体现 STSE

教学活动1：问题导入，关注高考热点

教师：观察图 5-2，2006—2017 年北京高考"联系实际"问题，有何特点？

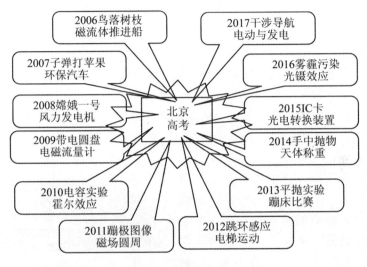

图 5-2

学生：大量高考题目源于生活。

教师：是的。既源于生活，又如何体现连续性呢？哪种模型出现频率较高？

学生：蹦极？电梯运动？天体运动？

教师：猜测一下这种模型出现频率高的原因。

学生：可能得分率较低，是学生的弱点，因此重复出现。

教学活动2：创设情境，重现重点模型

教师：手中向上抛物的动作，分为几个运动过程？

学生：两个。手与物共同运动、手与物分离后的运动。

教师：两物分离瞬间的条件是什么？

学生：应该是瞬间加速度大小不同。

请看下面的题目。

热点1——关注弱点，体现连续

例题1：应用物理知识分析生活中的常见现象，可以使物理学习更加有趣和深入。例如平伸手掌托起物体，由静止开始竖直向上运动，直至将物体抛出。对此现象分析正确的是（　　）。

A. 手托物体向上运动的过程中，物体始终处于超重状态

B. 手托物体向上运动的过程中，物体始终处于失重状态

C. 在物体离开手的瞬间，物体的加速度大于重力加速度

D. 在物体离开手的瞬间，手的加速度大于重力加速度

答案：D。

选题目的：源于生活，强化主干知识。

评析：本题考核知识点涉及受力分析、超失重、过程与状态选择等，思维要点是如何建立超失重运动与竖直上抛运动模型，并借助生活情境体现对基本原理、重要概念的理解深度与思维的周密性。例如，手托物体一起向上运动的过程是"始终"加速吗？物体离开手的"瞬间"的条件是什么？

类比训练：

如图 5-3 所示，将小砝码置于桌面上的薄纸板上，用水平向右的拉力将纸板迅速抽出，砝码的移动很小，几乎观察不到，这就是大家熟悉的惯性演示实验。若砝码和纸板的质量分别为 m_1 和 m_2，各接触面间的动摩擦因数均为 μ，重力加速度为 g。

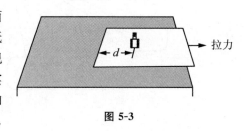

图 5-3

(1)要使纸板相对砝码运动，求所需拉力的大小。

(2)本实验中，$m_1=0.5$ kg，$m_2=0.1$ kg，$\mu=0.2$，砝码与纸板左端的距离 $d=0.1$ m，取 $g=10$ m/s²。若砝码移动的距离超过 $l=0.002$ m，人眼就能感知。为确保实验成功，纸板所需的拉力至少多大？

选题目的：模型类比训练。

评析：本题考核知识点涉及连接体的分析方法、瞬间分离条件等。

(1)砝码水平方向受一个力作用，设加速度为 a_1，由牛顿第二定律得 $f_1=m_1a_1$。纸板水平方向受三个力作用，设加速度为 a_2，由牛顿第二定律得 $F-f_1-f_2=m_2a_2$。两物体发生相对运动有 $a_2>a_1$，得 $F>2\mu(m_1+m_2)g$。

(2)纸板抽出前，砝码运动的距离 $x_1=\dfrac{1}{2}a_1t_1^2$，纸板运动的距离为 $d+x_1=\dfrac{1}{2}a_2t_1^2$。

纸板抽出后，砝码在桌面上匀减速运动的距离 $x_2 = \frac{1}{2} a_3 t_2^2$。

由物体的位移关系知砝码移动的距离超过 $l = x_1 + x_2$。

由题意知，$a_1 = a_3 = \mu g$，$a_1 t_1 = a_3 t_2$，解得 $F = 2\mu \left[m_1 + \left(1 + \frac{d}{l} \right) m_2 \right] g = 22.4$ N。

教师：近年来，体现学生建模能力考核的另一热点是"天体运动"，为增强感知，请看一段视频资料。

学生：认真观看播放视频，分析"嫦娥三号"月球探测器的着陆过程。

分为三个阶段——悬停、匀速降落、自由下落，最后利用具有缓冲功能的"大腿"稳稳降落在月球上（图 5-4）。

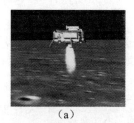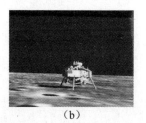

（a）　　　　　　　　（b）

图 5-4

讨论并思考以下问题。

例题 2：设想"嫦娥三号"贴近月球表面做匀速圆周运动，其周期为 T。"嫦娥三号"在月球上着陆后，自动机器人用测力计测得质量为 m 的仪器重力为 P。已知引力常量为 G，由以上数据可以求出的物理量有（　　）。

A. 月球的半径　　　　　　B. 月球的质量

C. 月球表面的重力加速度　D. 月球绕地球做匀速圆周运动的向心加速度

答案：ABC。

选题目的：结合视频资料，找出天体运动的两个基本模型。

评析：本题考核重点在于如何通过审题正确建立天体模型，如何选择规律。

本题涉及两个模型——月球表面测重力（月球表面处的重力 $P = mg_月$）；"嫦娥三号"贴近月球表面做匀速圆周运动（月球表面万有引力提供向心力 $\frac{GMm}{r^2} = mg$）。

类比训练：

万有引力定律揭示了天体运动规律与地上物体运动规律具有内在的一

致性。

（1）用弹簧秤称量一个相对于地球静止的小物体的重量，随称量位置的变化可能会有不同的结果。已知地球质量为 M，自转周期为 T，万有引力常量为 G。将地球视为半径为 R、质量均匀分布的球体，不考虑空气的影响。设在地球北极地面称量时，弹簧秤的读数是 F_0。

①若在北极上空高出地面 h 处称量，弹簧秤读数为 F_1，求比值 F_1/F_0 的表达式，并就 $h=1.0\%R$ 的情形算出具体数值。（计算结果保留两位有效数字）

②若在赤道地面称量，弹簧秤读数为 F_2，求比值 F_2/F_0 的表达式。

（2）设想地球绕太阳公转的圆周轨道半径 r、太阳的半径 R_s 和地球的半径 R 三者均减小为现在的 1.0%，而太阳和地球的密度均匀且不变。仅考虑太阳和地球之间的相互作用，以现实地球的 1 年为标准，计算"设想地球"的一年将变为多长？

选题目的：结合天体运动的两个基本模型，全面兼顾，能力为主。

评析：（1）①在地球北极点，不考虑地球自转，弹簧秤称得的重力＝万有引力。

$$F_0=G\frac{Mm}{R^2},\ F_1=G\frac{Mm}{(R+h)^2},\ 得\frac{F_1}{F_0}=\frac{R^2}{(R+h)^2},\ 代入数据得\frac{F_1}{F_0}=0.98。$$

②赤道处，万有引力的两个分力分别是弹簧秤称得的重力和向心力，则

$$F_2=G\frac{Mm}{R^2}-m\omega^2R=G\frac{Mm}{R^2}-m\frac{4\pi^2}{T^2}R,\ 得\frac{F_2}{F_0}=1-\frac{4\pi^2R^3}{T^2GM}。$$

（2）根据万有引力定律，有 $G\dfrac{Mm}{r^2}=m\dfrac{4\pi^2}{T^2}r$，得 $T=\sqrt{\dfrac{4\pi^2r^3}{GM}}$。

又因为 $M=\rho\cdot V=\rho\cdot\dfrac{4}{3}\pi R_s^3$，所以 $T=\sqrt{\dfrac{3\pi}{G\rho}\cdot\dfrac{r^3}{R_s^3}}$。

可知，地球绕太阳公转圆周轨道半径 r、太阳半径 R_s 和地球半径 R 三者均减小为现在的 1.0% 时，地球公转周期不变。

热点 2——能源问题（太阳能、风能等）

例题 3：如图 5-5 所示，若"嫦娥三号"上安装的太阳能电池帆板的面积为 S，该太阳能电池将太阳能转化为电能的转化率为 η。已知太阳辐射的总功率为 P_0，月球与太阳之间的平均距离为 R。则太阳能电池帆板的最大电功率如何计算？

选题目的：提高建模能力，了解太阳能发电的基本原理。

教师：太阳光如何照射时，电池帆板获得的电功率最大？（建立模型）

学生：当太阳光垂直照射电池帆板时，它获得的电功率最大。

评析：最大功率 $P = \eta P_1 = \eta \dfrac{S}{4\pi R^2} P_0$。

关于能源问题是近年的考核点，类比回顾如下。（给出问题，课下思考完成）

类比训练：

1. 请思考以下问题。

如图 5-6(a) 所示，2007 北京高考"环保汽车 23(3)"——设想改用太阳能电池给该车供电，其他条件不变，求所需太阳能电池板的最小面积。结合计算结果，简述你对该设想的思考。

图 5-5

如图 5-6(b) 所示，2008 北京高考"风力发电 23(3)"——风轮机叶片旋转所扫过的面积为风力发电机可接受风能的面积。设空气密度为 ρ，气流速度为 v，风轮机叶片长度为 r。求单位时间内流向风轮机的最大风能 P_m；在风速和叶片数确定的情况下，要提高风轮机单位时间接受的风能，简述可采取的措施。

选题目的：提高建模能力。

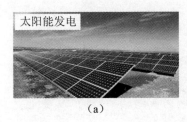

图 5-6

2. 图 5-7 为"嫦娥三号"探测器在月球上着陆最后阶段的示意图。首先在发动机作用下，探测器受到推力在距月面高度为 h_1 处悬停（速度为 0，h_1 远小于月球半径）；接着推力改变，探测器开始竖直下降，到达距月面高度为 h_2 处的速度为 v_1；此后发动机关闭，探测器仅受重力下落到月面。已知探测器总质量为 m（不包括燃料），地球和月球的半径比为 k_1，质量比为 k_2，地球表面附近的重力加速度为 g。求：

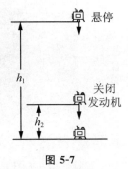

图 5-7

(1) 月球表面附近的重力加速度大小及探测器刚接触月面时的速度大小。

(2) 从开始竖直下降到刚接触月面时，探测器机械能的变化。

选题目的：结合视频资料，从不同角度分析研究问题。

在前面例题及类比训练的基础上，请同学们独立思考并写出解析要点。

评析：(1)在星球表面根据万有引力近似等于重力，即 $\frac{GMm}{r^2} = mg$，得 $g = \frac{GM}{r^2}$，所以 $g_月 = \frac{M_月}{r_月^2} \frac{r_地^2}{M_地} g = \frac{k_1^2}{k_2^2} g$。

设探测器着陆速度为 v_2，根据速度位移公式 $v_2^2 - v_1^2 = 2g_月 h_2$，解得

$$v_2 = \sqrt{v_1^2 + \frac{2gh_2 k_1^2}{k_2^2}}。$$

(2)设机械能的变化为 ΔE，动能的变化为 ΔE_K，重力势能的变化为 ΔE_P，由 $\Delta E = \Delta E_K + \Delta E_P$ 得 $\Delta E = \frac{1}{2}mv_1^2 - mg_月(h_1 - h_2) = \frac{1}{2}mv_1^2 - mg(h_1 - h_2)\frac{k_1^2}{k_2^2}$。

从以上分析中我们看出，能量守恒观点已融入社会生活各个领域，如何从教材中提取信息、构建模型、提高处理现代技术中的物理问题呢？

热点 3——现代技术（回归教材、融入生活、学会思考）

回归教材——回顾磁流体发电机的工作原理，关注图 5-8 所示题目。

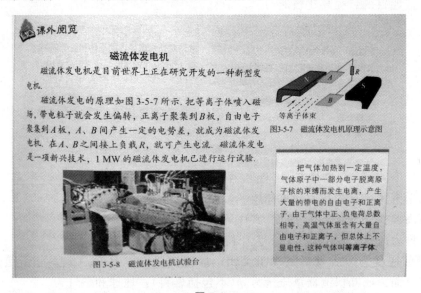

图 5-8

例题 4：如图 5-9 所示，某一新型发电装置的发电管是横截面为矩形的水平管道，管道的长为 L、宽度为 d、高为 h，上下两面是绝缘板，前后两侧面 M、N 是电阻可忽略的导体板，两导体板与开关 S 和定值电阻 R 相连。整个

管道置于磁感应强度大小为 B，方向沿 z 轴正方向的匀强磁场中。管道内始终充满电阻率为 ρ 的导电液体(有大量的正、负离子)，且开关闭合前后，液体在管道进、出口两端压强差的作用下，均以恒定速率 v_0 沿 x 轴正向流动，液体所受的摩擦阻力不变。

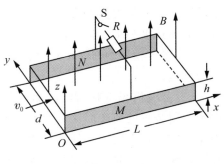

图 5-9

(1)求开关闭合前，M、N 两板间的电势差大小 U_0。

(2)求开关闭合前后，管道两端压强差的变化 Δp。

(3)调整矩形管道的宽和高，但保持其他量和矩形管道的横截面 $S=dh$ 不变。求电阻 R 可获得的最大功率 P_m 及相应的宽高比 d/h 的值。

选题目的：回归教材，突出主干知识，推陈出新。

评析：本题考核的主干知识是发电管电源的工作原理。管道内的导电液体，运动中受到的洛伦兹力使正负离子发生偏转，在两极间形成电场，正负离子还受到逐渐增大的电场力的作用，当其所受的洛伦兹力与电场力平衡时，两极间电势差保持恒定，即为回路中产生的电动势。讨论并给出计算方法。(教师适当指导)

(1)设带电离子所带电量为 q，洛伦兹力与电场力平衡时 $Bqv_0=q\dfrac{U_0}{d}$，得 $U_0=Bdv_0$。

(2)设开关闭合前后，管道两端压强差分别为 p_1、p_2，液体所受的摩擦阻力均为 f，开关闭合后管道内液体受到的安培力为 $F_安$，有 $p_1hd=f$，$p_2hd=f+F_安$，$F_安=BId$。

根据欧姆定律，有 $I=\dfrac{U_0}{R+r}$，两板间液体的电阻 $r=\rho\dfrac{d}{Lh}$，联立解得

$$\Delta p=\frac{Ldv_0B^2}{LhR+d\rho}。$$

(3)电阻 R 的功率为 $p=I^2R$，$p=\left(\dfrac{BLv_0}{\dfrac{LR}{d}+\dfrac{\rho}{h}}\right)^2 R$。当 $\dfrac{d}{h}=\dfrac{LR}{\rho}$ 时，最大功率

$$p_m=\frac{LSv_0^2B^2}{4\rho}。$$

类比训练：

质量为 m 的飞机模型，在水平跑道上由静止匀加速起飞，假定起飞过程

中受到的平均阻力恒为飞机所受重力的 k 倍，发动机牵引力恒为 F，离开地面起飞时的速度为 v，重力加速度为 g。求：

（1）飞机模型的起飞距离（离开地面前的运动距离）以及起飞过程中平均阻力的冲量。

（2）若飞机起飞利用电磁弹射技术，将大大缩短起飞距离。图 5-10（a）为电磁弹射装置的原理简化示意图，与飞机连接的金属块（图中未画出）可以沿两根相互靠近且平行的导轨无摩擦滑动。使用前先给电容为 C 的大容量电容器充电，弹射飞机时，电容器释放储存电能所产生的强大电流从一根导轨流入，经过金属块，再从另一根导轨流出；导轨中的强大电流形成的磁场使金属块受磁场力而加速，从而推动飞机起飞。

①在图 5-10（b）中画出电源向电容器充电过程中电容器两极板间电压 u 与极板上所带电荷量 q 的图像，在此基础上求电容器充电电压为 U_0 时储存的电能。

②当电容器充电电压为 U_m 时弹射上述飞机模型，在电磁弹射装置与飞机发动机同时工作的情况下，可使起飞距离缩短为 x。若金属块推动飞机所做的功与电容器释放电能的比值为 η，飞机发动机的牵引力 F 及受到的平均阻力不变。求完成此次弹射后电容器剩余的电能。

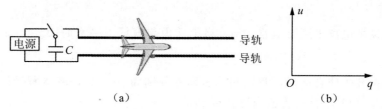

图 5-10

选题目的：回归教材，突出主干知识及方法应用，推陈出新。

评析：回顾教材。根据磁场会对载流导体产生作用力的原理，人们研究出一种新型的发射炮弹的装置——电磁炮。其原理如图 5-11 所示，把待发射的炮弹放在匀强磁场中的两平行导电导轨上，给导轨通以

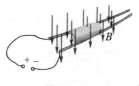

图 5-11

大电流，炮弹作为一个载流导体在磁场作用下沿导轨加速运动，并以某一速度发射出去。如果想提高这种电磁炮的发射速度，请从理论上说明可采取的方法。

（1）平均阻力为 $f=kmg$，依据牛顿第二定律和运动学规律有 $F-f=ma$，得 $a=\dfrac{F-kmg}{m}$。

设飞机的起飞距离为 s，依据运动学公式 $v^2=2as$，解得 $s=\dfrac{v^2}{2a}=\dfrac{mv^2}{2(F-kmg)}$。

设飞机的起飞时间为 t，依据运动学公式 $v=at$，平均阻力的冲量 $I=ft$，得 $I=\dfrac{km^2gv}{F-kmg}$。

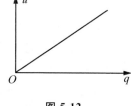

图 5-12

平均阻力冲量的方向与飞机运动方向相反。

（2）① 见图 5-12。

依据图像可得电容器储存电能的规律 $E=\dfrac{1}{2}qU$，由于 $q=CU$，则电容器充电电压为 U_0 时，电容器储存电能 $E_0=\dfrac{1}{2}qU_0=\dfrac{1}{2}CU_0^2$。

② 电容器电压为 U_m 时，电容器储存电能 $E_{储存}=\dfrac{1}{2}CU_m^2$。

设电容器释放电能为 $E_{释放}$，由动能定理有 $\eta E_{释放}+Fx-kmgx=\dfrac{1}{2}mv^2-0$，

得 $E_{释放}=\dfrac{1}{2\eta}(mv^2+2kmgx-2Fx)$。

电容器剩余电能 $E_{剩余}=E_{储存}-E_{释放}$，得 $E_{剩余}=\dfrac{1}{2}CU_m^2-\dfrac{1}{2\eta}(mv^2+2kmgx-2Fx)$。

热点 4——论证推理，重视基础，强化主干知识

例题 5：（1）如图 5-13 所示，固定于水平面上的金属框架 $abcd$，处在竖直向下的匀强磁场中。金属棒 MN 沿框架以速度 v 向右做匀速运动。框架的 ab 与 dc 平行，bc 与 ab、dc 垂直。MN 与 bc 的长度均为 l，在运动过程中 MN 始终与 bc 平行，且与框架保持良好接触。磁场的磁感应强度为 B。

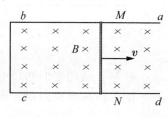

图 5-13

① 请根据法拉第电磁感应定律 $E=\dfrac{\Delta\Phi}{\Delta t}$，推导金属棒中的感应电动势 E。

② 在上述情景中，金属棒 MN 相当于一个电源，这时的非静电力与棒中自由电子所受洛伦兹力有关。请根据电动势的定义，推导金属棒 MN 中的感

应电动势 E。

（2）为进一步研究导线做切割磁感线运动产生感应电动势的过程，现构建如下情景：如图 5-14 所示，在垂直于纸面向里的匀强磁场中，一内壁光滑长为 l 的绝缘细管 MN，沿纸面以速度 v 向右做匀速运动。在管的 N 端固定一个电量为 q 的带正电小球（可看作质点）。某时刻将小球释放，小球将会沿管运动。已知磁感应强度大小为 B，小球的重力可忽略。在小球沿管从 N 运动到 M 的过程中，求小球所受各力分别对小球做的功。

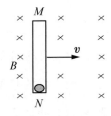

图 5-14

选题目的：推理论证，构建模型，强化主干知识。

评析：电动势是电学中的基本概念和主干知识，以往考核电动势的应用较多，此题的推理论证该从何入手？认真分析题意，在模型已知的条件下，应用法拉第电磁感应定律，引用教材分析方法，即在一小段时间内，设金属棒匀速运动……

如图 5-15 所示，在一小段时间 Δt 内，金属棒 MN 的位移 $\Delta x = v\Delta t$，这个过程中线框的面积的变化量 $\Delta S = l\Delta x = lv\Delta t$，穿过闭合电路的磁通量的变化量 $\Delta \Phi = B\Delta S = Blv\Delta t$，根据法拉第电磁感应定律 $E = \dfrac{\Delta \Phi}{\Delta t}$，得 $E = Blv$。

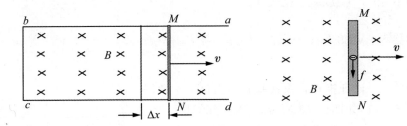

图 5-15

教师：请同学们回顾电动势的定义。（引导学生规范叙述）

学生：在电源内部，非静电力将单位正电荷从电源的负极移到正极所做的功。

教师：电源内部的非静电力。

学生：讨论得出分析方法——以导体棒内可自由移动的电子为研究对象，如图 5-14 所示，棒向右运动时，电子具有向右的分速度，受到沿棒向下的洛伦兹力，如图 5-15 所示，$f = evB$，f 即非静电力。在 f 的作用下，电子从 M 移动到 N 的过程中，非静电力做功 $W = evBl$。

根据电动势定义 $E=\dfrac{W}{q}$，得 $E=Blv$。

教师：为进一步研究导线做切割磁感线运动产生感应电动势的过程，给出情景如图 5-14 所示，在垂直于纸面向里的匀强磁场中，一内壁光滑长为 l 的绝缘细管 MN，沿纸面以速度 v 向右做匀速运动。在管的 N 端固定一个电量为 q 的带正电小球（可看作质点）。某时刻将小球释放，小球将会沿管运动。已知磁感应强度大小为 B，小球的重力可忽略。在小球沿管从 N 运动到 M 的过程中，求小球所受各力分别对小球做的功。师生共同讨论分析。

小球随管向右运动的同时还沿管向上运动，其速度如图 5-16 所示。小球所受洛伦兹力 $f_合$ 如图 5-17 所示。将 $f_合$ 正交分解如图 5-18 所示。小球除受到洛伦兹力 $f_合$ 外，还受到管对它向右的支持力 F，如图 5-19 所示。

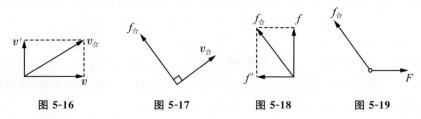

图 5-16　　　　图 5-17　　　　图 5-18　　　　图 5-19

洛伦兹力 $f_合$ 不做功，$W_{f_合}=0$。
沿管方向，洛伦兹力 f 做正功，$W_1=fl=qvBl$。
垂直管方向，洛伦兹力 f' 是变力，做负功，$W_2=-W_1=-qvBl$。
由于小球在水平方向做匀速运动，则 $F=f'$。
因此，管的支持力 F 对小球做正功，$W_F=qvBl$。
类比训练：

1.（2014 北京高考）导体切割磁感线的运动可以从宏观和微观两个角度来认识。如图 5-20 所示，固定于水平面的 U 形导线框处于竖直向下的匀强磁场中，金属直导线 MN 在于其垂直的水平恒力 F 作用下，在导线框上以速度 v 做匀速运动，速度 v 与恒力 F 的方向相同，导线 MN 始终与导线框形成闭合电路。已知导线 MN 电阻为 R，其长度 L 恰好等于平行轨道间距，磁场的磁感应强度为 B。忽略摩擦阻力和导线框的电阻。

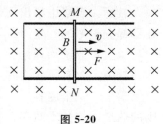

图 5-20

（1）通过公式推导验证：在 Δt 时间内，F 对导

线 MN 所做的功 W 等于电路获得的电能 $W_电$，也等于导线 MN 中产生的焦耳热 Q。

（2）若导线 MN 的质量 $m=8.0$ g，长度 $L=0.10$ m，感应电流 $I=1.0$ A，假设一个原子贡献一个自由电子，计算导线 MN 中电子沿导线长度方向定向移动的平均速率 v_e。（表 5-1 中列出一些你可能会用到的数据）

表 5-1　可能会用到的数据

阿伏伽德罗常数 N_A	6.0×10^{23} mol^{-1}
元电荷 e	1.6×10^{-19} C
导线 MN 的摩尔质量 μ	6.0×10^{-2} kg/mol

（3）经典物理学认为，金属的电阻源于定向运动的自由电子和金属离子（即金属原子失去电子后的剩余部分）的碰撞。展开你想象的翅膀，给出一个合理的自由电子的运动模型；在此基础上，求出导线 MN 中金属离子对一个自由电子沿导线长度方向的平均作用力 f 的表达式。

选题目的：推理论证，构建模型，强化主干知识。

评析：通过宏观与微观两个角度认识基本模型——导体切割磁感线的运动，难度不大，但需规范。请独立完成，推导验证如下。

（1）导体切割磁感线产生的动生电动势 $E=Blv$，感应电流 $I=\dfrac{E}{R}=\dfrac{Blv}{R}$。

通电导体受安培力，$F=BIl=\dfrac{B^2l^2v}{R}$。

力 F 做功，$W=F\Delta x=Fv\Delta t=\dfrac{B^2l^2v^2}{R}\Delta t$。

整个回路电源提供电能，$W_电=EI\Delta t=\dfrac{B^2l^2v^2}{R}\Delta t$。

整个回路产生焦耳热，$Q=I^2R\Delta t=\dfrac{B^2l^2v^2}{R}\Delta t$，可知 $W=W_电=Q$。

教师：表格中给出阿伏伽德罗常数、元电荷电量、摩尔质量，想想我们是在哪部分学习的？复习一下。

学生：分子动理论。

教师：含有哪些内容？

学生：三个内容——物体是由大量分子组成的；分子在做永不停息的无规则的热运动；分子间存在着相互作用的引力和斥力。

教师：请讨论并完成第（2）问。质量 m 中含有总电子数 $N=N_A\dfrac{m}{\mu}$，单位

体积内的电子数 n，则 $N=nSl$。

教师：导体内的感应电流（宏观量）与电子运动速率（微观量）之间有何关系？

学生：因为 $I=ev_e \cdot nS=ev_e \cdot \dfrac{N}{l}=ev_e \cdot \dfrac{N_A m}{l\mu}$，所以 $v_e=7.8\times10^{-6}$ m/s。

教师：第（3）问需要我们给出一个合理的自由电子的运动模型。对于这个问题我们该如何分析？

学生：导体内的自由电子在导体内部沿导线长度方向运动，并与金属离子发生碰撞。

下述解法的共同假设——所有自由电子以同一方式运动。

方法 1：动量解法（碰撞模型）。

设电子在每一次碰撞结束至下一次结束之间的运动都相同，经历时间为 Δt，电子的动量变化为零。因为导线 MN 的运动，电子受到沿导线方向的洛伦兹力 $f_{洛}$ 的作用，$f_{洛}=Bev$。

沿导线方向，电子只受到金属离子的作用力 $\bar{f}$ 和 $f_{洛}$ 的作用，所以 $f_{洛}\Delta t-\bar{f} \cdot \Delta t=0$，即 $\bar{f}=Bev$。

方法 2：能量解法（能量守恒模型）。

设电子从导线的一端到达另一端经历的时间为 t，在这段时间内，通过导线一端的电子总数 $N=\dfrac{It}{e}$，电阻上所产生的焦耳热是因为克服金属离子对电子的平均作用力 $\bar{f}$ 做功产生的，在时间 t 内，总的焦耳热 $Q=N\bar{f}L$，能量守恒 $Q=W_{最}=EIt=BLvIt$，即 $\bar{f}=Bev$。

方法 3：动力学解法（匀速运动的力学模型）。

因为电流不变，所以假设电子以速度 v_e 相对导线做匀速直线运动。

因为导线 MN 的运动，电子受到沿导线方向的洛伦兹力 $f_{洛}$ 的作用，$f_{洛}=Bev$。

沿导线方向，电子只受到金属离子的作用力 $\bar{f}$ 和 $f_{洛}$ 的作用，二力平衡，即 $\bar{f}=Bev$。

由上面分析可以看出，面对新的课程标准，物理概念教学已不能仅停留在应用层面，需引导学生从不同侧面对同一物理问题进行深入思考研究，构建合理的模型，找出内在联系。

2.（2012 北京高考）对于同一物理问题，常常可以从宏观与微观两个不同角度进行研究，找出其内在联系，从而更加深刻地理解其物理本质。

（1）一段横截面积为 S、长为 l 的直导线，单位体积内有 n 个自由电子，电

子电量为 e。该导线通有电流时，假设自由电子定向移动的速率均为 v。

①求导线中的电流 I。

②将该导线放在匀强磁场中，电流方向垂直于磁感应强度 B，导线所受安培力大小为 $F_安$，导线内自由电子所受洛伦兹力大小的总和为 F，推导 $F_安＝F$。

(2)正方体密闭容器中有大量运动粒子，每个粒子质量为 m，单位体积内粒子数量 n 为恒量。为简化问题，我们假定：粒子大小可以忽略；其速率均为 v，且与器壁各面碰撞的机会均等；与器壁碰撞前后瞬间，粒子速度方向都与器壁垂直，且速率不变。利用所学力学知识，导出器壁单位面积所受粒子压力 f 与 m、n 和 v 的关系。（注意：解题过程中需要用到但题目没有给出的物理量，要在解题时做必要的说明）

选题目的：推理论证，构建模型，强化主干知识。通过以上两个题目的分析训练，想必同学们对物理概念的思考理解有了新的认识，体会到了物理建模的重要性。请同学们进入独立思考阶段，进行自我能力的评估。

学生：独立思考，提取信息，构建模型，写出解析要点。（找出考核的知识点）

教师巡视并适当指导。

评析：(1)①考核电流概念的微观解释——构建"柱状导体"模型。

设 Δt 时间内通过导体横截面的电量为 Δq，由电流定义，有 $I＝\dfrac{\Delta q}{\Delta t}＝\dfrac{neSv\Delta t}{\Delta t}＝neSv$。

②考核安培力与洛伦兹力的关系——找出"宏观量与微观量"联系。

每个自由电子所受的洛伦兹力 $F_洛＝evB$，设导体中共有 N 个自由电子 $N＝n\cdot Sl$，导体中自由电子所受洛伦兹力大小的总和 $F＝NF_洛＝nSl\cdot evB$，由安培力公式，有 $F_安＝IlB＝neSv\cdot lB$，得 $F_安＝F$。

(2)考核用动力学观念解释微观电学问题的能力——构建"微观粒子与器壁碰撞"模型。

一个粒子每与器壁碰撞一次给器壁的冲量为 $\Delta I＝2mv$。

如图 5-21 所示，以器壁上的面积 S 为底，以 $v\Delta t$ 为高构成柱体，由题设可知，其内的粒子在 Δt 时间内有 1/6 与器壁 S 发生碰撞，碰壁粒子总数为 $N＝\dfrac{1}{6}n\cdot Sv\Delta t$，

Δt 时间内粒子的冲量为 $I＝N\cdot \Delta I＝\dfrac{1}{3}nSmv^2\Delta t$。

面积为 S 的器壁受到粒子压力为 $F = \dfrac{I}{\Delta t}$。

器壁单位面积所受粒子压力为 $f = \dfrac{F}{S} = \dfrac{1}{3}nmv^2$。

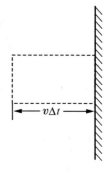

图 5-21

环节二：认真反思，提升能力

教学活动 3：认真总结反思

教师反思：

建模教学应使学生理解模型的本质，了解建模的过程，并发展学生的建模能力。这对提高学生的科学素养有重要意义。要想正确建模，需注意以下要点。

①认真细致，全面收集信息，咬文嚼字看附图，把握关键词句，如"变化量"与"变化率"、"增加了多少"与"增加到多少"，表现极端情况的"刚好""恰能""至多""至少"等。对于那些容易误解的关键词语，应特别注意，在审题时做上记号。

②画图助解弄清情景，立足基础构建模型，梳理思路确定规律。

③深入推敲，挖掘隐含条件，建立辅助方程。

④发散思考，判断多解可能：初末状态不明确，带来结果的多解；矢量方向不明确；物理现象多种可能性；制约条件不确定；周期性（圆周运动、振动和波）等。

⑤自我提示，关注常见问题。研究对象是谁？是否考虑重力？用牛顿第三定律吗？选择题中选错误的还是正确的？矢量还是标量？正功还是负功？轨道半径、地球半径，离地的高度是多少？直径还是半径？

⑥科学思维，力避主观想象。不能凭主观想象，必须明确题意；不能误认为就是已做过的那题；只有明确了物理现象（模型）才能选用对应的物理规律。

环节三：专题反馈，自我评估

教学活动 4：同步检测，课后作业

练习 1：如图 5-22(a)所示，磁卡的磁条中有用于存储信息的磁极方向不同的磁化区，刷卡器中有检测线圈，当以速度 v_0 刷卡时，在线圈中产生感应电动势。其 $E\text{-}t$ 关系如图 5-22(b)所示。如图 5-23 所示，如果只将刷卡速度改为 $v_0/2$，线圈中的 $E\text{-}t$ 关系可能是（　　）。

答案：D。

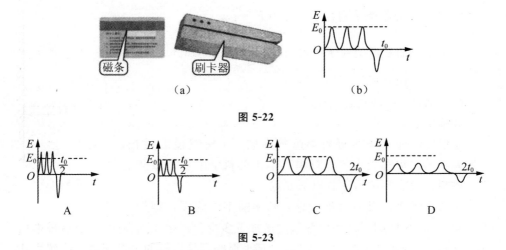

图 5-22

图 5-23

练习 2：(1)能的转化与守恒是自然界普遍存在的规律，如电源给电容器的充电过程可以等效为将电荷逐个从原本电中性的两极板中的一个极板移到另一个极板的过程。在移动过程中克服电场力做功，电源的电能转化为电容器的电场能。实验表明：电容器两极间有电压，电容器带电量如图5-24所示。

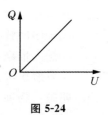

图 5-24

对于直线运动，教科书中讲解了由 $v\text{-}t$ 图像求位移的方法。请你借鉴此方法，根据图示的 $Q\text{-}U$ 图像，若电容器电容为 C，两极板间电压为 U，求电容器所储存的电场能。

(2)如图 5-25 所示，平行金属框架竖直放置在绝缘地面上。框架上端接有一电容为 C 的电容器。框架上一质量为 m、长为 L 的金属棒平行于地面放置，离地面的高度为 h。磁感应强度为 B 的匀强磁场与框架平面相垂直。现将金属棒由静止开始释放，金属棒下滑过程中与框架接触良好且无摩擦。开始时电容器不带电，不计各处电阻。求：

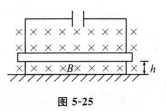

图 5-25

①金属棒落地时的速度大小。

②金属棒从静止释放到落到地面的时间。

答案：(1)$E_e = \dfrac{1}{2}CU^2$。(2)①$v = \sqrt{\dfrac{2mgh}{m+CB^2L^2}}$。②$t = \sqrt{\dfrac{2h(m+CB^2L^2)}{mg}}$。

练习 3：处于匀强磁场中的一个带电粒子，仅在磁场力作用下做匀速圆周运动。将该粒子的运动等效为环形电流，那么此电流值(　　)。

　　A. 与粒子电荷量成正比　　　　　B. 与粒子速率成正比

　　C. 与粒子质量成正比　　　　　　D. 与磁感应强度成正比

答案：D。

练习4：电磁弹射在电磁炮、航天器、舰载机等需要超高速的领域中有着广泛的应用，图5-26(a)为电磁弹射的示意图。为了研究问题的方便，将其简化为图5-26(b)所示的模型(俯视图)。发射轨道被简化为两个固定在水平面上、间距为 L 且相互平行的金属导轨，整个装置处在竖直向下、磁感应强度为 B 的匀强磁场中。发射导轨的左端为充电电路。已知电源的电动势为 E，电容器的电容为 C。子弹载体被简化为一根质量为 m、长度也为 L 的金属导体棒，其电阻为 r。金属导体棒垂直放置于平行金属导轨上。忽略一切摩擦阻力以及导轨和导线的电阻。

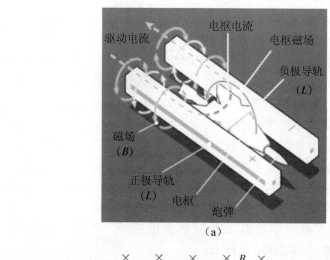

（a）

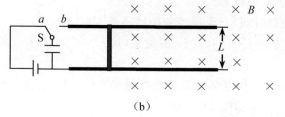

（b）

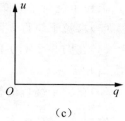

（c）

图 5-26

(1)发射前，将开关 S 接 a，先对电容器进行充电。

①求电容器充电结束时所带的电荷量 Q。

②充电过程中电容器两极板间的电压 u 随电容器所带电荷量 q 发生变化。请在图 5-26(c)中画出 u-q 图像，并借助图像求出稳定后电容器储存的能量 E_0。

(2)电容器充电结束后，将开关接 b，电容器通过导体棒放电，导体棒由静止开始运动，导体棒离开轨道时发射结束。电容器所释放的能量不能完全转化为导体棒的动能，将导体棒离开轨道时的动能与电容器所释放能量的比值定义为能量转化效率。若某次发射结束时，电容器的电量减小为充电结束时的一半，不计放电电流带来的磁场影响，求这次发射过程中的能量转化效率 η。

答案：(1)① $Q=CE$。② q-u 图像为过原点的直线，$E_0=\dfrac{1}{2}CE^2$。 (2) $\eta=$
$\dfrac{E_k}{\Delta E}=\dfrac{B^2L^2C}{3m}$。

练习 5：图 5-27(a)所示为一种获得高能粒子的装置——环形加速器，环形区域内存在垂直纸面向外、大小可调节的均匀磁场。质量为 m、电量为 $+q$ 的粒子在环中做半径为 R 的圆周运动。A、B 为两块中心开有小孔的极板，原来电势都为零，每当粒子飞经 A 板时，A 板电势升高为 $+U$，B 板电势仍保持为零，

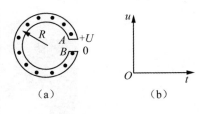

(a)　　　　　(b)

图 5-27

粒子在两极板间的电场中得到加速。每当粒子离开时，A 板电势又降为零，粒子在电场一次次加速下动能不断增大，而绕行半径不变。

(1)设 $t=0$ 时，粒子静止在 A 板小孔处，在电场作用下加速，并开始绕行第一圈，求粒子绕行 n 圈回到 A 板时获得的总动能 E_n。

(2)为使粒子始终保持在半径为 R 的圆轨道上运动，磁场必须周期性递增，求粒子绕行第 n 圈时的磁感应强度 B_n。

(3)求粒子绕行 n 圈所需的总时间 t_n(设极板间距远小于 R)。

(4)在图 5-27(b)中画出 A 板电势 u 与时间 t 的关系(从 $t=0$ 起画到粒子第四次离开 B 板)。

(5)在粒子绕行的整个过程中 A 板电势是否可始终保持 $+U$？为什么？

答案：(1) $E_n=nqU$。 (2) $B_n=\dfrac{1}{R}\sqrt{\dfrac{2nmU}{q}}$。

(3) $t=2\pi R\sqrt{\dfrac{m}{2qU}}\left(1+\dfrac{1}{\sqrt{2}}+\dfrac{1}{\sqrt{3}}+\cdots+\dfrac{1}{\sqrt{n}}\right)$。

(4)A 板电势 U 随时间 t 变化的图像如图 5-28 所示。

(5)不可以。因为这样会使粒子在 A、B 两板之间飞行时，电场对其做正功 $+qU$，从而使之加速；在 A、B 板之外(即回旋加速器内)飞行时，电场又对其做负功 qU，从而使之减速。粒子绕行一周电场对其所做总功为零，能量不会增加。

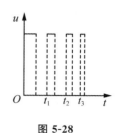

图 5-28

练习 6：真空中放置的平行金属板可以作为光电转换装置，如图 5-29 所示，光照前两板都不带电。以光照射 A 板，则板中的电子可能吸收光的能量而逸出。假设所有逸出的电子都垂直于 A 板向 B 板运动，忽略电子之间的相互作用。保持光照条件不变，a 和 b 为接线柱。已知单位时间内从 A 板逸出的电子数为 N，电子逸出时的最大动能为 E_{km}，元电荷为 e。

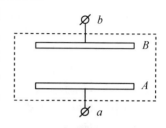

图 5-29

(1)求 A 板和 B 板之间的最大电势差 U_m，以及将 a、b 短接时回路中的电流 $I_{短}$。

(2)图示装置可看作直流电源，求其电动势 E 和内阻 r。

(3)在 a 和 b 之间连接一个外电阻时，该电阻两端的电压为 U，外电阻上消耗的电功率设为 P；单位时间内到达 B 板的电子，在从 A 板运动到 B 板的过程中损失的动能之和设为 ΔE_k。请推导证明：$P = \Delta E_k$。(注意：解题过程中需要用到但题目没有给出的物理量，要在解题中做必要的说明。)

答案：(1)$U_m = \dfrac{E_{km}}{e}$，$I_{短} = Ne$。(2)$E = U_m = \dfrac{E_{km}}{e}$，$r = \dfrac{E}{I_{短}} = \dfrac{E_{km}}{Ne^2}$。

(3)外电阻两端的电压为 U，则电源两端的电压也是 U。

由动能定理，一个电子经电源内部电场后损失的动能 $\Delta E_{ke} = eU$。

设单位时间内有 N' 个电子到达 B 板，则损失的动能之和 $\Delta E_k = N' \Delta E_{ke} = N'eU$。

根据电流的定义，此时电源内部的电流 $I = N'e$。

此时流过外电阻的电流也是 $N'e$，外电阻上消耗的电功率 $P = IU = N'eU$，所以 $P = \Delta E_k$。

练习 7：发电机和电动机装置上的类似性，源于它们机理上的类似性。直流发电机和直流电动机的工作原理可以简化为图 5-30 所示的情景。

在竖直向下的磁感应强度为 B 的匀强磁场中，两根光滑平行金属轨道 MN、PQ 固定在水平面内，相距为 L，电阻不计。电阻为 R 的金属导体棒 ab

垂直于 MN、PQ 放在轨道上，与轨道接触良好，以速度 v（v 平行于 MN）向右做匀速运动。

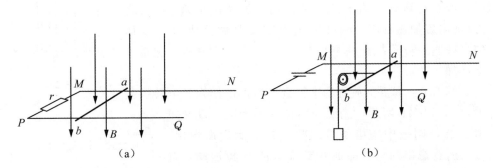

图 5-30

图 5-30(a)轨道端点 MP 间接有阻值为 r 的电阻，导体棒 ab 受到水平向右的外力作用。图 5-30(b)轨道端点 MP 间接有直流电源，导体棒 ab 通过滑轮匀速提升重物，电路中的电流为 I。

（1）求在 Δt 时间内，图 5-30(a)"发电机"产生的电能和图 5-30(b)"电动机"输出的机械能。

（2）从微观角度看，导体棒 ab 中的自由电荷所受洛伦兹力在上述能量转化中起着重要作用。为了方便，可认为导体棒中的自由电荷为正电荷。

①请在图 5-31(a)[图 5-30(a)的导体棒 ab]、图 5-31(b)[图 5-30(b)的导体棒 ab]中，分别画出自由电荷所受洛伦兹力的示意图。

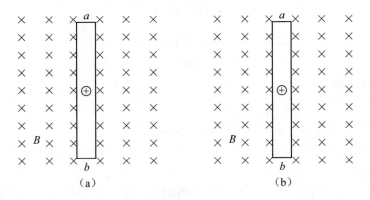

图 5-31

②我们知道，洛伦兹力对运动电荷不做功。那么，导体棒 ab 中的自由电荷所受洛伦兹力是如何在能量转化过程中起到作用的呢？请以图 5-30(b)"电

动机"为例，通过计算分析说明。

答案：（1）图 5-30（a）"发电机"产生的电能为 $E_电$，$E_电 = EI\Delta t$，$E = BLv$，$I = \dfrac{BLv}{R+r}$，得 $E_电 = \dfrac{B^2 L^2 v^2}{R+r}\Delta t$。

图 5-30（b）"电动机"输出的机械能为重物增加的重力势能 ΔE_m，$\Delta E_m = mgv\Delta t$，$mg = F_安$，$F_安 = BIL$，得 $\Delta E_m = BILv\Delta t$。

（2）①详见图 5-32。

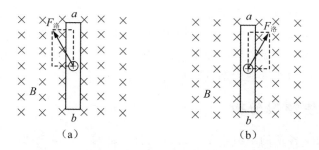

图 5-32

②图 5-30（b）"电动机"中，设杆横截面积为 S，单位体积内自由电荷的个数为 n，自由电荷电量为 q，沿杆方向速率为 v_y，垂直于杆方向洛伦兹力分力 $F_x = Bqv_y$，沿杆方向洛伦兹力分力 $F_y = Bqv$，如图 5-33 所示。所以 $W_x = nsLF_x v\Delta t = nsLBqv_y v\Delta t = BILv\Delta t$ $W_y = -nsLF_y v_y \Delta t = -nsLBqvv_y \Delta t = -BILv\Delta t$。

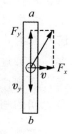

故洛伦兹力不做功，但沿杆方向洛伦兹力分力做负功，电能减少，垂直杆方向洛伦兹力分力做正功，机械能增加，所以洛伦兹力将电能转化为机械能。

图 5-33

（北京市通州区潞河中学　陈昱英）

第二节　典型模型之子弹打木块练习课

一、教学内容分析

本节课是学生学习完力学主干知识后的一节阶段性练习课，以子弹打木块的情景为载体，培养学生解决物理问题的基本思路。在层层深入的练习设计中，学生重点体会牛顿运动定律、动量守恒定律、动能定理、功能关系等内容的应用；在解决物理问题的过程中，厘清解题思维，规范书写过程。

子弹打木块模型在高中物理学习中非常常见。这个模型的特点有以下三个。

①至少有两个运动对象，而且可能有多个过程，因此分析的难度较大。

②两个物体一般都做匀变速直线运动，因此可选择的分析方法很多，从而造成学生的选择困惑。

③可以通过这个模型推广到板块模型，所以这个模型更具典型性。

子弹打木块模型的分析思想和解题方法具有普遍性，通过对这个模型的分析和拓展，学生除了掌握子弹打木块模型本身以外，还可将掌握的分析方法应用于其他物理问题，提高分析和解决问题的能力。此模型对培养学生形成运动与相互作用观念和能量观念都具有很高的价值。

二、学生情况分析

通过对力学各章的学习，学生已经具备一定的分析解决问题的能力；在力学综合问题处理的阶段，学生需要具备较强的逻辑思维能力，需要根据问题建构情景、分析过程，在自己思维的指导下选择规律。

学生已经学习了高中阶段需要掌握的各个规律，对于各个规律已经初步理解和掌握，但是在实际解决问题的过程中，尤其是在复杂的情景当中，面对众多的物理规律，学生往往会对情景的分析不充分，不能达到根据情景的特点选择合适规律的要求。这说明学生对概念规律的理解还不够深刻，还没有建立起概念间的相互联系，一些重要的观念还没有形成。

三、教学重点和难点分析

基于以上对教学内容和学生情况的分析，本节课的重点放在了子弹打木块模型的过程分析上，在此基础上通过对比，引导学生根据情景特点，有目的地选择合适的物理规律。本节课要突破的难点也同样放在根据具体的情景特征，选择合适规律的判断过程上，以期学生形成重要的能量观念。

四、教学目标

了解子弹打木块模型的特点，掌握子弹打木块模型的分析过程，体会运动与相互作用观念。

体会在综合问题中，如何根据情景的特点选择合适的物理规律，培养用能量观解决问题的能力。

通过解决复杂问题的思维规范和书写规范训练，提高科学思维和表达能力。

五、教学主要环节

经典题目练习：如图 5-34 所示，一质量为 M 的木块固定在水平面上，被水平飞来的质量为 m、速度为 v_0 的子弹击中，子弹没有穿出木块。设木块对子弹的阻力恒为 f，求子弹打入木块的深度 d。

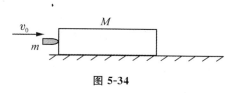

图 5-34

（说明：多数同学通过运动学公式和牛顿定律结合的方法解答，少数同学利用动能定理解答）

一题多解练习：请你再写出一种解答方法。

（学生在学案上完成，并对两种解法所用到的概念和规律进行对比）

学生活动：

方法一：子弹做匀减速直线运动，由牛顿第二定律 $f=ma$ 和运动学公式 $d=\dfrac{0-v_0^2}{-2a}$，得 $d=\dfrac{mv_0^2}{2f}$。

方法二：对子弹运动过程，由动能定理 $-fd=0-\dfrac{1}{2}mv_0^2$，得 $d=\dfrac{mv_0^2}{2f}$。

设计意图：利用最朴素的情景，引入子弹打木块模型，之后练习题的情景复杂度逐渐加大，起到循序渐进的效果。

变式训练题目 1：如图 5-35 所示，如果木块静止在光滑水平面上，子弹击中木块后最终与木块保持相对静止，其他条件均不变，求子弹打入木块的深度 d。

搭设解题台阶 1：分析子弹和木块的运动过程，并画出情景图。

分析：子弹在木块内受到恒定的阻力做匀减速运动，木块受到子弹的恒力作用做匀加速运动，到二者速度相等时，水平方向的相互作用力为零，木块速度最大，子弹与木块以相同速度一起做匀速运动。

设计意图：培养学生解决物理问题的基本思路，先根据受力和初速度分析物体的运动过程，培养学生形成运动与相互作用观念。根据多个对象之间的关系，构建正确的情景图。如果没有这个台阶设计，学生容易出现木块仍然在原地的错误。

搭设解题台阶 2：根据对情景的分析，选择规律解决问题。

学生活动：

设从子弹开始打击木块到相对静止过程的时间为 t_1，由题意可得 $v_0-a_1t_1=a_2t_1$。

子弹：$f=ma_1$，$x_1=v_0t_1-\dfrac{1}{2}a_1t_1^2$。

木块：$f=Ma_2$，$x_2=\dfrac{1}{2}a_2t_1^2$。

由 $d=x_1-x_2$，得 $d=\dfrac{Mmv_0^2}{2f(M+m)}$。

设计意图：巩固多个运动对象问题的处理方法，根据情况提示学生借鉴以前的追击相遇问题的解决方法。

搭设解题台阶 3：子弹打入木块的过程中，分析两个物体的运动后，根据以往的经验还可以尝试使用 v-t 图像的方法（图 5-36）。

v-t 图像中是否能体现子弹打入木块的深度？如何求子弹和木块 v-t 图像所围的三角形面积？如何求 t_1？如何求共同速度 v_1？

（学生讨论后，在学案中完成）

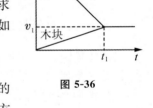

图 5-36

如果将子弹、木块作为一个系统，那水平方向上的一对相互作用的摩擦力就是系统的内力，而系统水平方向不受外力作用，因此系统动量守恒。利用系统动量守恒定律也可以快速地求解共同速度。

学生活动：由动量守恒定律可得 $mv_0=(M+m)v_1$。

木块：$f=Ma$，$v_1=at_1$。

得 $t_1=\dfrac{Mmv_0}{(M+m)f}$。

由于三角形面积即为子弹打入木块的深度 d，所以 $d=\dfrac{1}{2}v_0t_1=\dfrac{Mmv_0^2}{2f(M+m)}$。

设计意图：要想采用最简便的方法解决问题，首先要能在问题中正确使用学过的各个规律和方法，通过感受和对比选择自己最好理解的和最简便的方法。$v\text{-}t$ 图像的方法在这个问题中相对而言不是最简便的，但学会这个方法，在其他一些针对性问题中就会得心应手。

变式训练题目 2：一质量为 M 的木块静止在光滑水平面上，被水平飞来的质量为 m、速度为 v_0 的子弹击中。已知子弹打入木块的深度为 d，击中后木块在光滑水平面上滑行 s 后，子弹与木块保持相对静止，它们共同的速度为 v_1，木块对子弹的阻力恒为 f。求：

(1)摩擦力对子弹做的功和相应的能量转化。

(2)摩擦力对木块做的功和相应的能量转化。

(3)一对滑动摩擦力所做的总功和相应的能量转化。

(4)如果子弹打穿木块，以上各问情况如何？

学生活动：

子弹：$-f(s+d)=\dfrac{1}{2}mv_1^2-\dfrac{1}{2}mv_0^2$。

木块：$fs=\dfrac{1}{2}Mv_1^2-0$。

将上面两式相加，即为一对滑动摩擦力做的总功，所以，$-fd=\dfrac{1}{2}(M+m)v_1^2-\dfrac{1}{2}mv_0^2$。

因此，一对滑动摩擦力做的总功为 $-fd$，或者说系统克服一对滑动摩擦力做的功为 fd，在数值上等于 $\dfrac{1}{2}mv_0^2-\dfrac{1}{2}(M+m)v_1^2$，也就是系统损失的机械能。从能量守恒角度来看，系统损失的机械能转化为内能。所以有 $Q=fd$。

因此，在变式训练题目 1 中，还可以采取下面这种解法：

由系统动量守恒定律得，$mv_0=(M+m)v_1$。

由系统能量守恒定律得，$fd=\dfrac{1}{2}mv_0^2-\dfrac{1}{2}(M+m)v_1^2$。

得 $d=\dfrac{Mmv_0^2}{2f(M+m)}$。

设计意图：在这个问题中，学生往往会错误地认为，子弹克服摩擦力的功为 fd。因此这个问题既可以强化学生对功的定义式的理解，又可以让学生从能量角度认识子弹打木块模型，理解各个力所对应的功能关系，理解产生的内能就是总机械能损失的部分。通过练习题目的设计，学生理解以下内容。

①子弹在整个过程中始终受到恒定的阻力 f 的作用。

②根据功的定义式，力与质点在力的方向上的位移的乘积，分别表达出摩擦力对子弹和木块所做的功。

③根据一对滑动摩擦力所做的总功的表达式，理解系统产生的内能或者说机械能的损失等于 fd。

变式训练题目3：如图5-37所示，质量为 M 的木板 B 静止在光滑的水平面上，一质量为 m 的长度可忽略的小木块 A 以速度 v_0 水平地沿木板的表面滑行，已知小木块与木板间的动摩擦因数为 μ，求：

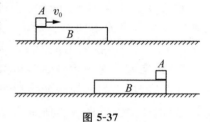

图 5-37

（1）木板至少多长小木块才不会掉下来？

（2）小木块在木板上滑行了多长时间？

设计意图：本题所设置的情景看似与子弹打木块不同，但通过分析，若要使木块 A 刚好不从木板 B 的右端掉下去，则木块滑至木板右端时两者具有共同速度，木块 A 木板 B 的相互作用过程中，系统不受外力作用，系统内力为一对摩擦力，小木块 A 可视为"子弹"，木板 B 可视为"木块"，这与子弹打击木块模型相似。学生根据本节课的练习，迁移思路和方法尝试解决问题。这道题体现出对学生创新能力的培养。

强化练习题目：木块静止在光滑水平面上，一颗子弹以速度 v_0 沿水平方向射入木块，射穿木块后木块的速度为 v。现将同样的木块放在光滑的水平桌面上，相同的子弹以速度 $2v_0$ 沿水平方向射入木块，则下列说法中正确的是（　　　）。

A. 子弹不能射穿木块，将留在木块中和木块一起运动，速度小于 v

B. 子弹能够射穿木块，射穿后木块的速度小于 v

C. 子弹能够射穿木块，射穿后木块的速度等于 v

D. 子弹能够射穿木块，射穿后木块的速度大于 v

分析：

方法一，此题如果用列方程求解的方法来处理的话，需要先设定很多未知的物理量，计算过程也相当复杂。

方法二，可以通过定性理解来解决问题，子弹的初速度增大之后，一定是能射穿木块，而且是能更快地穿射。与第一次射穿的区别就是时间变小了，所以子弹射穿木块过程中给木块的冲量变小了，因此射穿后木块的速度小于第一次射穿后的速度。

方法三，根据本节课的学习，子弹打木块类型问题中，多个运动对象都是在做匀变速直线运动，因此也可以用 v-t 图形象和直观地反映子弹射穿木块的过程(图 5-38)。教师引导学生画图的过程如下。

①画出第一次子弹射穿木块的过程。

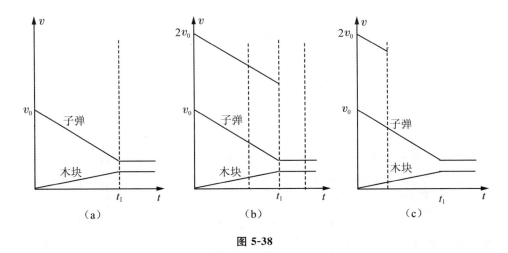

图 5-38

②学生在尝试画第二次子弹射穿木块的过程中就会意识到相对于第一次的时间 t_1，第二次是什么时间射穿，仍是 t_1，大于 t_1，还是小于 t_1？

(3)根据射穿过程中子弹与木块的相对位移大小相等(图像上即子弹、木块的 v-t 图线与 t 轴所围面积的差相同)的隐含特点，确认第二次射穿过程的 v-t 图像。

习题课小结：在解决物理问题的过程中，首先对研究对象进行受力和运动情况的分析，确定情景过程。在此基础上，才可以正确分析运动过程中力的做功以及相应的能量的转化情况。子弹打木块模型是这样，其他模型的物理问题的分析过程也是如此。

教学反思：子弹打木块是中学物理中十分典型的物理模型，几乎可以涉及力学的全部定理、规律。因此，教师可以从解题的角度对力学知识、方法概括和总结，以提高学生分析、解决问题的能力。

学生经常上课听得明白，课下不会自主解决问题，产生这个问题的重要原因在于教学过程中没有挖掘出学生的学习主动性，学生在学习过程中缺失主动性思维，缺乏很好的练习来引导学生思维向纵深发展，从而导致教学效果不理想。因此，本节课以"基础题目＋变式题目＋强化题目"的设计，一步步将学生的思维延伸、拓展，搭设与学生思维和习惯相近的台阶，设计恰当的思考问题方式，让学生在练习的过程中，思维能力和对概念的认识不断深入。本节课合理利用物理模型以及物理模型的变换，在典型的子弹打木块模型中，根据逻辑关系提炼出"问题串"，以此来激发学生学习兴趣、促进学生自主学习、突破学习难点以及培养学生思维能力，从而提高物理练习课的教学效率。

（北京十二中　刘松）

第三节　"电源　电动势"复习教学

一、教学内容分析

第一，课程标准中对电动势、洛伦兹力的知识要求比较低。譬如要求知道电源的电动势和内阻，理解闭合电路的欧姆定律，会测量电源的电动势和内阻，通过实验，认识洛伦兹力，会判断洛伦兹力的方向，会计算洛伦兹力的大小。没有要求将洛伦兹力分量做功与电动势建立联系，但课程标准对学生建模能力、分析论证的科学思维能力要求很高，很注重概念间的联系，从而让学生形成概念体系。

第二，《高考考试说明》中对电源电动势、闭合电路欧姆定律、路端电压、洛伦兹力、导体切割磁感线时的电动势、反电动势这些概念提出了明确要求，除了反电动势外，其他概念都要求理解其确切含义及与其他知识的联系，能够进行叙述和解释，并能在实际问题的分析、综合、推理和判断等过程中运用，与课程标准中的"理解"和"应用"相当。

第三，电动势是电源的一个重要参数，高中阶段学生对电动势的学习是分散的，缺少抽象升华的过程。学生分别遇到了干电池电动势、电磁感应电动势、导体切割磁感线的电动势、电动机的反电动势、自感电动势、交流发电机的电动势。如果指导学生将不同情境中的电动势进行比较分析，有利于学生进行知识的迁移和融合，有利于学生将电动势从具体情境中抽象出来，加深对电动势概念的理解。

第四，电动势等于移动单位正电荷非静电力做的功，它是功能转化关系中的一个具体概念，是从能量角度描述过程的一个概念。我们熟知的发电方式有潮汐发电、火力发电、核电、风能发电、磁流体发电，这些不同的发电方式，其物理过程有没有联系呢？从物理本质上看，是不同的吗？譬如说，这些发电过程的非静电力都是哪些力呢？如果引导学生进行比较分析，是不是对培养学生透过现象看本质的能力有帮助呢？是不是有利于学生对能量转化和守恒的理解？

第五，导体切割磁感线运动产生电动势可以从宏观和微观两个角度认识，涉及的运动过程多，既有复杂的也有简单的。可以与电动势建立联系的概念很多，通过对与切割电动势相关情境的分析可以很好地帮助学生建立不同概念间的联系，有助于学生形成自己的概念体系，有利于学生顺畅地进行知识迁移。

二、学生情况分析

第一，学生普遍存在的问题是，不能将在新授课情境中学习的知识迁移到其他情境中去。学生分别学习了干电池电动势、法拉第电磁感应现象中的电动势、导体切割产生电动势、反电动势、自感电动势、霍尔电压、洛伦兹力分量做功这些概念，但对于电动势认识是孤立的，没有将所学知识按照概念理解的方式组织起来，只是一些表面性的事实，不能在具体问题中熟练提取出与具体任务相关的知识。

第二，新授课中对于电动势等于非静电力移动单位电荷做功的物理情境是比较单一的，虽然不复杂，但学生迁移起来会有困难。学生对从功能关系角度理解电动势的认识停留在表面性的事实层面，保存了一些对孤立情境的知识，没有建立概念间的联系，没有形成自己的图式。遇到具体产生电能的情境，不能将电动势与具体的情境建立联系，但能正确定性分析，哪种具体形式的能量转化为电能，能从电路关系计算电动势，不能从非静电力做功角度正确计算电动势。

第三，对于导体切割产生电动势，可以建立不同模型，选用不同过程进行分析计算，学生往往只掌握了一种。遇到陌生的物理情境，需要学生自己建立模型时有困难。学生需要通过一定的训练来提高物理科学思维能力。

三、教学重点和难点分析

第一，从能量转化角度理解电动势概念。处理只涉及恒定电流的问题，能够从电路内外电压关系角度计算电动势大小，能主动从能量转化角度思考问题。如果电源不是干电池，改成导体切割作为电源或者太阳能电池作为电源，学生往往不能顺畅地从能量转化与守恒的角度分析问题。学生对于电动势、全电路欧姆定律、非静电力做功等概念之间的联系没有建立起来，认识还停留在一些事实基础上，没有形成更上位的理解。

第二，在不同发电情境中，判断是哪个非静电力做功产生电能的，对学生来讲是个难点。教材在提出电动势的定义时，没有结合具体的物理情境。只是从能量守恒角度进行理论分析，电源内部要使正电荷向正极移动，一定要有"非静电力"作用于电荷才行，干电池中非静电力是化学作用。并没有合适的例子对非静电力进行精细加工，这样的学习不利于学生在遇到类似问题时顺利提取相关信息。

这节课计划通过解决题组式的问题，帮助学生从具体事件中抽象出电动势定义，从而使学生对电动势与非静电力做功的理解超越具体情境，引导学生注重概念间的联系，通过题组训练帮助学生体会如何科学分析、合理推理，形成自己的概念体系，锻炼科学思维能力。

四、教学目标

第一，引导学生从宏观和微观两个角度建立模型，计算导体切割磁感线过程中电动势的大小，从两个角度理解电动势概念。

第二，通过电磁感应现象中电动势和光伏发电电动势的分析计算，加强学生从功能关系角度对电动势的理解。

第三，通过对涉及恒定电流、电磁感应、功能关系复杂物理情境的分析，促进学生将机械能中功能关系的理解顺利迁移到电磁综合问题中，从而达到对功能关系的理解超越具体情境的高度。

第四，帮助学生建立与电动势有关的概念间的联系，提高学生建模分析和推理能力。

五、教学流程

教学流程如图 5-39 所示。

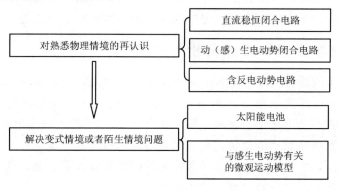

图 5-39

六、教学过程

环节一：对熟悉物理情境的再认识

例题 1：如图 5-40 所示电路，已知外电路电阻为定

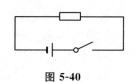

图 5-40

值，请你描述电路中电势升降情况和内外电路中哪些力做功。

（1）电源内电阻忽略不计的情况下分析上述问题。

（2）电源内电阻不可忽略的情况下分析上述问题。

（3）请你从做功和电路知识角度分别提出计算电源电动势的方法，需要的参数自己补充。

评析：本题涉及直流电路中的电势、电场电势高低判断、干电池非静电力等知识，需要学生将电场知识灵活运用到电路中来。涉及的情境虽然熟悉，但还是比较复杂的。直流电路的外电路中，导体内部存在电场，电子在电场力作用下定向移动形成电流。外电路电势升降问题，实际上是电场中电势高低问题，用电场规律分析电路中电势就可以了。外电路从电源正极到电源负极电势逐渐降低。如果是理想电源没有内电阻，那电源内部就没有静电场，在电源电极附近由于有一种与离子的溶解和沉积相联系的化学作用，电源负极和正极附近分别出现电势突然升高的现象。

如果电源有内电阻，我们一般建立这样的模型：电源负极由于非静电力做功，电势升高一次，在电源负极和正极之间存在由负极指向正极的静电场，电势降低，到电源正极附近，由于化学作用电势再次升高。考虑电源内阻的全电路中，电势出现两次降和两次升，实际上两次升的电势之和为电源电动势，当然它等于两次降低电势之和。如果学生把全电路中内外电路分别是什么物理过程，不同情境对应什么力作用弄清楚，这样第三问中电势计算分析、能量分析问题自然就迎刃而解了。

例题 1 旨在帮助学生理解电动势和内外电路电压的关系，建立内外电路的正确模型，弄清内外电路中分别是什么力作用，什么力做功，能从能量角度理解电路工作过程。

例题 2：如图 5-41 所示，长为 L 的导体棒 MN 垂直于光滑无电阻的固定水平轨道放置，轨道间距离恰为 L，整个装置垂直于匀强磁场放置，导体棒以速度 v 匀速运动。

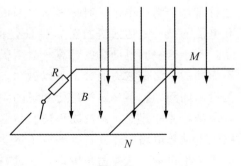

图 5-41

（1）保持开关断开，导体棒切割磁感线时两端产生电势差，用平衡的思想计算电势差大小，是什么作用促使电荷定向移动，在两端形成电势差的呢？该电势差等于电动势吗？依据是什么？

（2）请根据法拉第电磁感应定律，推导金属棒 MN 中的感应电动势。

（3）开关闭合后，导体棒中有恒定电流，电路中有恒定电动势，从做功角度看，非静电力是什么力提供的？请用电动势定义计算电动势大小，从微观角度看电子沿导体棒方向做什么运动(不考虑热运动)？

（4）上述情境中，如果导体棒不运动，而是磁感应强度随时间按 $B=kt+B_0(k>0)$ 的规律变化，回路中电动势大小怎么计算？是什么力提供了非静电力？

评析：第一问是学生非常熟悉的情境，但物理过程还是很复杂的，涉及电势和路端电压的关系判断，动生电动势的产生机理，复杂运动中洛伦兹力效果分析，电子在电、磁复合场中运动分析。这道题需要学生从微观和宏观两个角度认识导体切割产生的电动势，要求还是很高的，尽管是学生很熟悉的情境，但涉及的过程还是挺复杂的，对学生思维要求较高。这道题帮助学生建立相关概念间的正确联系，如电动势等于外电路开路时的路端电压，电子所受洛伦兹力沿杆方向的分量作为非静电力出现，促使电荷从电源正极向负极运动，形成电动势。

第二问是学生非常熟悉的简单情境，涉及法拉第电磁感应定律在具体情境中的应用，如果学生能正确找出面积变化率，问题就迎刃而解了。这一问考查了学生的建模能力，在切割磁感线过程中怎么创建闭合回路。旨在让学生知道导体切割磁感线产生的电动势还可以从电磁感应定律角度计算。

第三问要求学生对熟悉的情境从陌生角度分析，涉及的知识较多，对切割形成电动势的本质进行深入考查。要想从微观角度分析电动势形成的本质原因，对切割磁感线产生的电流进行微观分析，学生需要将稳恒电流的微观表达迁移到这个情境中来，对很多学生来讲，思维上存在障碍。根据电流大小恒定和电流的微观表达式进行分析论证，得出电子沿杆方向做匀速直线运动的判断。对于这一问电动势的计算，学生仍然存在障碍，尽管学生知道洛伦兹力是不做功的，洛伦兹力的分量可以做功。但在该题情境中这么问，对学生来说还是挺新的问题，不一定能进行知识的顺利迁移。仍然需要学生进行思维上的推理论证，才能建立正确的物理情境。这一问的设置从知识角度讲，帮助学生在感生电动势电路中建立正确的电子运动模型，进行受力情况分析，正确理解电动势产生机理；从能力角度讲，通过熟悉情境的深入分析讨论，增加学生知识迁移的训练，促进学生建立各概念之间的联系。

第四问是学生熟悉的情境，涉及法拉第电磁感应定律、感生电场及其力的性质、电子在感生电场中受力分析等知识。用法拉第电磁感应定律计算感生电动势对学生而言还是很熟悉的，电子在电场中会受到力的作用，加速的情境也是熟悉的，感生电场对学生来讲是陌生的，学生的难点在于不能顺利将静电场力的性质迁移到感生电场中。感生电路整个回路中，没有独立的电源，电路的每一部分都是电源的一部分。这一点学生理解起来有相当大的困难，学生对涡旋电场太陌生了。

例题 2 通过对动生电动势和感生电动势从宏观和微观角度建立不同的物理模型的分析，旨在帮助学生全面深刻理解电磁感应现象中电动势的产生机理，能在电磁感应具体情境中应用电动势定义解决问题，能对电子的运动建立正确的模型。

例题 3：我们知道直流电动机的电压、电流、线圈电阻不遵守欧姆定律。

(1)为什么呢？请你给出合理解释。

(2)你能分析一下，电动机正常工作过程中，能量是怎么转化的吗？

评析：学生对直流电动机不陌生，直流电动机是非纯电阻元件，欧姆定律不适用于电动机的结论学生也是牢记于心的。学生要想给出合理解释，需要对磁场对电流的作用、导体切割磁感线产生电动势、反电动势、电路中双电源问题这些内容联系起来综合分析，这一问是学生熟悉的复杂情境，对学生处理综合问题能力，分析受到多种约束的物理过程能力要求比较高。学生需要认识到线框先通电流，磁场对电流产生安培力作用，让线框转动起来。一旦线框转动，就切割磁感线，产生感应电动势，此电动势方向与回路中电流方向相反，通常被称为电动势。电路稳定时，线圈相当于一个有内阻的电源，不过此电源方向与电动机电源方向相反。

导体在外力作用下运动切割磁感线产生电动势学生是熟悉的，如果这个外力是安培力呢？面对这个情境学生往往会束手无策。实际上本题中产生反电动势的非静电力仍然是导体切割速度对应的洛伦兹力分量。如果说第二题属于一个理论模型的话，本题就是一个实际问题了，旨在训练学生从实际问题中提取物理模型的能力，加深学生对动生电动势的理解。本题涉及的力的过程还是挺复杂的，单纯从力的角度理解有难度，因此设计了第二问。第二问帮助学生从能的转化和守恒，结合受力全面理解电动势工作过程，帮助学生深入理解非静电力做功把其他形式能转化为反电动势储能，最终反电动势储能转化为机械能的过程。

环节二：解决变式情境或者陌生情境问题

练习 1：太阳能电池的核心部分是 P 型半导体和 N 型半导体的交界区域——PN 结。如图 5-42 所示，取 P 型和 N 型半导体的交界面为坐标原点，PN 结左右端到原点的距离分别为 x_P、x_N。无光照时，均匀掺杂的 PN 结内会形成一定的电压，对应的电场称为内建电场 $E_{场}$，方向由 N 区指向 P 区。光照时，原来被约

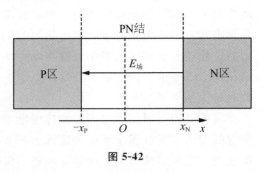

图 5-42

束的电子获得光能变为自由电子，就产生了电子-空穴对，空穴带正电且电荷量等于元电荷 e；不计自由电子的初速度，在内建电场作用下，电子被驱向 N 区，空穴被驱向 P 区，于是 N 区带负电，P 区带正电，图 5-42 所示的元件就

构成了直流电源。某太阳能电池在有光持续照射时，若外电路断开时，其 PN 结的内建电场场强 $E_{场}$ 的大小分布如图 5-43 所示，已知 x_P、x_N 和 E_0。若该电池短路时单位时间内通过外电路某一横截面的电子数为 n，求此太阳能电池的电动势 E 和内电阻 r。

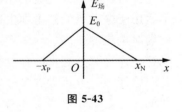

图 5-43

评析：本题涉及了电压与电场强度的关系，图像面积的物理意义，电动势与开路电压的关系，电流的定义，短路电流与电源内阻、电动势的关系，电动势的定义，电流的微观表达式等内容，物理情境也是陌生复杂的。本题对学生思维要求高，学生需通过读题提取有用信息，认识到这个电源电动势是通过内建电场做功形成的，再根据图像计算内建电场做功，$W = \dfrac{eE_0}{2}(x_P + x_N)$，由电动势定义 $E = \dfrac{W}{e}$ 得 $E = \dfrac{E_0}{2}(x_P + x_N)$。内阻的计算可通过电流的定义 $I = \dfrac{q}{t} = ne$ 和短路电流与内阻电动势关系 $r = \dfrac{E}{I}$ 求得，$r = \dfrac{E_0}{2ne}(x_P + x_N)$。学生的难点在思维过程，要想清楚电动势和内建电场做功或者电压的关系。想清楚后，表述或者计算所用的概念规律都是学生很熟悉的。

练习 2：为进一步研究导线做切割磁感线运动产生感应电动势的过程，现构建如下情境。

如图 5-44 所示，在垂直于纸面向里的匀强磁场中，一内壁光滑长为 l 的

绝缘细管 MN，沿纸面以速度 v 向右做匀速运动。在管的
N 端固定一个电量为 q 的带正电小球（可看作质点）。某
时刻将小球释放，小球将会沿管运动。已知磁感应强度
大小为 B，小球的重力可忽略。在小球沿管从 N 运动到
M 的过程中，求小球所受各力分别对小球做的功。

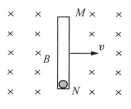

图 5-44

　　评析：本题在学生熟悉的切割磁感线模型基础上进
行了变化，运动对象不是电子，改成宏观物体——带电
小球，降低了知识迁移难度，对于宏观物体运动受力及做功学生比较容易上
手。运动的合成分解思想和洛伦兹力的分解，学生也都不陌生，本题涉及的功
能关系也是学生熟悉的。小球随管向右运动的同时还沿管向上运动，其速度如
图 5-45 所示。小球所受洛伦兹力 $f_合$ 如图 5-46 所示。将 $f_合$ 正交分解如图 5-47
所示。根据管向右做匀速运动判断小球还受支持力作用如图 5-48 所示。然后
根据功的定义计算出沿管方向，洛伦兹力 f 做的正功，$W_1 = fl = qvBl$，垂直
管方向洛伦兹力 f' 是变力，做负功，$W_2 = -W_1 = -qvBl$，管的支持力 F 对
小球做正功，$W_F = qvBl$。本题虽然没有直接考查与电动势有关的问题，但涉
及的物理模型与动生电动势过程中电子的运动及相关力做功情况非常相似，考
查了学生知识迁移的能力，也为练习 3 做铺垫。

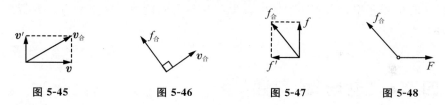

图 5-45　　　　　图 5-46　　　　　图 5-47　　　　　图 5-48

　　练习 3：导体切割磁感线的运动可以从宏观和
微观两个角度来认识。如图 5-49 所示，固定于水平
面的 U 形导体框处于竖直向下的匀强磁场中，金属
直导线 MN 在与其垂直的水平恒力 F 作用下，在导
体框上以速度 v 做匀速运动，速度 v 与恒力 F 方向
相同，导线 MN 始终与导线框形成闭合电路。导线
MN 长度 L 恰好等于平行导轨间距，磁场的磁感应
强度为 B。（忽略摩擦力）

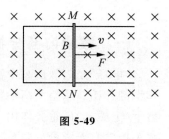

图 5-49

　　（1）如果导线 MN 的电阻可以忽略不计，与导线 MN 平行的轨道的外电阻
为 R_1，其他电阻忽略不计。请从动力学角度分析 MN 内电子沿导线方向受到
哪几个力的作用。

（2）若导线 MN 的电阻为 R，忽略导线框的电阻。请从动力学角度分析，求出导线 MN 中金属离子对一个自由电子沿导线长度方向的平均作用力 f 的表达式。

评析：本题是导体切割磁感线产生电动势的变式问题，学生对这类问题的宏观过程非常熟悉，微观过程比较陌生。这类问题对学生建模能力及分析、推理、论证的思维能力要求非常高。首先从宏观角度分析，在全电路欧姆定律、电动势、路端电压、电流等概念间建立联系，分析出稳定时第一问中，MN 两端存在电压且等于切割产生的电动势，根据匀速切割判断电动势恒定，根据全电路欧姆定律判断电流恒定，根据电流的微观表达式判断电子匀速运动——沿导线 MN 定向运动速度恒定，再由牛顿第二定律得出沿导线 MN 方向电子所受合力为零。从而建立合理模型，垂直导线 MN 的分运动引起的沿导线 MN 方向的洛伦兹力和导线 MN 两端电势差形成的电场作用力相互平衡。第二问微观情境与第一问不同了，外电路没电阻，导线 MN 的两端没有电势差，内部不存在恒定电场，电子仍然沿导线 MN 定向匀速运动，又是什么力和洛伦兹力平衡呢？这需要结合电阻的微观意义和能量守恒观念进行分析，所有电能全部转化为 MN 的焦耳热了，通过碰撞使能量损失，从动力学角度看，电子匀速运动，只能是离子碰撞作用与洛伦兹力平衡。本题特别考查学生的概念体系建立的是否完整，考查学生顺畅提取有用信息的能力、建模能力、分析推理能力。

（北京景山学校　朱亚平）

第四节　"电场"练习课

一、教学内容分析

"电场"是人教版高中物理教材选修 3-1 中第一章的内容，是高中阶段电学知识的开始。从整个高中物理学习的知识结构来说，本章内容起着承上（力学）启下（电磁学）的重要作用。该章内容中关于力、功、能量的相关概念与力学的相关概念有着紧密的联系。该章内容中关于场、场线、场力、场能等概念是电磁学和光学知识的基础。

《普通高中物理课程标准（2017 年版）》指出："物理观念"是从物理学视角形成的关于物质、运动与相互作用、能量等的基本认识。本章内容中场的概念是物理学中的核心概念，在场的概念体系中，又包含着许多电学基本概念的学习，如电场力、电场强度、电场力做功、电势能、电势、电势差、电场线、等势面等。这些概念的建立对于学生认识世界的物质性、物质间运动与相互作用的多样性、运动过程中能量转化和转移的普遍性，有着非常重要的意义。加深对这些概念的深刻理解，将有助于培养学生物理观念角度的核心素养。

相对于必修内容中力学的相关概念来说，本章知识不管是概念还是规律都更加的抽象，学生理解起来具有一定的困难，因此本章内容的学习历来是高中物理教学中的重点和难点。在理解本章概念和规律的过程中，学生需要合理建构物理模型，利用科学推理、科学论证等科学思维，从物理学视角认识事物的本质属性、内在规律及相互关系，提高科学思维角度的核心素养。

由于电在生活中的应用十分广泛，因此本章知识内容充分体现了物理学科从生活走向物理，从物理走向社会的学科本质。电场中相关概念和规律在科学、技术、社会、环境中有着广泛的应用。这些概念和规律的实际应用将引导学生形成科学的态度、科学的世界观和正确的价值观。

除此之外，从物理学科思想与方法的角度来看，本章概念学习过程中包含着如比值法、类比法、理想化模型法、归纳推理法、控制变量法等科学研究的重要方法。学生在概念学习的过程中，对于这些科学方法的学习，将会使他们加深对物理学研究问题的方法的认识，对于终身学习，提升核心素养有着重要的意义。

二、学生情况分析

本节教学设计是高三一轮复习中"电场"单元的练习课，鉴于电场单元内容中概念多而抽象，学生理解起来有一定困难，因此本节课的教学设计侧重于学生对概念的梳理和练习。学生通过新课的学习，已经对本章内容有一定的认识。但是由于本章涉及的概念较多，也比较抽象，因此本节课，主要针对学生难以深刻理解的、容易混淆的概念，设计一些可操作性的学生活动帮助学生理解及区分，同时按学生的实际水平，选择难度适当并有代表性的题目或题组进行学习的评价和知识的巩固。

三、教学重点和难点分析

教学重点是电场强度、电场力、电势、电势差、电势能、电场线、等势面等重点概念的理解。

教学难点是不同概念之间的联系以及概念的综合应用。

四、教学目标

引导学生通过对电场强度、电势、电势差、电势能、电场线、电场力、等势面等重点概念的深刻理解加深对"电场"的认识。

引导学生类比重力场和电场，通过类比认识世界的物质性和物质的多样性。

在这些概念的应用过程中，引导学生合理建构物理模型，利用科学推理和科学论证等科学思维加深对概念的本质属性、内在规律及相互关系的认识。

在概念应用的过程中，引导学生形成科学的世界观和正确的价值观。

五、教学辅助用具

教学辅助用具有多媒体课件、学案、电场概念卡片、空白卡片等。

六、教学流程

教学流程见图 5-50。

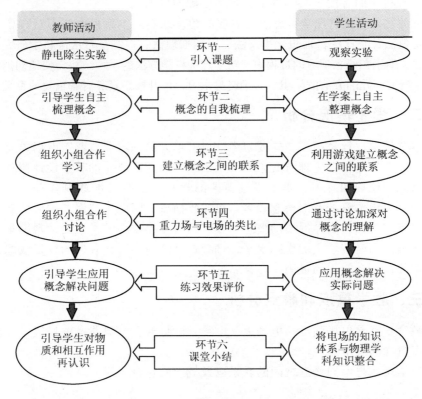

图 5-50

七、教学过程

环节一：演示静电除尘实验，介绍静电除尘原理

教师活动：教师通过自制静电除尘装置演示静电除尘实验。实验显示，给两极通电后，装置并未产生除尘效果，当两极间电压逐渐增大到某一值时，除尘效果有显著变化。

学生活动：观看静电除尘实验，总结实验现象，能够用规范的物理语言描述实验现象，并思考现象出现的原因，尝试用所学知识解释装置的工作原理。

教学设计意图：静电除尘是电场的实际应用问题，也是近几年各地高考模拟题及真题中的热点问题，教学过程中通过学生感兴趣的实验引入本节练习课的课题，能够引导学生关注从生活走向物理，从物理走向社会的物理学科特色。

课堂练习1：静电除尘原理（2011年广东高考真题改编）。

图5-51为静电除尘器除尘机理的示意图。尘埃在电场中通过某种机制带电，在电场力的作用下向集尘极迁移并沉积，以达到除尘目的。请你根据所学知识，思考以下几个问题。

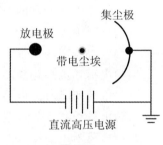

图 5-51

(1)放电极和集尘极之间是匀强电场吗？

(2)直流高压电源的作用有哪些？

(3)尘埃是如何带电的？带电尘埃所带电性如何？

(4)带电尘埃在电场中做什么运动？其电势能如何变化？

(5)影响除尘机除尘效率的因素有哪些？

题目分析：实际的静电除尘装置比较复杂，学生理解起来会有一定困难。广东这道高考题中将复杂静电除尘装置中除尘部分的工作原理进行简化，有助于引导学生将复杂的问题拆分成简单的问题进行理解和解决。教师通过对题目的改编引导学生利用本章所学的电场的相关概念对除尘原理进行初步的解释。教师要引导学生在思考这些问题的时候不要急于直接寻找答案，要先分析解决上述问题需要用到电场中的哪些关键概念，从而引导学生在对概念深刻理解的基础上进行原理的解读。

环节二：概念的自我梳理

课堂练习2：电场中的概念梳理。（表格参照后文附件"'电场'练习课学案"上的练习2）

教学设计意图：电场中关键概念很多，学生在经过新课的学习后对于概念

有了初步的认识和理解。选择这样的课堂练习，目的是通过概念的初步梳理，引导学生完成对知识的初步复习、归纳和小结，为深入理解这些概念打好基础。同时在概念的自主梳理过程中，学生会对所学知识进行初步的自主建构，有助于学生对于本章的知识形成个性化的知识体系。

环节三：利用概念卡片，深入理解概念并建立概念之间的联系

教师活动：引导学生通过分析课堂练习3，明确电场中的不同概念之间具有内在的联系。组织学生以小组合作学习的方式利用教师提供的概念卡片，通过小游戏建立概念之间的联系，深入理解概念。

学生活动：通过教师提供的概念卡片，以小组为单位通过名为"找朋友"的小游戏，完成对概念的深入理解，建立概念之间的联系，对本章的概念进行进一步的知识重组和建构。同时小组合作完成本章概念的思维导图。

课堂练习3：电场中概念的常见辨析题组。

(1)电场强度为零的位置，电势也一定为零。

(2)电势为零的位置，电场强度也一定为零。

(3)电势越高的位置，电场强度越大。

(4)电荷在电势越高的位置，电势能越大。

(5)电荷所具有的电势能越大的位置，电势越高。

(6)电场线越密的位置，电势越高。

(7)电荷沿电场线方向运动，电荷所在位置的电势越来越低。

(8)电荷沿电场线方向运动，所具有的电势能越来越小。

(9)电场线就是电荷在电场中的运动轨迹。

教学设计意图：电场是每年高考试题中的必考知识内容，纵观众多试题，不难发现，电场中关键概念的理解和辨析是重中之重。课堂练习3将众多试题中概念的考查提炼成一系列的题组，要高质量地完成课堂练习3就需要学生先对电场中的关键概念进行深入的理解。常规习题课会直接让学生自主完成课堂练习3，学生在缺乏对概念深刻理解的基础上完成课堂练习3的过程中会产生很强的混乱感。利用概念卡片"找朋友"的小游戏，引导学生在游戏的过程中，加深对概念的理解，同时游戏环节的设置重在引导学生对于电场中大量的概念进行深入辨析，建立概念之间的联系，完成第二阶段对知识的重组和建构过程。

进行本节练习课的过程性评价。学生在完成小游戏的过程中对概念有了更加深入的理解，建立了概念之间的联系。课堂练习3有助于检验学生对概念理解的深刻程度。

环节四：电场与重力场的类比，对概念理解的再深化

教师活动：组织学生分析课堂练习 4(2016 年北京高考 23 题)，引导学生利用前面的概念卡片和空白卡片以小组为单位进行电场和重力场的类比。

课堂练习 4：如图 5-52 所示，电子由静止开始经加速电场加速后，沿平行于板面的方向射入偏转电场，并从另一侧射出。已知电子质量为 m，电荷量为 e，加速电场电压为 U_0。偏转电场可看作匀强电场，极板间电压为 U，极板长度为 L，板间距为 d。

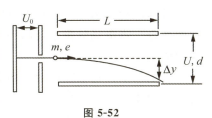

图 5-52

(1)忽略电子所受重力，求电子射入偏转电场时的初速度 v_0 和从电场射出时沿垂直板面方向的偏转距离 Δy。

(2)分析物理量的数量级，是解决物理问题的常用方法。在解决(1)问时忽略了电子所受重力，请利用下列数据分析说明其原因。已知 $U=2.0\times10^2$ V，$d=4.0\times10^{-2}$ m，$m=9.1\times10^{-31}$ kg，$e=1.6\times10^{-19}$ C，$g=10$ m/s^2。

(3)极板间既有静电场也有重力场。电势反映了静电场各点的能的性质，请写出电势 φ 的定义式。类比电势的定义方法，在重力场中建立"重力势"φ_G 的概念，并简要说明电势和"重力势"的共同特点。

学生活动：以小组为单位利用电场概念卡片和空白卡片完成重力场和电场的类比，并以小组为单位完成附件中的练习 7。

教学设计意图：进一步深化学生对于电场中关键概念的理解。通过概念的类比，学生认识场的普遍性和特殊性，对世界的物质性进行再认知。通过类比，学生体会物理学重要的科学思想和方法，体会物理规律的统一美。

环节五：概念的综合应用——从模型到实际应用，概念理解的终极目标

教师活动：组织学生完成附件中练习 8 题组中的 2~3 题，引导学生重新观察引课环节中静电除尘的原理图，深入理解静电除尘的原理，并完成引课环节中关于除尘原理的几个关键问题。

学生活动：自主完成练习 8 中的概念综合应用题，自主完成对静电除尘原理的深入理解。

教学设计意图：概念理解的最高要求，就是能够应用概念解决生产生活中的实际问题。电场中的概念较为抽象，因此练习 8 的题组中多为已经建立好模型的题目，本题组中的每个题目中都涉及一个或者几个概念的综合应用，学生对这些题目的完成情况可以反馈本节练习课的复习效果。而对于静电除尘原理这一实际问题的深入理解，则是应用这些概念解决生产生活中的实际问题，这

练习 5：电场概念的思维导图(示例)，如图 5-54 所示。

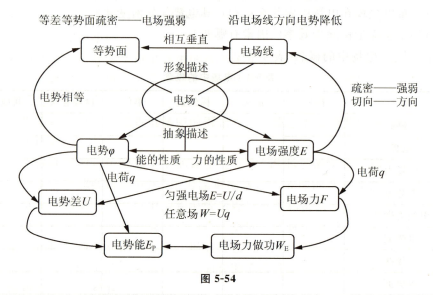

图 5-54

练习 6：电场与重力场的类比。

如图 5-55 所示，电子由静止开始经加速电场加速后，沿平行于板面的方向射入偏转电场，并从另一侧射出。已知电子质量为 m，电荷量为 e，加速电场电压为 U_0。偏转电场可看作匀强电场，极板间电压为 U，极板长度为 L，板间距为 d。

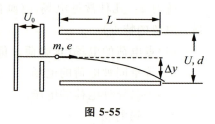

图 5-55

(1)忽略电子所受重力，求电子射入偏转电场时的初速度 v_0 和从电场射出时沿垂直板面方向的偏转距离 Δy。

(2)分析物理量的数量级，是解决物理问题的常用方法。在解决(1)问时忽略了电子所受重力，请利用下列数据分析说明其原因。已知 $U=2.0\times10^2$ V，$d=4.0\times10^{-2}$ m，$m=9.1\times10^{-31}$ kg，$e=1.6\times10^{-19}$ C，$g=10$ m/s^2。

(3)极板间既有静电场也有重力场。电势反映了静电场各点的能的性质，请写出电势 φ 的定义式。类比电势的定义方法，在重力场中建立"重力势"φ_G 的概念，并简要说明电势和"重力势"的共同特点。

练习 7：电场与重力场的类比(表 5-3)。

表 5-3 电场与重力场的类比

电场	重力场
场强 E	
电势	
电场力 F	
电势差 U	
电场力做功 W	
电势能 E_p	
电场线	
等势面	

附加题：用电场线描述电场的方式画出重力场。

练习 8：电场中概念的综合应用题组。

(1)如图 5-56 所示是一个点电荷电场中的等势面的一部分。下列说法中正确的是（　　）。

图 5-56

A. A 点的场强一定大于 B 点的场强

B. A 点的场强可能等于 B 点的场强

C. A 点的电势一定高于 B 点的电势

D. A 点的电势一定低于 B 点的电势

(2)如图 5-57 所示，实线是电场中一簇方向未知的电场线，虚线是一个带电粒子通过该电场区域时的运动轨迹，a、b 是运动轨迹上的两点，若带电粒子只受电场力作用，根据此图能做出的判断是（　　）。

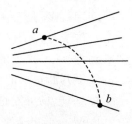

A. 带电粒子所带电荷的正、负

B. 带电粒子在 a、b 两点何处受力较大

C. 带电粒子在 a、b 两点何处的动能较大

D. 带电粒子在 a、b 两点何处的电势能较大

图 5-57

(3)如图 5-58 所示，a、b 是两个电荷量都为 Q 的正点电荷。O 是它们连线的中点，P、P' 是它们连线中垂线上的两个点。从 P 点由静止释放一个质子，质子将向 P' 运动。不计质子重力。则质子由 P 向 P' 运动的情况是（　　）。

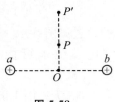

图 5-58

A. 一直做加速运动，加速度一定是逐渐减小

B. 一直做加速运动，加速度一定是逐渐增大

C. 一直做加速运动，加速度可能是先增大后减小

D. 先做加速运动，后做减速运动

（4）图 5-59 为某电场中的一条电场线，M、N 是这条电场线上的两点。这两点的电势分别为 $\varphi_M = -6$ V、$\varphi_N = -2$ V。则以下判断正确的是（　　）。

图 5-59

A. M 点的电势一定高于 N 点的电势

B. M 点的场强一定大于 N 点的场强

C. 将一个电子从 M 点移到 N 点，电场力做功 4 eV

D. 将一个电子从 M 点移到 N 点，克服电场力做功 4 eV

（5）a、b 是某电场线上的两点，如图 5-60（a）所示。一带负电的质点只受电场力的作用，沿电场线从 a 点运动到 b 点。在这个过程中，此质点的速度时间图像如图 5-60（b）所示，比较 a、b 两点电热的高低 φ_a 和 φ_b 以及场强 E_a 和 E_b 的大小，正确的是（　　）。

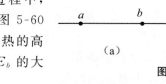

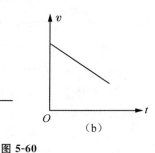

（a）　　　　　　（b）

图 5-60

A. $\varphi_a > \varphi_b$，$E_a < E_b$　　　　　　B. $\varphi_a > \varphi_b$，$E_a = E_b$

C. $\varphi_a > \varphi_b$，$E_a > E_b$　　　　　　D. $\varphi_a < \varphi_b$，$E_a = E_b$

（6）M、N 是一条电场线上的两点。在 M 点由静止释放一个 α 粒子，粒子仅受电场力的作用，沿着电场线从 M 点运动到 N 点，粒子的速度随时间变化的规律如图 5-61 所示。以下判断正确的是（　　）。

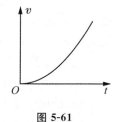

A. 该电场可能是匀强电场

B. M 点的电势高于 N 点的电势

C. M 点到 N 点，α 粒子的电势能逐渐增大

图 5-61

D. α 粒子在 M 点所受电场力大于在 N 点所受电场力

（7）一个电子只在电场力作用下从 a 点运动到 b 点的轨迹如图 5-62 中虚线所示，图中一组平行实线可能是电场线也可能是等势面，则以下说法正确的是（　　）。

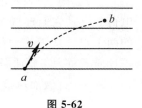

A. 无论图中的实线是电场线还是等势面，a 点的场

图 5-62

强都比 b 点的场强小

B. 无论图中的实线是电场线还是等势面，a 点的电势都比 b 点的电势高

C. 无论图中的实线是电场线还是等势面，电子在 a 点的电势能都比在 b 点的电势能小

D. 如果实线是等势面，电子在 a 点的速率一定大于在 b 点的速率

（北京教育学院丰台分院　刘芳）